_ 차례

머리글 영화인문학과 비평의 새 가능성 _ 004

✱ 첫번째 이야기 — **밀양**

용서의 빛은 어디에서 오는가? _ 018
불가능한 용서 | 세속, 그 '의도'의 불모 | 상처는 상처를 본다

✱ 두번째 이야기 — **아주 특별한 손님**

타인의 삶 _ 030
지혜, 혹은 '돌아/다녀오기' | 되돌아온 낯선 자아, 그 '아주 특별한 손님' | 나는 영영 '스스로' 바뀔 수 없다

✱ 세번째 이야기 — **괴물**

진리는 어떻게 돌아오는가? _ 040
왜 진리는 낯선 것이 되는가 | 괴물, 혹은 '진리의 귀환 형식'

✱ 네번째 이야기 — **가족의 탄생**

가족, 혹은 어긋남의 자리 _ 050
가족은 마냥 '자연'스러운가 | '노릇'이 아닌 '버릇'으로 맺는 관계 | 가족, 그 손가락들이 어긋나는 자리

✱ 다섯번째 이야기 — **달콤한 인생**

진짜 이유가 뭐죠? _ 062
돌이킬 수 없이 | 진짜 이유, 혹은 '빈 중심' | 체계의 노동 대 정서의 노동 | 진짜 이유? 무지(에의 의지)!

✱ 여섯번째 이야기 — **용서받지 못한 자**

침묵 속에서 '나라'를 지키다 _ 074
저항의 비밀, 그 '바닥없음' | '체계의 노동'과 여자의 '살'

✱ 일곱번째 이야기 — **극장전**

허영의 주체 _ 084
허영이라는 원죄原罪 | '허영, 변덕, 냉소'의 삼위일체 | 나(너)는 과연 너(나)로부터 배우려고 하는가

✱ 여덟번째 이야기 — **가능한 변화들**

(불)가능한 변화 _ 096
'처음'이에요 | 은폐된 정서의 고향 | 오직 네 '버릇'만이 네 '진실'일 뿐

✱ 아홉번째 이야기 — **바람난 가족**

당신, 아웃이야! _ 108
새로운 불화의 가능성 | 체계와의 지속 가능한 창의적 불화

✱ 열번째 이야기 — **와이키키 브라더스**

세속이란 무엇인가? _ 118
왜 우리는 이리도 '피로'한가 | 추억과 선의로 결연한 '친구'(브라더스)도 세속의 저편이 아니다
어떤 희망도 진보도 '생각' 속에는 없는 것!

✼ 열한번째 이야기 – **고양이를 부탁해**

스무 살의 이유, 그 이상의 이유 _ 128
스무 살, 아버지의 집을 떠나다 | 영혼이 따라잡을 수 없을 만치 빠른 속도로 자라는 몸

✼ 열두번째 이야기 – **복수는 나의 것**

복수는 너의 것 _ 138
의도는 외출하지 못한다 | '내'가 모르는 수많은 '너'로 이루어진 폭력의 구조

✼ 열세번째 이야기 – **거짓말**

똥은 무섭다 _ 148
'깊은 거짓말' 혹은 치명적인 사실 | '누가' 자연스러움을 결정하는가
니기미 좆도 막 나가니까 오히려 '자연'스럽다

✼ 열네번째 이야기 – **8월의 크리스마스**

봄날은 간다 _ 160
무상한 시간 | 사진, 혹은 인생의 근원적 형식을 일깨우는 양가적 매개 | 쾌락은 무지에 기댄다

✼ 열다섯번째 이야기 – **학생부군신위**

삶 너머에는 아무것도 없다! _ 170
죽음을 겪어내는 것? 그게 다 사람 사는 것! | 시신의 지위는 어떠한가 | 오직 '반복'일 뿐인 삶

✼ 열여섯번째 이야기 – **넘버3**

건달은 누구인가? _ 180
불한당, 21세기 자본주의의 꿈 | 불한당의 역사적 계보 | 조폭, 혹은 자본주의의 고중세적 판타지

✱ 열일곱번째 이야기 — **서편제**

전통문화, 앓음다움을 넘어서 _ 192
'소리'란 무엇인가 | 서편으로 뉘엿뉘엿 기우는 인문학의 운명

✱ 열여덟번째 이야기 — **아름다운 청년 전태일**

전태일, 혹은 무능의 급진성 _ 204
진실에 대한 공포 | '상실의 지혜'를 어떻게 자기화할 수 있는가

✱ 열아홉번째 이야기 — **우리들의 일그러진 영웅**

파리대왕을 죽이는 법 _ 216
동물과 아이 | '선(량)한 개인'의 딜레마 | 체계의 건강은 가윗사람들의 비판적 연대에 기댄다

✱ 스무번째 이야기 — **하얀 전쟁**

이야기냐 자살이냐? _ 228
이야기(글쓰기)란 무엇인가 | 실재의 귀환

✱ 스물한번째 이야기 — **달마가 동쪽으로 간 까닭은?**

새와 소 _ 240
episode | 두 가지 공부길 | 사랑하므로 죽인다 | 비우면서 살린다 | 새에서 소로

✱ 스물두번째 이야기 — **기쁜 우리 젊은 날**

기다리는 자와 떠나가는 자 _ 252
불멸하는 사랑, 그 통속이라는 반무지半無知 | 기다리는 일, 혹은 사치와 낭비 | 떠나가는 일, 혹은 여자의 특권

✽ 스물세번째 이야기 - **자녀목**

여인의 길, 혹은 겹의 이중구속 _ 262
경험, 그 약자들의 영원한 텃밭 | 겹의 이중 구속

✽ 스물네번째 이야기 - **난장이가 쏘아올린 작은 공**

난쟁이의 꿈 _ 274
난쟁이라는 존재의 표지 | 난쟁이의 자리는 대체 어디인가 | 난쟁이가 쏘아올린 작은 '꿈'

✽ 스물다섯번째 이야기 - **이어도**

천남석의 자손들 _ 284
환상, 혹은 인간 존재의 밑절미 | 희생양

✽ 스물여섯번째 이야기 - **영자의 전성시대**

창녀의 사랑, 때밀이의 사랑 _ 294
낭만적 사랑, 그 환상의 계보 | 상처는 어리석음이다

✽ 스물일곱번째 이야기 - **바보들의 행진**

하아얀 고래, 하아얀 의욕 _ 304
풍경은 기원을 은폐한다 | '바보'와 '고래'의 탄생, 그 풍경의 기원 | 하아얀 의욕, 그 묵묵한 수행적 근기

개념어집 _ 312
고백과 소문 | 동무 | 친구 | 동지 | 동무 | 듣기 | 몸을 끄-을-고 | 물듦 | 부사적 태도 | 비평 | 사랑 | 산책
상처 | 생각 | 세속 | 신뢰 | 알면서 모른 체하기 | 약속 | 의욕 | 인문人攵 | 자서전적 태도 | 죽어주기

한글용어집 _ 346

첫 번째 이야기 - 밀양

용.서.의.
빛은
어.디.에.서.
오는가?

밀양密陽을 굳이 '빽빽한 빛'으로 풀었습니다. 용서라는 주제의식 속에 영화를 새길 때, 신애가 살인자의 딸의 손에 머리카락을 맡기는 그 짧은 순간 속에 용서의 빛이 '빽빽하게' 응결했다고 여깁니다. '만지는' 일이 워낙 금기禁忌와 관련되기도 한다는 사실을 헤아려보면, 원수의 딸에게 자신의 몸의 일부(그것도 머리카락이라는 '경계')를 만지게 하는 일의 뜻은 꽤 분명해 보입니다. 신을 매개媒介로 한(했기에) 신애-살인자 사이의 용서는 어긋나지만, 오히려 상처받은 약자로서의 그 딸을 매개로 그 용서의 빛은 소생합니다. 그래서 이 영화의 요체는 '신→딸'로 옮아가는 매개의 변화에 있지요.

이창동

1954년 대구 출생. 경북대 사범대학을 졸업하고 1981년부터 고교 국어교사로 재직하던 중 『전리戰利』로 1983년 동아일보 신춘문예 중편소설 부문에 당선, 이후 소설가로 10여 년간 활동했다. 「운명에 관하여」 「녹천에는 똥이 많다」 등의 문학상 수상작을 비롯하여, 소설집 『소지』 『녹천에는 똥이 많다』 등이 있다.

〈그 섬에 가고 싶다〉(1993)의 시나리오를 쓰고 조감독을 맡으면서 영화계에 입문, 〈아름다운 청년 전태일〉(1996)로 백상예술대상 시나리오상을 수상하며 주목을 받았다. 그 해 명계남, 문성근, 여균동 등과 함께 이스트필름을 설립, 이듬해 자작 시나리오 〈초록물고기〉(1997)로 영화감독으로 데뷔하였다. 소설 창작에서부터 벼려오던 작가적 관심은 영화 매체를 만나면서 명징해진다.

'한국사회를 지배하고 있는 내재된 폭력성을 증거'하고자 했다는 〈초록물고기〉와, 새 천년을 앞두고 '우리 현대사가 출발했던 시간을 되짚어보고 싶어 찍었다'는 〈박하사탕〉(1999)에서는 한국 근현대사의 치부를 톺아보았다. 뇌성마비 여성과 출소한 전과자 간의 사랑을 그린 〈오아시스〉(2002)에서는, 사회적으로 낙인찍힌 범죄자와 장애인을 주인공으로 등장시켜 일상에서 소외된 계층(인물)의 삶과 사랑, 인간미를 현실 속에 판타지를 자유로이 개입시키는 독특한 구성을 통하여 감동적으로 그려냈다. 그는 선보이는 작품마다 국내외적으로 호평을 받으며 한국을 대표하는 감독으로 자리 잡는다.

2006년 6월 문화부 장관직에서 물러나 영화계로 복귀하여 감독한 〈밀양〉은 그의 네번째 작품으로서, 그간 이창동 감독이 오랫동안 품고 있던 인간과 신, 인간과 구원의 문제를 스크린에 본격적으로 담았다. 이청준의 소설 『벌레 이야기』를 영화의 기본적인 틀로 삼은 〈밀양〉은, '한 어머니가 상상할 수 있는 가장 아픈 일 중의 하나'인 유괴 사건을 중심으로 하여 인생의 극한 고통을 체험하는 가운데 발생하는 용서와 구원의 문제, 종교의 문제를 비밀히 성찰한다.

지금까지의 작품 면면을 통해 볼 때 그의 작품세계는 소통에의 의욕, 리얼리즘의 정신, 서사의 전달력에 대한 믿음과 그 영화적 실천으로 요약할 수 있다. 르 클레지오가 이창동을 '사회적 메시지가 강한 일종의 참여영화를 만들고 있'는 감독으로 평가한 발언은 그의 영화세계의 특징을 선명하게 보여준다. 관객의 수에 연연하지 않고 소통의 진정성을 고민하는 그는, 영화 매체의 효력이 약화되는 작금의 상황을 우려하면서 관객과의 소통을 위해서 호소력 있는 전달 방식, 그 영화적 형식을 진지하게 고민하고 있다.

〈밀양〉 이후의 작품이 될 〈시 poetry〉는 15세 손자와 궁핍하게 살다 손자를 지키기 위해 생애 처음 시를 짓는 60대 여성을 다룬 이야기다. 그 제목과 설정이 서사에 대한 일관된 관심과 천착을 보여주었던 사실을 염두에 둘 때 자못 역설적인 흥미를 돋운다. 현재 시나리오 작업 중에 있다.

불가능한 용서

약자는 강자를 용서할 수가 없다. 의지가 아니라 능력의 문제다. 가령 김대중씨가 전두환 일당을 사면하는 것과 망월동의 고혼들이 용서하는 것은 전연 다른 문제다. '일본을 용서하는 판국에 친일파를 용서하지 못하랴?'라고들 하지만, 친일파가 여태껏 사회적 강자의 자리를 점유할 수 있다는 한국 근현대사의 공공연한 비밀이 번연한 터에는 어림없는 소리다. 천 년이 지나도 용서할 수 없다. 아니, 도덕의 탈을 쓴 정치적 구호로는 오히려 상처의 실재를 밀어낼 뿐이니 용서란 오직 불가능하다. 그래서 리쾨르Paul Ricoeur는 '망각일 뿐인 용서'를 경계하고, 카뮈는 용서를 위한 철저한 기억을 주문한다.

하지만 종종 그 불가능을 넘어서고픈 욕동이 솟구치기도 한다. 언젠가 자신의 아들을 죽인 살인자를 양자로 삼은 사람의 기사를 읽은 적이 있는데, 신문은 한결같이 미담으로 각색하고 있었다. 그러나 그는 한낱 세속의 피해자일 뿐 십자가상에 달려 용서를 말하는 예수〔神〕가 될 수는 없는 것이다. 시간은, 그리고 세속은 억압된 기억의 실재를 기어코 되불러내는 법이며, 되불려나온 상처는 이미 치료가 불가능해진다. 상처(의 기억)도 반복을 통해 진화하는 법이며, 이 경우, 그 상처의 경험을 약하게 반복하는 개인의 자의恣意나 결기가 그 진화를 봉쇄할 수 있으리라는 보장은 어디에도 없다.

이 불가능한 용서를 욕심내는 일은 겉으로 봐선 영웅적이다. 용서를 향한 그 도덕적 강박은 차마 초인적이기조차한데, 관념 속에서 스스로를 영웅시·초인화하려는 이들이 치러야 하는 비용은 곧 나르시시즘이다. 그러나 프로이트의 오래된 가르침처럼, 나르시시즘이 타자성의 지평을 접하는 사위의 임계점에는 폭력이 번식한다는 사실을 놓쳐선 안 된다. 영화〈밀양〉에서 아이를 잃은 신애信愛(!)가 상실과 자책의 고통과 대면하는 가운데 나르시시즘에 빠져가는 장면들은 여러 군데서 찾아볼 수 있다. 그녀의 나르시시즘은 외아들의 죽음에 대한 죄책감에서 벗어나려는 몸부림의 모습을 취하며 깊어간다. 여기서 종교는 결정적인, 그리고 거의 유일한 계기를 제공한다. 물론 종교란 사랑과 더불어 대표적인 나르시시즘의 형식이다. 실존의 고독과 고통 속에서 종교에 의탁한 신애는 제 마음대로 신神의 의지를 읽어내면서 그 의지를 자신의 원망願望과 동일시한다. 그러고는 그 용서의 무대, 아들을 죽인 살인자를 용서해야 하는 비극적이며 영웅적인 무대에 스스로를 주인공으로 내세운다. 물론, 바로 이것('자신을 상상적 무대 위의 주인공으로 내세우는 반복적 재연의 행태')이야말로 우리가 사용하는 '환상'이라는 용어의 가장 일반적인 용례다.

세속, 그 '의도'의 불모

어느 화창한 날, 신애는 외려 참척慘慽의 절망을 씨앗 삼아 떳떳하게 가꾼 나르시시즘을 뽐내기 위해 꽃을 꺾어들었다. 예배를 마친 뒤에 용서의 '의도'를 품고, 자신의 아들을 죽인 사람을 찾아 굳이 교도소로 간다. (아아, 신애씨, 대단해요!) 그러나 문제는 신애를 용서의 강박으로 내몰았던 바로 그 신이 유독 신애만의 신이 아니라는 사실이다. 누구나 신을 믿고 있었고, 누구나 자신의 '의도' 속에 신을 담아두고 싶어하는 것이다. 그러나 신애만의 영웅적 용서의 대상이어야만 할 감옥 속의 그 남자는 이미 용서를 받았다고 저 홀로 '생각'하고 있다. 신애의 '의도'나 그 남자의 '생각'은 모두 신으로부터 발원했지만, 신애의 의도는 그 남자의 생각이 아니었다. (거듭, 거듭 말하지만, 세속의 의도는 모조리 어긋나는 것으로 제 소명을 다하고, 그 속의 생각은 모짝 공부에 이르지 못한다.)

이 세속의 어긋남, 내 의도와 타인의 현실 사이의 어긋남과 부딪친 신애는 그만 실신하고 만다. 그러나 교도소 앞에서의 실신 장면은 실은 꿈에서 깨는 장면과 다를 바 없다. 그간 자신을 관념적으로 보호하고 변명하던 나르시시즘의 거울방〔鏡箱〕에서 이로써 떨쳐나오는 셈이다. 그리고 그 나르시시즘의 균열과 더불어 신애의 몸부림은 다시 시작된다. 애초에 자신을 고통으로부터 건졌던 바로 그 나르시시즘의 환상은 이

제 적대적 짝패로 둔갑한다. 아직은 현실 속으로 내려앉지 못한 신애, 아직은 용서를 세속과 시간과 타자의 문제로 이해하지 못한 신애는 여전히 신을 붙잡고 늘어진다. 영화는 신과 대결하는 신애의 모습을 매우 인간적으로 묘사한다. 나르시시즘 속의 신과 함께 웃었던 그가 다시 나르시시즘 속의 신과 더불어 울고 있는 것이다. 무릇 억압된 것은 증폭되는 법, 그 사이 다시 돌아온 죄책감은 더 커버렸고, 급기야 신애는 죄책감의 정점에서 자해하기에 이른다.

상처는 상처를 본다

살인자의 중3 딸은 그 아버지에 의해 승합차 속에 끌려온 채로, 남편과 사별한 후 말없이 아버지를 떠나 밀양으로 온 신애와 처음으로 대면한다. 그리고 아득한 미래의 기억 속에서 상처는 상처를 본다. 죽은 자식을 가슴에 묻고 종교에 귀의한 신애의 시야에 그 딸은 도시의 한켠 구석에서 또래의 남자애들에게 얻어맞고 있는 모습으로 다시 등장한다. 구타당하는 중에 그녀는 고개를 돌려 신애를 하염없이 쳐다본다. 그 하염없는 시선은 도시의 기원과 성격을 묻는 희생양犧牲羊의 것이다. 그러나 희생양의 슬픔은 의문이 아니라 동종의 상처 속에서만 깊게 다가선다. 신애의 궁극적인 만남이 교도소의 살인자가 아니라 미장원의 딸과 이루어지는 이유가 거기에 있다.

자해한 후 병원에서 퇴원한 신애가 들른 미장원에는 소년원에서 갓 출옥한 그 딸이 "학교를 때리(려)치운 채" 미용사로 일하고 있었다. 딸은 신애의 머리카락을 반쯤, 그것도 왼손으로 깎아줄 수 있었다. 머리를 깎다 만 신애가 미장원을 뛰쳐나왔다는 사실은 내겐 그리 중요하지 않아 보인다. 보다 중요한 사실은, 피해자 어머니의 머리카락을 가해자의 딸의 손에 맡긴 그 짧은 순간 속의 '빽빽한 빛'〔密陽〕이기 때문이다.

신애는 자신에게 용서의 힘을 준 바로 그 신에 의해 '명시적으로' 용서를 도난당했다. 그러나 신, 혹은 나르시시즘을 매개로 한 살인자와 신애의 용서 게임은 결국 현실에 이르지 못한다. 그 현실은 살인자의 딸이 겪는 세속의 상처와 더불어 되살아난다. 신애는 왼손의 그녀에게 자신의 머리카락을 반^半만 맡김으로써 '묵시적으로' 용서를 되찾는다.

내 집에서 나오면 곧 '송강호 거리'라고 쓰여진 간판이 전봇대 높이 걸려 있고, 잠시 걸어 오르면 종찬이 일하던 그 카센터가 여전히 영업 중이다. 종찬은 극히 흥미로운 캐릭터이고, 신애 역에 지지 않는 주인공이다. 종찬은 〈오아시스〉의 종두(설경구)와 더불어 한국 현대 영화사에서 기념비적인 남성 연기의 풍경을 이룬다. 종찬이 다만 자신의 세속적 욕망에 응해서 신애를 선택적으로 주목했고, 일반자一般者 중의 한 매력적인 개체를 제 나름대로 소유하려는 것인지, 혹은 신애와의 만남 자체로 그 자신의 존재와 삶의 양식이 뒤바뀐 것인지는 알 수가 없다. 그러나 '용서의 빛'에서 바라본 종찬의 역할은 의외로 미미하고, 그가 신애에게 바치는 충실의 성격을 엿볼 수 있는 지점도 바로 여기다.

1. 밀양密陽을 굳이 '빽빽한 빛'으로 풀었습니다. 용서라는 주제의식 속에 영화를 새길 때, 신애가 살인자 딸의 손에 머리카락을 맡기는 그 짧은 순간 속에 용서의 빛이 '빽빽하게' 응결했다고 여깁니다. '만지는' 일이 워낙 금기禁忌와 관련되기도 한다는 사실을 헤아려보면, 원수의 딸에게 자신의 몸의 일부(그것도 머리카락이라는 '경계')를 만지게 하는 일의 뜻은 꽤 분명해 보입니다. 신을 매개媒介로 한(했기에) 신애-살인자 사이의 용서는 어긋나지만, 오히려 상처받은 약자로서의 그 딸을 매개로 그 용서의 빛은 소생합니다. 그래서 이 영화의 요체는 '신→딸'로 옮아가는 매개의 변화에 있지요.

2. 다소 의도적으로 종찬의 시각을 생략했습니다. 종찬은 그 자체로 장편의 비평이 필요할 만큼 흥미로운 존재이고, 또 '밀양'이라는 빛의 내용을 용서로 제한시켰기 때문입니다.

3. 이창동은 기복이 없는 일급이고, 〈밀양〉은 〈인디아나 존스〉따위의 영화 30개와도 바꿀 수 없는 수작입니다. 그가 또 영화를 내면 무조건 보시기 바랍니다.

두번째 이야기 - 아주 특별한 손님
타.인.의. 삶.

〈아주 특별한 손님〉은 자아는 종종 타인을 통해 바뀐다는 소식, 거꾸로 나는 영영 스스로 바뀔 수 없다는 상식을 다시 일깨운다. 타인은 템포다. 인문학 공부의 실천은 그 템포에 응하는 응접의 방식에서 시작되며, 그 템포를 놓치는 자아는 나르시스트와 에고이스트 사이를 우왕좌왕하게 된다. 너무 빨리 다가서는 타자는 귀신이거나 괴수이고, 기다려도 오지 않는 타자는 메시아가 된다.

이윤기

미국 USC에서 경영학을 공부하고, 서울단편영화제 우수작품상 수상작 〈경멸〉의 프로듀서를 맡았으며, 1995년 서울단편영화제 경쟁 부문 본선에 진출한 단편 〈우리시대의 사랑〉을 감독했다. 장편 〈여자, 정혜〉(2004)로 데뷔하여 부산국제영화제 최우수 아시아 신인작가상을 수상하고, 2005년 선댄스영화제 월드 시네마 드라마 경쟁 부문에 진출, 스위스 프리부르그 국제영화제, 홍콩 국제영화제 상영작으로 오르면서 국제적으로 주목받게 된다. 이 작품으로 베를린영화제 뉴시네마포럼 넷팩상과 프랑스 도빌 아시아 영화제 심사위원 대상을 수상하기도 했다.

우애령의 단편집 『정혜』를 각색하여 촬영한 그의 첫 장편작 〈여자, 정혜〉는 평범하기만 한 정혜의 일상과 기억이 교차되는 가운데 떠오르는 상처의 문제를 차분하고 담담하게 그리면서 고립된 여성의 자아 찾기 과정을 보여준 수작이다. 감독 본인은 이 영화를 두고 "비올 것 같은 하늘 색깔과도 같은 영화"로 소개하기도 했다. 공모전 당선 시나리오를 토대로 한 〈러브토크〉(2005)는 '언제나, 그 시간, 그 자리에서, 어김없이 사는' 정박의 삶을 사는 여성들의 이야기를 쫓아가면서 사랑과 아픔의 문제를 펼쳐 보이며, 역시 그의 여성 캐릭터에 대한 일관된 관심과 남다른 재현력을 다시금 확인해주었다.

〈아주 특별한 손님〉(2006)은 일본 작가 다이라 아즈코의 단편집에 수록되어 있는 「애드리브 나이트」를 각색하고 감독을 겸한 작품이다. 그가 밝혔듯이 '〈여자 정혜〉로 다시 돌아가되 완전히 다른 톤의 영화'로 "정혜가 자기 슬픔의 궤적을 따라간 것이라면, 보경은 전혀 상관없는 사람들과 어느 한 여자의 궤적을 따라가면서 자기 존재의 소중함을 받아들이고 되찾는 과정을 보여주고자 했다." 원작에서는 소설이 시작하자마자 여주인공 (루미)이 자기 이름을 서둘러 간단히 말해버리는 것에 비해, 〈아주 특별한 손님〉에서 보경은 자기 이름을 알릴 순간을 놓치면서 지연되다가 영화 끝자락에 가서야 스스로 호명하는 순간을 갖게 된다. 원작과의 차이를 통해 주체적이고 의식적으로 자신의 정체성을 회복할 것을 요청하는 그의 주제의식을 짐작할 만하다.

후속작 〈멋진 하루〉(2008) 역시 다이라 아즈코의 작품을 각색·감독한 것으로, 애초에는 아즈코의 단편집에서 영화화할 작품 1순위였다. 여주인공 희수의 자아 찾기 과정을 로드무비 형식으로 담아낸 작품으로서, 탁월한 심리 묘사와 담백하고 단정한 영화적 구성은 일상 속의 섬세한 결을 포착하는 감독의 역량을 확인시켜준다.

그는 자신의 작업 방식을 '1미터의 시선으로 누군가를 바라보는 방식'으로 정리한다. 여성의 자아 찾기, 그 여정에서 심리와 관점의 변화를 묘사하고자 하는 그의 일관된 영화적 관심이, 그 시선과 형식에서 어떤 하나의 전형을 세울지 자못 궁금하다.

지혜, 혹은 '돌아/다녀오기'

흔적의 '흔痕'은 흔히 흉터라고 새기지만 그것은 '발뒤꿈치'라는 뜻을 아우르고 있다. 흉터라는 게 제자리가 있을 리 없건만 각별히 발뒤꿈치의 흉터는 흉터의 원형을 가리키는 것일까? 신화 속에는 종종 발을 저는 사람이 등장하는데, 그는 '멀리 돌아다녀본 사람'으로서 일종의 현자를 상징한다. 물론 흔痕이 곧 현賢일 순 없지만 현은 늘 흔을 숨기고 있다. 그 현자는 '이제는 돌아와 거울 앞에 선'(서정주) 누님이 아니라 이제는 돌아와 스스로 거울이 된 누님인 셈이다. '흔'적 없이 내달리는 정보혁명의 소비사회적 시류에는 어울리지 않는 객담처럼 들릴지 모르겠지만, 우리에게는 지혜를 '세상(타인) 속을 돌아/다녀오기'와 결부시키는 오랜 전통이 있었던 것이다.

근년에 타계한 미국의 철학자 로티R. Rorty도 인간의 실천적·도덕적 지혜를 해명하는 과정에서 "멀리 돌아다님"이라는 메타포를 사용한 바 있다. 물론 사상사적으로 보아 이런 식의 메타포는 헤겔에게 그 특허권이 돌아간다. 독일의 사회학자 지멜G. Simmel도 인류의 문화적 성숙 과정을 두고 '영혼이 여러 객체와 관계를 맺으면서 세상 속을 돌아/다녀오기'로 표상한 바 있다. 이른바 '십우十牛/심우도尋牛圖'의 풍경이 대표적으로 보여주듯이, 동양의 정신문화적 전통 속에서도 지혜와 '돌아/다녀오기'는 한통속으로 어우러져 있다.

되돌아온 낯선 자아, 그 '아주 특별한 손님'

이윤기의 〈아주 특별한 손님〉은 굳이 '손님'에 대한 이야기일 필요가 없다. 여기에 손님이 있다면 그는 타인이라기보다는 차라리 '에둘러 돌아다녀온' 또다른 자기를 가리킨다. 일부 평자들이 정리해놓은 것처럼, 〈여자, 정혜〉에서 〈러브토크〉를 통해 이어지는 주제는 "정박되어 있던 주인공이 지리적 이동 내지는 이탈의 경험을 통해서 다시 자아를 찾는 과정이 형성되는 것"으로 보인다. 이는 극히 인문학적인 테마로서 '사람의 무늬〔人紋〕'를 탐색하고 궁리하는 자라면 언제든지 다시 부딪칠 수밖에 없는 것이다. 시인 권경인은 '먼 길'(『변명은 슬프다』, 1998)에서 "온갖 길 다 섞으며 스스로 길에서 놓여나는 바람"을 말하는데, 이윤기의 영화도 손님이 된 자기, 혹은 그 같은 바람에 대한 이야기일 것이다.

보경은 '명은'이라는 이름만을 빌려 생전 가본 적이 없는 타지에 다녀온다. 그 타지에서 보경은 '명은'의 역할을 하면서 타인의 삶을 엿본다. 하지만 정작 중요한 지점은 '명은'이라는 이름 때문에 일시적이나마 새로 알게 된 '가족이 된 타인(혹은 타인인 가족)'이 아니다. 그가 '명은'의 노릇을 하면서 엿보게 된 타인은 오히려 자기 자신, 그 노릇이 바뀌면서 낯설게 된(소외된) 채 드러난 자기 자신이다. 그런 뜻에서, '아주 특별한 손님'이란 이름 바꾸기를 통해 다른 역할(노릇)에 노출된 채 성찰적 경험을 하며 자기 자신에게 되돌아오는 낯선 자아인 것이다.

'명은'이라는 이름과 역할을 통해 타지에서 타인을 엿본 뒤에 '되돌아온' 보경은 첫 새벽에 서울에 닿는다. 그러고는 그간 불화했던 엄마에게 전화를 넣어 그녀를 어리둥절하게 만든다. '명은'이라는 타인을 거쳐 되돌아온 보경이 낯설다는 것을 엄마도 이미 눈치 챈 것일까?

보경은 잠시 '명은'이라는 새 이름을 얻어 노릇을 바꾼다. 실은 세속 속에서의 성숙이란 노릇(입장) 바꾸기와 긴밀한 관계가 있으며, 많은 인문학자가 번다한 이름 아래 제시한 이론들도 이 '노릇(입장) 바꾸기'의 가능성과 조건 따위를 묻는 것으로 귀결한다. 영화 속의 보경도 노릇을 바꿔 살아보는 짧은 체험을 통해 낯설게 된 자아를 엿보고, (영화 속에서는 그리 선명히 드러나지 않지만) 그 낯선 자아를 지렛대 삼아 새로운 자아의 소식을 전하려고 한다. 엄마를 당황하게 만든 새벽의 전화는 그렇게 해석할 수 있을 테다.

그러나 글 첫머리에 해설한 인문학적 성숙과 지혜의 문제로 다시 돌아와보면, 논의는 이미 새로운 문제에 봉착해 있다. 약술하자면 그것은, 과연 '노릇을 바꾸면 버릇도 바뀌는가'라는 것이다. 이 감독은 어느 인터뷰 중에 "모든 배우가 기회가 없어서 발견을 못 하는 자기의 부분들이 있다"고 했듯이 보경도 노릇 바꾸기라는 기회를 통해 자기의 다른 부분을 발견했지만, 이 발견을 자기 생활 속에서 주체화해낼 수 있는가 하는 중요한 문제는 여전히 남기 때문이다. 여기에서 노릇(제도)과 버릇(생활) 사이의 틈이 생생하게 부각되어야 한다. 이 영화를 기억하는 자라면 무엇보다도 노릇과 버릇 사이에서 갈팡질팡하는 낯선 자아를 '아주 특별한 손님'으로 공대해야 할 것이다. 그리고 노릇이라는 사회적 자아persona의 변덕스러운 교체가 아니라 버릇이라는 완악한 몸의 체계를 바꿔 얻는 생활의 새로운 벡터와 그 정향을 통해서 체계의 욕망들을 넘어선 희망을 일굴 수 있을 것이다.

나는 영영 '스스로' 바뀔 수 없다

〈아주 특별한 손님〉이 '돌아다녀봄'의 상태를 완료하지 못한 채 자기 발견과 주체화의 조짐을 내비치면서 막을 내린다면, 가령 같은 해에 개봉한 플로리안 헨켈 폰 도너스마르크의 〈타인의 삶Das Leben der Anderen〉(2006)은 바로 그 점에서 매우 흥미로운 대조를 보이며 한 걸음 더 나아간다. 구동독의 비밀경찰 비즐러는 체제의 하수인으로 충실하게 살아왔고, 그의 자아는 그 충실성을 중심으로 온전하게 통합된 듯이 보인다. 그러나 반체제 인사이자 최고의 극작가인 드라이만과 그의 애인을 도청하는 임무를 떠맡으면서 '타인의 삶'을 속 깊이 엿보게 되는데, 타인의 삶 속으로 들어갔다는 바로 그 복된(!) 죄 때문에 그의 자아는 서서히 균열한다. 드라이만을 체포할 빌미를 건지려던 그는 오히려 그들의 삶을 통해 인간적인 감명을 받은 나머지 직무유기를 하면서까지 그들을 도와줄 정도로 돌이킬 수 없이 바뀌어가는 것이다. (그 모든 공부는 '돌이킬 수 없음'의 체감으로 드러나는데, 이것은 개인의 경계를 넘어 돌이킬 수 없이 움직이는 갖은 힘들을 파악하거나 바꾸려는 데에 공부의 요체가 있다는 사실과 연루한다.) 두 영화는 타인의 삶을 속 깊이 거치면서 변화해가는 자아의 행로를 다룬다는 점에서 일치하며, 자아의 문제 못지않게 타인의 문제를 묵직하게 다룬다는 점에서도 비교할 만하다.

〈아주 특별한 손님〉은 자아는 종종 타인을 통해 바뀐다는 소식, 거꾸로 나는 영영 스스로 바뀔 수 없다는 상식을 다시 일깨운다. 타인은 템포다. 인문학 공부의 실천은 그 템포에 응하는 응접의 방식에서 시작되며, 그 템포를 놓치는 자아는 나르시스트와 에고이스트 사이를 우왕좌왕하게 된다. 너무 빨리 다가서는 타자는 귀신이거나 괴수이고, 기다려도 오지 않는 타자는 메시아가 된다. 그것이 이윤기가 주인공의 내적 시간이 흐르는 템포에 그처럼 정세精細하게 뜸을 들이는 이유다.

1. 에드워드 양의 〈하나, 그리고 둘〉(2000) 속에서 꼬마 양양이 사람들의 뒤통수 사진을 찍어대는 모습을 기억하시지요? 나는 지하도의 계단을 올라가면서 앞 사람의 뒷모습을 볼라치면 '걸어 올라가는 내 뒷모습'을 단 한 차례도 본 적이 없다는 사실에 문득 생각이 머뭅니다. 내 동선과 그 변화를 통째로 관찰할 수 있는 기회는 온전히 타인의 몫인 셈이지요. 일부 정신분석학자들이 자아는 자신의 진실을 오인하거나 무시하게끔 구조화되어 있다는 지적을 할 정도니까요. 아무튼 이 타인의 몫을 내 것으로 전유하는 방식과 노력 속에 인문학적 성숙의 일단이 있습니다.

2. 십우도十牛圖는 12세기 중국 선종에서 전래하는 수행도修行圖로서 견성見性의 과정을 소를 찾아나서는 열 단계에 빗대 해설한 것입니다. 물론 내가 타인 속에서 발견되듯이, 수행자는 소와 다르지 않지요.

3. 물론 이윤기만으로는 충분치 않습니다. (지상의 그 누가 대체 '충분'할까요?) 그러나 〈아주 특별한 손님〉을 만들 수 있는 그는 아주 '필요'한 감독입니다.

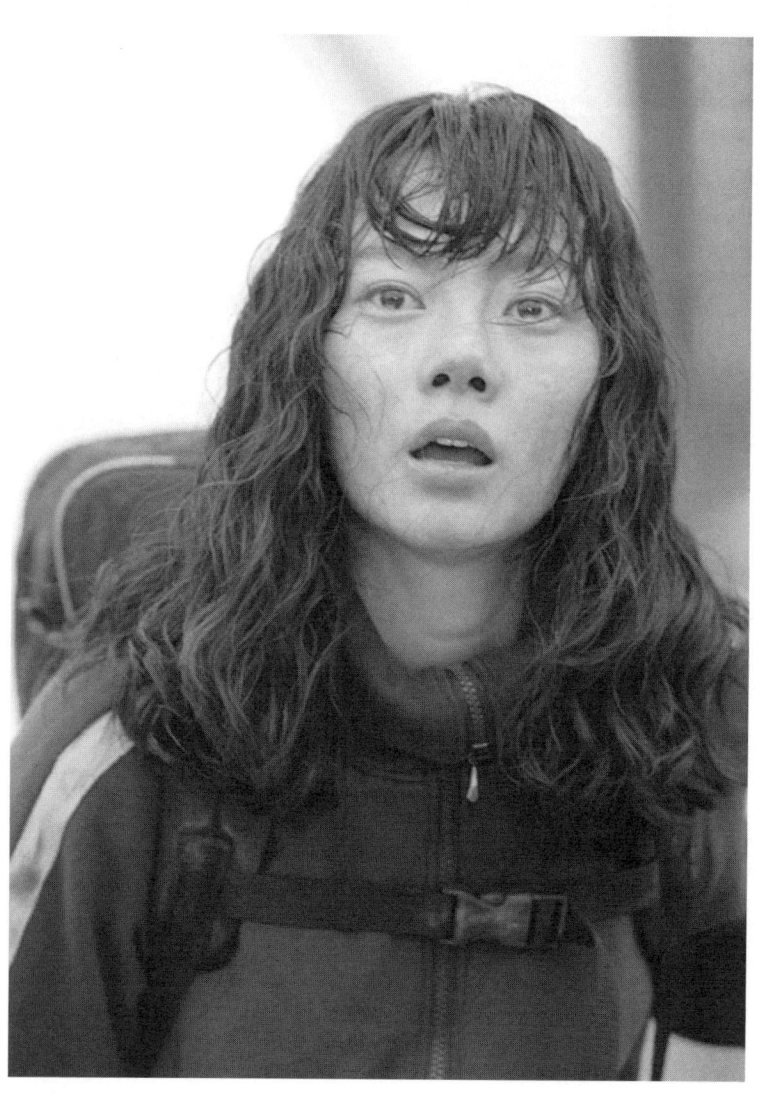

세 번째 이야기 - 괴물

진리는 어떻게
돌.아.오.는.가.?

만약 봉준호의 〈괴물〉을 이런 식으로 읽어낼 수 있다면 이 영화가 끌어 모은 천만의 관객이 대체 이 영화 속에서 본 것이 무엇인지는 영영 알 수가 없을 테다. 그들이 소년 소녀처럼 손을 잡고 극장에 들어가 〈괴물〉을 통해 본 것이 무엇이라고 해도 최소한 그것은 '아프고 낯설고 기괴한 진리'는 아닐 것이기 때문이다.

봉·준·호·

1969년 출생. 연세대 사회학과 졸업. 어릴 때부터 영화광이었던 그는 대학 시절 서클활동으로 영화에 대한 남다른 취미를 살려가다가 '한국영화아카데미'에서 영화연출을 공부했다. 졸업작품인 16mm 단편 〈지리멸렬〉(1994)이 〈프레임 속의 기억〉(1994)과 함께 밴쿠버와 홍콩영화제에 초청받는 등 일찌감치 영화계의 기대주로 주목받았다. 이후 〈싱크&라이즈〉(2003) 〈인플루엔자〉(2004) 〈이공異共〉(2004) 등의 단편을 연출하며 닦은 기량과 그 진면목은 장편에서 발휘된다.

첫 장편 데뷔작인 〈플란다스의 개〉(2000)는 강아지 찾기를 모티브로 희화적 요소를 가미하여 '지식인의 자의식과 도덕적 불감증'을 풍자했다. 이 작품으로 홍콩영화제 국제영화비평가상과 뮌헨영화제 신인감독상을 수상하면서 탄탄하고 치밀한 연출력으로 평단의 주목을 받는다. 두번째 장편 〈살인의 추억〉(2003)은 스릴러의 기본 공식에 1980년대 한국사회의 구조적 모순과 인물들의 미묘한 심리 변화의 묘사를 겹쳐 얹는 데 성공함으로써 작품성에서뿐만 아니라 흥행에도 성공, 그만의 스타일을 독자적으로 펼쳐가기 시작한다. 단편작에서부터 일관되게 이어지는 그의 '장르영화' 천착은, 그 자신 밝혔듯이 '어릴 때부터 즐겨본 원초적 체험'과 '장르 영화만의 독특한 느낌을 즐기는' 취향, 그리고 '장르적 요소가 적었던 첫 장편 영화의 흥행 실패' 등으로부터 받은 영향이 크다. 봉준호는 자신의 작업을 두고 "장르를 교란하기 위해서 장르를 한다"는 말을 남겼다.

〈괴물〉(2006)은 고등학교 시절 이후 18여 년간 그의 뇌리 속에 박혀 있던 생생한 이미지를 영화화한 작품이다. 대중과의 교감을 위해 고수하는 장르의 틀, 그러나 그 틀을 넘어서는 기발한 영화적 상상력, '남한사회의 다양한 모순'을 날카롭게 풍자하는 주제의식이 한데 어우러져 장르와 현실, 비평과 흥행을 동시에 아우르면서 자신의 연출력을 집대성, 그의 재능이 십분 발휘된 것으로 평가받았다. 그는 '봉테일'이라는 별명으로 불릴 만큼 세부적이고 치밀한 장면 연출로 정평이 나 있는데, 이것은 사회 현실에 대한 그의 관심과 주제의식의 연장선상에 놓인 영화 미학이라 할 만하다.

〈괴물〉이후 후속작이 풍성하여 한동안 꾸준히 스크린에서 그의 작품을 만날 수 있을 듯하다. 2008년 〈도쿄!〉, 2009년 〈마더〉를 선보였고, 다국적 장편 프로젝트 대작 〈설국열차〉는 2010년 즈음하여 촬영에 들어갈 예정이다.

왜 진리는 낯선 것이 되는가?

인문人文은 인문人紋인데, 말 그대로 '사람의 무늬'를 뜻한다. 그래서 인문학은 인간의 무늬를 살피고 헤아리는 공부인 셈이고, 마찬가지로 인문학의 진리란 인간의 무늬와 동떨어진 것이 아니다. 설렁설렁 말하자면, 인간의 무늬 속에 진리의 조건을 두게 되면서 철학적 근대가 열린다. 그런데 인문학적 진리의 조건을 이루는 인간의 무늬는 조개껍질처럼 단순한 게 아니라 겹/층을 이루고 있다. 겉무늬가 있는가 하면 속무늬도 있는 것이다. '무늬만…'이라는 시쳇말은 무늬의 뜻과 가치를 깔보지만, 실은 '무늬(현상의 패턴) 속에 진리가 있다'는 요지의 주장을 편 사상가들은 늦봄의 때죽나무처럼 많다.

그 인문이 겹과 층을 이루고 안팎이 서로를 알아볼 수 없도록 나뉘면서 인간은 인간의 진리를 오히려 낯설어한다. 인간의 진리와 인간은, 돌이킬 수 없이 불화하거나 아예 서로를 알아볼 수 없게끔 다르게 변해가는 것이다. 마치 서로의 얼굴조차 식별할 수 없게 된 이산가족처럼 인간은 자신이 언젠가/어디에선가 낳아놓은 자신의 진리를 영영 알아볼 수 없도록 소외되기도 하는 법이다. 이것은 외려 당연한 노릇이니, 어디, 마르크스가 마르크스주의자였으며 예수가 기독교인이었던가?

'믿는 도끼에 발등 찍힌다'는 옛말이 있지만, (조금 서둘러 요지를 말하자면) 실은 모든 고귀한 진리는 필연코 우리의 발등을 찍는 법이다. 우리가 꽃과 나비의 관계처럼 진리와 곱게 어우러져 살 수 있다면 왜 이곳이 세속이겠는가? '진리가 왜 아프거나 괴상한가?'라고들 불평하고 싶겠지만, 그 외상外傷은, 이윽고 타자가 되어 돌아오는 진리라는 특이점이 인간의 세계 속으로 재진입하는 비용으로서 실은 극히 당연하다. (니체가 시사했듯이) 진리 역시 인간의 것이며, 그 관계 속의 진리는 그처럼 유약한 모습으로 진화해야만 했던 것이다.

쉬운 예를 들어보자. 식습관이 위암 발병의 원인이라는 보고는 많다. 식습관은 개인의 생활 습관, 나아가 삶의 양식과도 관련되며, 결국은 ('장수촌'들이 버젓이 존재하는 것처럼) 그 습관과 양식을 이모저모로 규정하는 당대의 사회체계나 환경과도 무관하지 않다. '인간은 그가 먹는 것'(포이어바흐)이라고도 하지만, 식습관, 생활 습관, 그리고 삶의 양식 등속은 모두 인간의 무늬〔人紋〕를 구성하는 요소들이다. 그런데 무수히 많은 생활의 구성 요소들이 한 인간의 무늬를 조형하는 가운데에도 그 요소들의 함의가 늘 분명한 것은 아니며, 그 반작용/부작용의 내용이 단숨에 알려지는 것도 아니다. 이런 식으로, 내 습관들과 그 은폐된 결과들은 나로부터, 내 의도나 기대로부터 점점, 돌이킬 수 없이 멀어져가는 것이다. 그리고 어느 화창한 봄날, 식생활을 통해 형성된 내 습관의 진리는, 혹은 내 습관이 은폐했던 진리는 어느 무심한 의사의 입을 통해 '위암'이라는 진단 속에서 아프고 괴상하게 찾아오는 것이다.

일찍이 철학자 니체는 '진리는 이제 아름다운 처녀가 아니라 이빨이 다 빠져버린 노파가 되었다'라는 흥미로운 메타포를 사용한 바 있다. 그런가 하면 포이어바흐는 "우리 시대의 진리는 부도덕 그 자체"라고 일갈한다. 샐리스 John Sallis도 "만약 진리가 괴이한 모든 것, 불구가 된 모든 것, 혹은 괴이함 그 자체였다면 어떨까?"라는 물음을 던진다. 진리에 대한 이 같은 메타포나 질문의 형식은 얼핏 보아 상식에 어긋나는 듯 여겨지고 심지어 진리에서 가장 먼 것이라는 직감을 키우기조차 한다. 그러나 우리가 얼버무리듯 통속의 상식과 야합하지 않고 우리 자신의 삶과 세상에 아프도록 솔직하고 정세精細하게 접근할 수 있다면? 그래서 우리가 진리의 성격과 그 행로를 우리 욕심대로 규정하거나 통제할 수 있으리라는 아집을 통으로 버릴 수 있다면? 그제야 우리는 우리에게서 등을 돌린 우리의 진리들이 타인처럼 낯설어지고 급기야 괴물처럼 기괴해지는 것도 차츰차츰 용납하고 수용할 수 있게 될지도 모른다. 돌보지 않는 짐승이 야수가 되어가듯이, 외면하고 소외시켰던 진실은 품속에 품을 수 없을 만치 크고 기괴해져가는 것이다.

괴물, 혹은 '진리의 귀환 형식'

만약 봉준호의 〈괴물〉을 이런 식으로 읽어낼 수 있다면, 이 영화가 끌어

모은 천만의 관객이 대체 이 영화 속에서 본 것이 무엇인지는 영영 알수 없을 테다. 그들이 소년 소녀처럼 손을 잡고 극장에 들어가〈괴물〉을통해 본 것이 무엇이라고 해도, 최소한 그것은 '아프고 낯설고 기괴한진리' 는 아닐 것이기 때문이다.

'아프고 낯설고 괴이한 진리' 가 아닌 것의 좋은 사례는〈킹콩〉시리즈물이나 제이 러셀의〈워터호스〉(2007) 따위일 것이다. "네스 호의괴물 또는 킹콩 영화에 대한 혐오스럽고도 익살스러운 열광은 괴물처럼 총체화된 국가에 대한 집단적 투영"(아도르노)이라는 좌파적 평가는 국가 시스템 그 자체 속에 사회적 모순과 부조리의 총체를 읽어내려는 '명랑한 사회학도' 인 진보신당 당원 봉준호의 시각과 이어질 듯 보인다. 영화 속의 킹콩이나 워터호스waterhorse는 낭만적으로 채색되어 인간화의 길을 걷게 되고, 심지어 과도하게 사회화된 어른 남자들이아닌 매개(〈킹콩〉의 '여인' 이나〈워터호스〉의 '아이')와 진정한 소통의 길을 튼다. 이로써 이 괴수들은 인간의 체계 속에 내재화되면서 그숭고한 공포의 예각이 꺾이고 만다. 킹콩은 여인을 사랑하고, 워터호스는 아이와 우정을 나누는 것이다. (파시즘이 그 주된 시대적 배경이긴하지만) 아도르노는 "이런 식으로 야만성을 자신 안에 끌어들여 통합하는 것보다 더 정확하게 현재의 통일적이고 적대적인 상태를 특징짓는 일은 없다"고 성토하는데, 아도르노와 봉준호의 괴물이 킹콩이나 워터호스와 갈라지는 지점이 바로 여기다.

다소 무리하게나마 간략히 정리해보자. 킹콩이나 워터호스의 존재는 '여인'이나 '아이'의 매개를 거쳐 비정치적 '동일자'로 정화淨化된다. 그러나 봉준호의 괴물은 그 누구와도 교감을 나눌 수 없는 '타자'로 남는다. 혹은 여러 평자의 지적처럼 그 태생이 과도한 정치적 알레고리에 묶여 있는 탓에 워낙 킹콩이나 워터호스 같은 낭만적 변신을 기하기가 어렵다. 그 경이로운 사이즈에도 불구하고 킹콩이나 워터호스는 여전히 자연적인 존재로서 '작용-반작용'의 형식으로 인간과 관계를 맺지만, 봉준호의 괴물은 '포름알데히드'가 시사하듯 부자연스러운 존재이며 '작용-부작용'의 형식으로 인간세계에 돌입한다.

인간은 '작용-반작용'이라는 정상적인 결과 속에서만 자신의 진리를 확인하려는 선입견의 볼모다. 나의 작용이 '부작용'을 낳고, 은폐된 부작용의 역사가 내 작용의 비밀을 증거하는 '아프고 낯설고 괴이한 진리'를 내 눈앞에 꺼내놓을 때까지 '무지일 뿐인 평화'와 '망각일 뿐인 안심'은 더욱 달콤하다. "범죄 행위의 폐제廢除된 외상적 이야기가 그 행위 이후에 나타남을 잊지 말아야 한다"(지젝)기에, 나는 오늘도 내가 살고 있는 밀양강에서 괴물이 솟아나기를 기다리고 있는 것.

1. 다가오는 타인은 그의 템포와 리듬에 의해 체감됩니다. '그 사람, 참 성격이 좋아!'라거나 '그 새끼, 정말 지랄 같네!'랄 때, 그 체감의 형식은 우선 그 사람의 템포와 그 사람의 리듬인 것이지요. 자본주의나 근대화를 '속도'의 문제로 환원시켜 탐색하는 사회학자들이 더러 있다는 점을 기억하시면 좋을 겁니다. 영화의 첫 장면에서 관객을 압도하는 방식이 대체 그것이 아니라면 무엇이겠습니까? 〈괴물〉의 괴물도 그 나름의 괴이한 템포와 리듬에 의해 우리에게 찾아오는 것입니다. 너무 빠르게 다가오는 타인이 귀신이거나 괴수이고 기다려도 오지 않는 타자는 메시아가 된다고 할 때, 우리가 이 영화를 대하는 가장 훌륭한 방식은 그 괴물을 메시아적 상상 속에서 다시 읽는 것입니다.

2. 계면쩍은 부탁이지만, 제 글도 그렇게 읽어주시기 바랍니다. 제 글의 템포와 리듬이 다소 이상하더라도 그것을 괴물로 만들지 혹은 메시아로 영접할지는 오로지 독자 여러분의 몫이기 때문입니다.

네 번째 이야기 - 가족의 탄생

가족, 혹은
어.긋.남.의.자.리.

사랑과 혈연으로 무장한 가족의 배타적 동일성이 주는 이익은 단기적이며 우연적이고 경험적(일회적)이다. 그 모든 달콤한 것은 속히 썩는 법! 그러나 사랑은 그 완악한 통속주의 속에서 배타성이 주는 달콤한 이익을 오인한다. 그래서 가족과 사랑은 자연스러운 게 되고, 마냥 영속되리라고 전제하며, 운명적인 힘에 의해 조형된 것이라고 확신하고 만다.

김
태
용

1969년 서울 출생. 연세대 정치외교학과 졸업. 독립프로덕션 서울텔레콤 PD로 연출 실력을 쌓았고 한국영화아카데미 13기로 졸업했다. 단편작으로 〈무제〉(1994), 〈해남 임장춘〉과 〈골목길 풍경〉(1996), 〈동방견문록〉(1997) 등이 있다. 〈열일곱〉(1997)과 〈창백한 푸른 점〉(1998)에서는 민규동 감독과 공동 연출을 했다.

그의 장편 데뷔작인 〈여고괴담 두번째 이야기〉(2000)는 단편작부터 호흡을 맞춰온 민규동 감독과의 공동 연출작으로 한국 장편영화에서는 첫 시도였다. 이 작품은 그에게 백상예술대상 신인감독상을 안겨주었고, 2001년 홍콩퀴어영화제의 개막작으로 상영되기도 했다. 전작인 박기형 감독의 〈여고괴담〉과 차별화를 모색하며 실험적인 접근을 시도했다. 교육제도의 포악성 대신 학생들의 사적 영역에 몰두, 일상적인 성장과정에서 벌어지는 갈등과 슬픔을 맑고 투명하게 시각적으로 표현, '서정적 공포물' 이라는 공포물의 새로운 형식을 선보이고, 평단의 호평을 받았다.

그의 두번째 장편 〈가족의 탄생〉(2006)은 가족이라는 이름 아래 새로운 관계의 가능성이라는 주제의식을 영화화했다. 이야기는 전작에서 이미 예고된 그의 시각적 표현의 재능을 만나, 손이나 얼굴 등의 미세한 떨림을 포착하는 카메라나 자연광을 십분 활용한 공간들, 핸드펠트로 촬영된 거칠고도 세밀한 장면들로 표현되면서 작품의 완성도를 더했다. 그는 이 작품을 두고 "하나의 컷이 가진 전달력보다는 컷들의 관계에 더 관심을 기울였기에 컷이 아닌 정서로 기억될 영화" 라는 말을 남겼는데, 이는 구성원들의 관계에 주목하고자 했던 주제의식에 걸맞은 영화화 방식에 대한 고민의 흔적이라 할 만하다.

〈가족의 탄생〉은 기존에 가족이라는 관념을 구성하던 혈연이나 법적 구속력이 지닌 특권을 해체하고, '만남과 신뢰에 의존한 공동체'로서의 새로운 가족의 탄생 조건을 탐문한다. 채현이 무신과 미라를 두고 '엄마들'로 호명하는 장면은 기존의 가족 서사에 대한 결정적인 결별 선언이라 할 만하다. 아울러 이 영화는 시간이라는 비용의 영화이기도 하다. 무신과 미라가 타인으로 만나 공대하며 함께한 물듦의 시간, 싫어하던 아이를 동생처럼 기른 누나의 시간 등 새로운 가족, 관계 맺음이라는 것이 타자의 지평 속으로 나를 던져넣으며 견디는 기나긴 인고의 시간을 필요로 하는 것임을 보여준다. 김태용은 이를 두고, "이 영화에서 시간이란 단순히 이야기를 진행시키는 흐름이 아니라, 그 자체로 하나의 캐릭터가 되었으면 하는 바람이 있었다. 순차적으로 흘러가는 시간이 아니라 그 속에서 벌어지는 다른 관계의 형성과 변화들이 궁금했다"라고 밝혔다.

그는 "질문 안에 들어 있는 딜레마에 이야기를 놓는 것을 흥미"롭게 생각하며, "정말 만들고 싶은 영화는 가장 재미있는 질문을 던지는 영화"라고 말한다. 수상 이력과 찬사와 논쟁들을 뒤로하고 선보일 재미있는 질문으로서의 후속작이 기대된다.

가족은 마냥 '자연'스러운가

물은 0도度나 100도에 이르면 숨어 있던 임계점을 보인다. 얼거나 비등沸騰하면서 '물'이라는 임시적이며 유동적인 체계가 허물어지고 고체나 기체로 변하는 것이다. 세상살이를 체계의 관점에서 살필 때에는 이처럼 임계점을 규정해보는 일이 중요하고 흥미롭다. 일부의 체계 이론가들은 임계점을 잣대로 삼아 '열린 체계'와 '닫힌 체계'를 구별하기도 하는데, 이 경우 닫힌 체계란 임계점에 이르지 않고는 바깥과 상시적인 접촉과 융통이 불가능한 체계를 가리킨다.

건강한 체계는 외부 환경과의 일상적 소통과 교환을 나누는 여러 채널을 확보하거나 재생산하는 법이다. 내부의 체증滯症이나 외부의 침탈이 있어야만 비로소 열리는 체계는 결국 그 개방 자체와 함께 불행한 파국으로 치닫게 된다. 가이아나 인민사원 사건이나 오대양 사건 등 집단 자살 소동을 일으킨 여러 성격의 폐쇄적인 조직이 좋은 예증이다. 남녀가 만나 이루는 가족이라는 제도도 하나의 체계이긴 마찬가지인데, 이 경우 사랑과 개방이 반비례한다는 통속적인 역설이 가족의 불행한 비밀이다. 가령 질투는 연애(사랑)에 근거한 관계의 체계적 배타성의 징후인 셈이고 이 배타성은 가족제도 속으로 고스란히 이전된다. 사랑이 달콤할수록 그 배타성(질투)은 깊어지곤 하지만, 마치 '호의가 지옥으로 가는 길'(마르크스)이라는 사실을 깨닫기 어렵듯이 바로 그 달콤한 배타성의 부메랑은 코앞에 닥쳐도 알 수가 없는 법이다.

   사랑과 혈연으로 무장한 가족의 배타적 동일성이 주는 이익은 단기적이며 우연적이고 경험적(일회적)이다. 그 모든 달콤한 것은 속히 썩는 법! 그러나 사랑은 그 완악한 통속주의 속에서 배타성이 주는 달콤한 이익을 오인한다. (정신분석의 대중적 파급 이후 사랑은 오직 오인 속에서만 성립한다는 주장들은 결코 낯설지 않다.) 그래서 가족과 사랑은 자연스러운 게 되고, 마냥 영속되리라고 전제하며, 운명적인 힘에 의해 조형된 것이라고 확신하고 만다. 그래서 가족 환경 속에서 자연스러운 듯 강화되고 재생산되는 이 '자연성의 신화', 혹은 '주어진 것의 신화myth of the given'에 대한 꼼꼼한 사시斜視야말로 그 모든 이데올로기 비판의 초석일 수밖에 없다.

   그러나 가족은 자연적인 것도, 더구나 필연적인 것도 아니다. 김태용의 '가족의 탄생'이라는 타이틀처럼, 가족이라는 제도는 역사 속에서 그 기원을 훑어낼 수 있을 정도로 '탄생'한 것이다. 그리고 그 탄생은 늘 속되고 잡되다. 그것은 자의적인 제도에 의지하면서 지속되고, 아무 운명도 아닌 우연들에 의해 묶이고 풀릴 뿐이다. 물이 영도零度에서 얼면서 그 본질의 한 대목을 스스로 증거하는 것처럼, 가족은 그 가족이라는 제도의 영도를 보이는 순간에야 본질을 슬핏 드러낸다. (그러나, 매사 영도에 이르는 그 '하아얀 의욕'의 힘은 얼마나 희귀한 것인가!)

제도의 영도 속에서 발설되는 가족의 본질은 "너 나한테 왜 그래?/ 넌 나한테 왜 그러는데?"와 같은 문장으로 거듭 발설된다. 이 문장은 세속의 어긋남, 혹은 세속이라는 어긋남을 가장 통속적으로 드러내는 신호와도 같다. '결코 두 사람은 똑같이 사랑할 수 없다'(플로베르)는 사정은 쉽게 잊히고 '사랑을 준 만큼 사랑받지 못한다'(R. 바르트)는 투정만 늘어가는 것, 그것이 세속의 애정이자 세속의 가족이다. 낯설게 들리겠지만, (마치 '창조적 오독'을 설파하는 어느 비평가의 말이 아니더라도) 오인하므로 관계는 유지되고, 되레 어긋나므로 새로운 관계는 생성되는 것이다.

'노릇'이 아닌 '버릇'으로 맺는 관계

누이(미라)와 동생(형철)은 오랜 격조 끝에 재회하지만 그 재회의 반가움은 짧고 위태롭다. 생활양식을 나누어 갖지 못한 반가움은 '소망의 자의적 충족'(프로이트)이라는 뜻에서 대체로 환상적이기 때문이다. 관계의 기억에 기대는 반가움은 그 기억 속의 관계를 냉철하게 기억하지 못하는 법이다. 그 누구라도 브루노G. Bruno처럼 기억의 천재를 지니고 있다면, 반가움이라는 정서의 풍경은 기원과 이력의 무게에 짓눌려 납작해지고 말 것이다.

특히 관계는 노릇이라기보다 오히려 버릇인데, 노릇에 의지하는 반가움은 결국 한갓 풍경으로 끝나버리고 그 풍경의 이면을 이드거니 견뎌낼 재간이 없다. 그래서 그 어긋남에서 어김없이 다시 묻는다. "너 나한테 왜 그래?/ 넌 나한테 왜 그러는데?" 말하자면 누이 노릇, 동생 노릇, 부모 노릇, 애인 노릇 등은 관계의 실상이 아니라 껍질에 가깝다. 반가움의 풍경이 끝나기가 무섭게 갖은 버릇들은 제 영토와 봉록을 고집한다. 마치 시체 속을 누비는 하아얀 구더기처럼, 그 버릇들은 스스로를 '하아얀 것'으로 표상한 채 언죽번죽 설쳐대면서 관계와 노릇의 환상에 송송 구멍을 낸다. 김태용은 "창작자의 딜레마 중 하나가 의도에 매몰되는 것인데, 의도가 중요한 게 아니라 그 효과가 중요하지 않은가?"라고 반문한 바 있지만, 그것은 비단 창작자만의 딜레마가 아니다. 인간은 필연적으로 어긋나는데, 그것은 그가 무엇보다도 '의도'하는 존재이기 때문이다.

선경은 엄마(매자)를 이해하지 못한다. 아니 이해하려고 하지도 않는다. "엄만 도대체 왜 그러는데?/ 넌 대체 나한테 왜 그러는데?"라는 치명적인 대치는 사사건건 계속된다. 그러나 이해는 공짜로 찾아오지 않는다. '이해는 은총'(M. 부버)이라는 주장에 이르면 다소 수상쩍어 보이겠지만, 여러 학자의 지적처럼 이해를 단지 인식론적 수확으로 여기는 태도는 시대착오적이다. 이해의 비非인식론적 기저와 기제를 천명闡明하게 밝힌 이들이 적지 않지만, 이해는 제 나름의 비용을 치른 후에야 의도와 어긋나면서 뒤늦게 찾아오는 법이다. 엄마가 죽은 후에 그 유품을 뒤적거리는 선경에게 이해의 빛은 느닷없이 스며든다. 급기야 세월의 비용을 치른 선경은 '엄마는 구질구질한 게 아니라 정이 많으셨던 거야'라며 엄마를 변명하는 데 이른다. 경석은 애인인 채현의 생활양식이나 버릇을 이해하지 못한다. 자신에게 관심을 집중해주지 않고 주변에 선의를 분산시키는 채현이 '헤픈 여자'로만 보인다. 자신이 채현을 사랑하는 만큼 사랑받지 못한다는 의심은 깊어간다.

가족, 그 손가락들이 어긋나는 자리

가족은 가령 자본주의나 혼인이나 아동기兒童期처럼 역사의 곡절 속에서 비로소 탄생한 것이다. 그것은 자연스러운 것도 아니며 영속할 수 있는 것도 아니다. 더구나 발가벗은 일상 속의 그것은 한갓 허약한 제도인 탓에, 국가나 기업은 권력과 화폐로 지원하고, 종교나 도덕은 이데올로기와 환상으로 보위한다. 할리우드 영화들이 강박적으로 증명하려 하듯이 남김없이 가족주의로 귀결하는 가족 서사들은 거꾸로 가족이라는 제도의 허약함을 웅변한다. 김태용의 〈가족의 탄생〉은 전편을 흐르는 그 따뜻한 시선에도 불구하고 가족의 제도적 불모성을 예리하게 묘파한다. 그것은 권력과 화폐와 도덕과 이데올로기의 울타리 속에 지탱되는 가족도 아니며, 가족애로 일심동체가 되는 가족도 아니다. 그것은,

'넌 나한테 왜 그러냐?'고, '너를 이해하지 못하겠다'고, '네가 변했다'고 지목하는 그 손가락들이 어긋나는 자리로서의 가족을 말한다.

"시나리오를 쓰는데 자꾸만 어떤 한 인물의 이야기가 아니라, 그와 관계된 주변 사람들의 이야기가 궁금해지더라고요. 예를 들면 그 딸의 남자친구는 어떤 사람일까. 그 남자친구의 부모는 어떤 사람일까. 이런 식으로 말이죠."(김태용) 바로 이런 게 세속世俗의 형식이지요. 불교에서 말하는 업業의 그물처럼, 그 누구도 감히 벼리가 될 수 없는 거대한 그물망의 얽힘이 세속입니다. 자신만을 주인공으로 삼아 무대 위에 올리는 짓이 환상이라면, 세속은 그 환상들이 타인의 환상들과 접붙어 이루어가는 환멸들의 관계와 구조입니다. 마침내 '주인공' 따위가 없어지는 구조, 그것이 세속인데, 그런 점에서 〈가족의 탄생〉은 제법 세속적입니다.

다섯번째 이야기 - 달콤한 인생

진.짜.
이.유.가.
뭐죠?

조직은 개인의 표정까지 관리한다는 말이 아니라, 관리되지 않는 것을 참을 수 있는 조직은 이미 조직이 아니라는 뜻이다. 그러나 정서는 못 박듯이 서술될 수 있는 게 아니며, 더구나 조직은 정서의 노동을 체계적으로 배제함으로써만 자신의 체계를 효과적으로 운용할 수 있다.

김
·
지
·
운

1964년 서울 출생. 서울예대 연극과를 다니다 제적당한 이래, 연극 〈아가씨와 건달들〉 (1983)에 배우로 출연한 것을 계기로 실연극 〈뜨거운 바다〉와 〈가마다 행진곡〉(1994), 〈무비무비〉(1995)를 연출, 영화 〈어린 연인〉(1993)의 연출부로 일하면서 경력을 쌓았다. 1997년 시나리오 「조용한 가족」이 영화주간지 공모전에 당선되면서 본격적으로 영화계에 입문하였다. 최근 단행본 『김지운의 숏컷』(2008)을 발간하기도 했다.

그의 공모 당선작 시나리오를 영화화한 데뷔작 〈조용한 가족〉(1998)은 "코믹잔혹극" 이라는 이색적인 장르혼합영화로서, 코미디와 연쇄살인극의 간극을 경쾌하게 돌파, 평단의 찬사와 함께 상업적인 성공을 거두었다. 장르적 상상력에 있어서 탁월한 그의 재능은 이후 선보이는 작품들의 성공에 밑절미로 작용한다. 〈반칙왕〉(2000)은 "한국식 코미디의 본령에 충실한 영화"라는 평가에 걸맞게 기존 코미디물과의 차별성을 뚜렷이 보여주었고, 고전을 현대적으로 각색한 정통 공포물 〈장화, 홍련〉(2003)은 평단의 호평을 끌어냈을 뿐 아니라 흥행에도 성공, 주연을 맡은 문근영과 임수정을 스타의 반열에 오르게 했다. 3개국 합작 기획영화 〈쓰리〉(2002)에서 〈메모리즈〉를 연출했다.

〈달콤한 인생〉(2004)은 그의 말을 빌리면, "자기감정에 서투른 한 남자가 모호한 감정의 혼들림 때문에 극히 곤란한 상황에 처하게 되고, 그것이 상상을 초월하는 엄청난 파국으로 치닫게 되고, 마치 그것은 자기 몸에 불을 지르고 파멸로 치닫는 것인데, 결국 그것을 마지막에 받아들이는" 이야기이다. 필름누아르로서, '누아르적 분위기'에 대한 남다른 기호와 영화적 체험을 본격적으로 영화화했다. 또한 김지운은 "주제에 해당하는 낱낱의 인상들이 초래하는 비극으로 영화를 만들려고 했다" "누아르의 매력은 운명의 순간에 나오는 인간의 표정"이라는 말을 남겼는데, 이는 내러티브보다 이미지와 뉘앙스에 몰두하는 그의 스타일이 누아르 장르와 강한 친화성으로 연결되어 있음을 보여준다.

후속작 〈좋은 놈, 나쁜 놈, 이상한 놈〉(2008)은 평단에서 그해 최고의 화제작으로 평가한 작품이다. '만주 웨스턴 장르' 라는 길을 개척, 장르에 대한 그의 장인적 애정을 다시금 확인시켜주었고 제작 초기부터 모은 초미의 관심에 부응하며 화제를 모았다. 한편 그는 지금까지의 작품활동을 '장르영화의 숙련기'로 정리하면서, "이 영화(〈좋은 놈, 나쁜 놈, 이상한 놈〉)를 계기로 영화를 시간성의 매체로 의식하게 되었다"고 밝혔는데 이후의 그의 영화 스타일이 어떠한 변모를 이룰지 관심을 기울여볼 만하다. 곧 클로드 소테의 영화 〈맥스 앤드 정크맨〉을 리메이크할 예정이다.

돌이킬 수 없이

어느 맑은 봄날, 바람에 이리저리 휘날리는 나뭇가지를 바라보며 제자가 물었다.

"스승님, 저것은 나뭇가지가 움직이는 겁니까, 바람이 움직이는 겁니까?"

스승은 제자가 가리키는 곳을 보지도 않은 채 웃으며 말했다.

"무릇, 움직이는 것은 나뭇가지도 바람도 아니며 네 마음뿐이다."

김지운의 〈달콤한 인생〉은 나뭇가지나 바람이 움직이는 것에 관한 영화가 아니다. 그랬다면 그것은 '원인'을 캐고 제거하는 스릴러물로 낙착되고 말았을 것이다. 영화의 도입부 대사 중에서 "움직이는 것은 나뭇가지도 아니고 바람도 아니며 네 마음뿐"이라는 스승의 말 속에서, 문제는 원인이 아니라 이유이며 영화의 취지는 사실의 확정이 아니라 인문人紋의 탐색이라는 점을 짐작케 한다.

"그런 거 말고… 진짜 이유가 뭐야?" 보스는 선우에게 '진짜 이유'가 무엇인지 캐묻는다. 단 한 치의 실수도 없이 조직에 충성했기에 아내에게 못 하는 말조차 털어놓을 만큼 믿었고, 사랑에 무심한 듯했기에 자신의 애인마저 맡겼던 그가 흔들린 것이다. 보스는 과거의 선우를 일깨우며 다그친다. "너, 그런 놈이 아니잖아!" 물론 보스의 믿음은 원인-결과로 확인되는 부하의 객관적 충실도에 따른 것이다. 그리고 그 객관성을 비집고 꿈틀거리며 올라오는 부하의 주관성은 단지 배신의 시늉이 아니다. 말하자면, 보스는 그가 조직의 세계에서 '돌이킬 수 없이'(이것은 이 영화의 채택되지 못한 제목이기도 했다) 어긋난 존재가 되어버렸다고 직감했던 것이다. 사과의 맛을 본 아담이 돌이킬 수 없이 낙원에서 멀어진 것처럼, 소크라테스를 만난 플라톤이, 혹은 예수를 만난 바울이 돌이킬 수 없이 변해간 것처럼, 그 여자의 어떤 이미지를 접한 그는 이미 객관성(인과의 충실성) 속에 붙잡아둘 수 있는 조직의 단말기가 될 수 없었던 것이다. 그렇지 않다면 보스의 과도한 반응은 제대로 설명되지 않는다. 선우는 늘 자신의 소임을 오차 없이 수행하는 해결사로서 '체계의 노동'에 완벽했지만, 스쳐 지나가야만 했던 그 여자의 인상에 밟힌 그는 실없는 '정서의 노동'을 자임하며 보스의 체계와 치명적으로 대치한다. ('체계의 노동'이나 '정서의 노동'과 더불어 삼발이를 이루는 '인식의 노동'은, 선우가 자신이 몸 바쳐온 그 체계와 치명적으로 대치하는 과정을 통해서 수행적으로, 그리고 뒤늦게 찾아온다.)

진짜 이유, 혹은 '빈 중심'

"진짜 이유가 뭐죠?" 죽음의 문턱에서 탈출하는 데 성공한 선우는 총을 들고 보스와 마주선다. 그리고 건달답지 않게 무엇보다도 이유를 궁금해한다. 자신을 죽여야 하는 원인이 아니라 이유, 그것도 '진짜 이유'를 알고자 하는 것이다. "말해봐요, 저한테 왜 그랬어요?" 그는 7년 동안이나 보스를 위해 개처럼 일해온 자신을 그처럼 쉽게 죽이려 했던 '이유'에 절박하게 매달린다. 그러나 조직이라는 체계 속에서 쓸모 있는 질문의 방식은 '이유'가 아니라 오직 '원인'일 뿐이다. 인과가 아니라 이유를 묻는 사이는 이미 명령-복종의 체계를 벗어난다. 이유는 인문人紋의 촉수이며, 그것은 조직적 체계가 부리는 인과의 그물망으로는 헤아릴 수 없는 영역이기 때문이다. "그런 거 말고… 진짜 이유가 뭐야?"라고 물었던 보스에게 그가 그 '진짜 이유'를 대지 못한 것처럼 "진짜 이유가 뭐죠?"라고 묻던 그에게 보스도 그 '진짜 이유'를 말하지 못한다. 선우는 '두 사람이 다시 만나지만 않는다면 모든 것이 잘될 것'이라고 판단했다고 대답하지만, 그것은 그가 추정한 원인-결과였지 보스가 요구한 '이유'가 아니었다.

보스와 선우는 '진짜 이유'를 알고 싶어한다. 그리고 그 치명적인 궁금증 속에서 불구적으로 대치한다. 그러나 어느 쪽도 결국 그 진짜 이유를 알지 못한 채 상대를 죽이려들고 또 상대를 죽이고야 만다. 애매함은 더러 매혹적이고, 그 매혹은 더러 치명적이다. 그리고 품어서 부화시켜야 할 생산적인 애매함을, 버리고 해체해야 할 불모의 애매함으로부터 준별하는 일은 늘 어렵고 성가시다. 가령 스승의 애매함, 신神의 애매함, 연인의 애매함, 그리고 내 희망의 애매함에서 대체 버리고 버려야 할 그 경계는 어디인가? '이유 없는 반항'이자 '이유 없는 처벌'이라는 점에서 이 조폭영화는 실존적인 울림을 얻고, 원인과 결과라는 선형적線形的 조직이 수용할 수 없는 잉여의 부분 속에서 인문의 결마저 생긴다. 실은 이유라는 것은 영영 그 실체를 알 수 없는 대상이며, 그 알 수 없는 대상을 향한 쉼 없는 재서술再敍述의 과정이 곧 인문학의 내적 동력이기도 하다. 그러므로 인문학의 길은 알아서 죽는(사는) 돈頓의 세계와 몰라서 썩는 점漸의 세계를 창의적으로 지양하는 데에 있는 것이다.

체계의 노동 대 정서의 노동

〈달콤한 인생〉의 한 측면은 '체계의 노동'과 '정서의 노동'이 상충하는 지점을 매우 섬세하게 드러낸다. 보스의 오른팔이었던 선우가 이유를 알지 못한 채 처벌받는 것은, 체계의 노동만으로 자신을 증명해왔던 그의 인생 속으로 달콤한 정서를 인입한 탓이다. "표정 속에 욕망이 드러나는 조직의 3인자 문석(김뢰하)은 시험받지 않지만 욕망에 초연해 보이는 선우만이 체계의 알리바이가 되어줄 희생양으로 지목"(김현수)되는 것이다. 조직은 개인의 표정까지 관리한다는 말이 아니라, 관리되지 않는 것을 참을 수 있는 조직은 이미 조직이 아니라는 뜻이다. 그러나 정서는 못 박듯이 서술될 수 있는 게 아니며, 더구나 조직은 정서의 노동을 체계적으로 배제함으로써만 자신의 체계를 효과적으로 운용할 수 있다. 자신의 애인을 감시하고 필요한 경우 처리하라는 보스의 명령은 엄밀히 '체계의 노동'이었다. 그렇기에 보스는 일견 연정에 초연한 듯한 그를 택했을 것이다. 그 역시 그것을 체계의 노동으로 이해하고 수행하지만, 무심결에 간취한 그 여인의 이미지는 예기치 않게 '그의 마음'을 흔들어놓는다. 문자적 계몽에 익숙한 이들의 경우 이미지의 힘은 종종 낯설게 다가온다. 그것은 원형적 규제력(융/엘리아데)이기도 하고, 해방적 상상력(레지스 드브레)이기도 하며, 정신문화적 진지陣地이기도 하고, 이 영화 속에서 나타나듯이 찰나에 응결하는 마음의 덫이기도 하다. (인생은, 참, 그런 식으로만 달콤한 것!) 사태는 걷잡을 수 없이 불거지고, 선우는 그의 보스와 분명한 이유 없이 대치한다. 그 와중에 그는 돌이킬 수 없이 보스의 체계와 멀어지면서 그 여인으로 인한 '정서의 노동'을 자임한다. 지멜이나 기든스A. Giddens 등의 사회학자는 산업사회의 체계 지향적 남자들이 여자들의 공동체 지향적 정서 노동 속에서 휴식과 구원의 기운을 찾는다고들 지적하지만, 하필 그 여자가 보스의 애인이었으니 그 대가는 응당 치명적이었던 것.

진짜 이유? 무지(에의 의지)!

사안을 보다 근본적으로 살피자면, 보스와 그의 치명적인 대결은 인과를 따져야 할 건달들이 '이유'의 와류渦流 속에 휘말린 죄로 소급된다. 한갓 건달들이 이유를 따지고 헤아린 죄? 이것이 죄라면 참으로 이상한 죄다. '이유'는 워낙 문사들의 화제話題이면서, 펜으로서 쉼 없이 재서술해야 할 대상이지, 칼과 총을 사용하는 이들이 다룰 타깃이 못 된다. 펜으로써 원인을 헤아리는 짓이 대개 졸루拙陋하다면, 총칼로써 이유를 따지는 짓은 이처럼 치명적이다.

그러면 보스와 선우가 동시에 알고자 한 '진짜 이유'는 대체 무엇이었을까? "진짜 이유가 뭐야?"라면서 그를 죽이려 했고, "진짜 이유가 뭐죠?"라면서 보스를 죽이려 했던 그 진짜 이유는 무엇일까? 영화 속의 내레이션이 시사하듯, 보스의 여인을 두고 한순간 품은 '이루어질 수 없는 달콤한 꿈'이었을까? 그러나 화해할 수 없이 충돌하는 그 치명성은 그처럼 하나의 은폐된 이유로 수렴하지 않는다. 그렇다면, 그 이유는 너무나 사소한 것이기에 충돌은 금세 동력을 잃게 될 것이 뻔하기 때문이다. 외려 진짜 이유는 '아무도 진짜 이유를 모른다는 바로 그 사실', 혹은 '아무도 진짜 이유를 진짜로 알고 싶어하지 않는다는 사실'이다. 영화가 묘사하는 둘 사이의 치명성은 바로 그 무지(에의 의지)에서 발원한다. 보스와 그는 (어딘가에 존재하는) '진짜 이유'로 인해 상대방을 죽이는 게 아니다. 상대를 죽일 수 있는 힘은 오히려 '진짜 이유'를 모른다는 것이며, 그것을 강박적으로 찾으려는 애착 속에서 오히려 그 진짜 이유를 밀어낸다는 것이다.

내가 가까운 학생들을 훈련시킬 때에 지키며 되새기도록 권하는 지침 중의 하나는 '네 마음을 말하지 말라'는 것입니다. 이 지침은 '고백과 소문은 반칙'이라거나 '생각은 공부가 아니'라는 등의 지침들과 맞물려 있습니다. 이 지침에 견결하기만 해도 참 많은 것을 바꿀 수 있지요. 요체는 '탈심리주의적 태도'인데, 신뢰는 결코 심리의 바다 속에서 건져 낼 수 없기 때문입니다. 영화 속의 보스와 선우의 경우처럼, 호감이 관계를 구원할 수 없는 곳, 바로 그곳이 우리의 세속입니다.

여섯번째 이야기 - 용서받지 못한 자

침.묵. 속.에.서.
'나라'를 지키다

군인과 창녀의 결합에 대한 갖은 역사적 사실들이 잘 보여주듯이, 군대나 공장이라는 남성적 체계의 각박한 노동과 그 상처를 잊거나 치유하는 가장 통속적인 방식은 여자의 '살'이기 때문이다. (상처받은 남자는 여자의 살을 먹거나 그 속에 파묻히려고 한다.) 그래서일까, 영화의 말미에 이르면 태정은 승영의 자살을 뒤로한 채 애인과의 중단된 섹스를 계속하고 대게를 먹는다. 결국, 승영은 지훈의 자살을 태정에게 말하지 못하(않)고, 태정은 승영의 자살을 자신의 애인(지혜)에게 말하지 못한(않는)다. 그리고 그런 채로 우리들의 군대는 오늘도 그 침묵의 힘 속에서 '나라'를 지킨다.

윤
종
빈

1979년 부산 출생. 중앙대 영화과 졸업. 대학 시절 단편 〈남성의 증명〉(2004)으로 미장센단편영화제에서 희극지왕 상을 수상, 클레르몽페랑영화제 등 여러 국제단편영화제에서 호평을 받았다. 〈용서받지 못한 자〉(2005)는 대학 졸업작품이자 장편 데뷔작으로, 영화진흥위원회 지원금과 사비 500만 원을 모아 2천만 원의 제작비로 완성한 저예산 영화다. 부산영화제에서 처음 소개되어, 국제영화평론가협회상, 뉴커런츠특별언급 등 4개 부문에서 수상하며 큰 반향을 일으켰다. 감독 본인이 직접 고문관 허지훈 일병 역에 나서서 템포를 늦춘 부산 사투리를 능숙하게 구사하며 뛰어난 연기력을 선보였다. 가짜 시나리오로 군부대 촬영 허가를 받아낸 사실이 뒤늦게 알려져 군 당국으로부터 위계에 의한 공무집행방해죄로 고소당하기도 했다.

〈용서받지 못한 자〉는 한국 남자라면 거의 모두가 공유할 수밖에 없는 군대생활 이야기다. 윤종빈은 제대 후 곱씹어본 자신의 군생활 체험, 고등학교 시절의 악몽, 술자리에서 가벼운 안줏거리처럼 소비될 뿐인 군대 이야기 사이에서, 은폐와 망각을 통해 반복 재생산되고 있는 우리 사회의 군대식 권력관계를 들추어냈다. '재미없을 것 같은 이야기'라고 고개 젓는 주변의 만류를 무릅쓰고, "희화화되거나 포장되지 않은, 군대생활 자체에 대한 사실적인 이야기"를 솔직하게 불러냈다.

타고난 군대 체질 '태정', 변절한 저항자 '승영', 무력한 고문관 '지훈' 등 군대 어디에나 있는 전형적인 세 부류의 인물을 통해 "폭력의 희생자인 동시에 가해자로서 겪는 분노, 상처, 죄의식"을 보여주었다. "인간 본성과 사회적인 거대 이념이 그 사이에 놓인 사람들에게 끼친 영향"을 보여주고자 한 그의 연출 의도는 2년이라는 짧은 시간, 내무반이라는 소규모 집단 내부를 천착하는 작업의 목적이 단순한 군대 영화를 만드는 것이 아니었음을 짐작케 한다. 휴가 나온 승영의, 하룻밤 사이에 쪼개어 배치함으로써 평범할 수 있었을 이야기에 미스테리적 긴장감을 입혀, 재미와 더불어 일반 관객들의 공감과 호응을 얻어냈다.

후속작〈비스티 보이즈〉(2008)는 또 한 번 관객과의 소통을 시도하는 작품이다. 그는 서울 강남의 청담동 호스트바의 밤 문화에 무방비로 노출된 청춘들의 삶을 불러들였다. 성매매 여성에 관한 가장 사실에 근접한 묘사로 평가받기도 하는 이 작품을 완성하기 위해, 윤종빈은 직접 호스트바에 웨이터로 위장 취업해 몇 달간 아르바이트를 하며 취재하기도 했다.

저항의 비밀, 그 '바닥없음'

'어려운 일을 겪어내는 것〔經難〕'이 반드시 성숙을 보장하진 못한다. '아픈 만큼 성숙해진다'는 시쳇말이 한결같이 먹힌다면 지옥은 이윽고 도인道人이나 성자들로 득시글할 테다. 다만 위기 상황은 반응을 약빠르게 단순화시켜서 사람들의 유형이 쉽게 드러나게 만들기는 한다. '극적 인물'들이란 그런 식으로 과장된 위기에 유형적으로 적응해간 생활태도Lebensführung를 분류한 것이다.

'짬을 먹을 만큼 먹은' 태정(하정우)은 이미 충분히 현실적이다. 그는 제대를 앞둔 병장이자 내무반장으로서 내무실의 살림과 정치에 실질적인 책임을 진다. 그는 "군대에서는 어쩔 수 없"다는 점을 현실적으로 수용하며 그 조직을 있는 그대로 건사하기 위한 '체계의 노동'을 적절하게 수행한다. 사욕을 부리는 고참이라도 후임들 사이에서는 굳이 그 체면을 세워주려 하고, 간간이 상병을 불러내 "밑의 새끼들 좆같이 굴면 너부터 죽는다고, 새꺄!"라면서 멋지게 주먹을 날린다. 형식적으로만 보자면 그는 조직을 위해서는 누구보다도 필요한 유형의 인물이다. 모르긴 해도 태정은 전투 현장에 처하더라도 용감하고 책임감 있는 병사로 그려질 듯하다.

승영(서장원)은 태정이 살아내고 있는 현실을 인정하려 하지 않는다. "군대에서는 어쩔 수 없어"라는 태정에게, 승영은 "난 군대가 진짜 이해가 안 돼"라고 짓치고 든다. 태정이 병장일 때 이등병으로 전입한 승영은 영리한 신참내기가 으레 그렇듯이 내무실에 횡행하는 '전통적 지배'(막스 베버)의 비합리성을 까발리고 싶어한다. "내무실에서도 슬리퍼가 필요하면 직접 가져다 신으면 되지, 밑의 애들이 그걸 왜 갖다줘야 돼?" 그러나 승영은 자신의 비판이 태정이라는 친구-고참의 존재에 의탁하고 있다는 사실을 놓친다. 자신의 존재가 딛고 선 자리를 살피는 일은 누구에게도 쉽지 않기 때문이다. 그렇기에, 살피는 일의 극적인 전형이 공부라면, (하이데거나 김우창 등의 말처럼) 공부란 결국 바닥없음Bodenlosigkeit을 살피고 견디는 버릇이다. 말년 병장인 태정은 승영에게도 고스란히 돌아갈 체계 속의 그 '어리석은 반복'을 예언한다. "너는 짬 먹으면 안 그럴 것 같아?" 하지만, 승영은 한 치 앞을 내다보지 못하는 초심자의 초기 증상 속에서 오직 모르기 때문에 더 순수한 음성과 기백으로 항의한다. "나는 밑에 애들 들어오면 진짜 잘해줄 거야."

승영의 밑으로 들어온 지훈(윤종빈)은 군대를 통과한 우리 모두가 여태 생생히 기억하는 그 유명한 '고문관'이다. 태정이 묵인한 현실이자 승영이 저항한 군대라는 현실 앞에서 지훈은 내내 정신을 못 차리며 고참들의 비웃음을 산다. 그에게 군대라는 공간은 묵인하거나 저항할 수 있는 현실이 아니다. 차라리 그곳은 완벽한 비非현실이며, 그는 맹하게 정신이 빠져 있다. 사회에서는 "잘나갔다"고 스스로 변명하지만 지훈은 전화를 받는 단순한 노릇에도 영영 익숙해지지 않고, 네 자리 숫자의 전화번호 몇 개도 변변히 외지 못한다. 그의 사수師手인 태정은 그를 가르치다 못해 그의 귀를 비틀며 "이 외계인 새끼"라고 고함을 지르고 만다. 그러나 그 외계인이 발을 들여놓은 바로 그곳이 그에게는 오히려 영영 적응할 수 없는 외계였던 것이다.

고문관, 혹은 외계인인 지훈은 군화끈으로 목매달아 자살함으로써 군대라는 외계에서 영영 벗어난다. 피할 수 없이 다가온 현실을 승인도 부인도 할 수 없을 만치 무력했던 그는 영내에 발을 딛고 있었지만 그곳에서 '생활'을 하고 있던 것은 아니었다. 차라리 그는 유령 같은 존재였고, 마치 떠나온 차안을 잊지 못하는 유령처럼 세상 밖으로 줄창 전화질을 해서 돌아오지 않는 그의 애인(수현)만을 찾는다.

그리고 그 짐은 지훈이라는 존재를 알리바이 삼아 자신의 저항을 합리화하려 했던 승영에게 고스란히 전가된다. 지훈이 남긴 비극적 상처의 짐을 떠맡은 승영이 이미 제대한 태정을 찾아가는 길은 너무 당연한 수순이다. 바로 이 대목은, 군대의 부조리에 대한 승영의 저항이 워낙 실패할 수밖에 없었던 내적 구조를 잘 보여준다. "나는 밑에 애들 들어

오면 진짜 잘해줄 거야"라던 자신의 다짐이 지훈의 자살로 허물어지자 승영은 저항의 허약한 토대를 스스로 드러내며 태정을 찾아가 울면서 그의 위안을 구한다. "태정아, 괜찮다고 얘기해줘, 다 이해한다고…." 그러니까, 얼핏 역설처럼 들리겠지만, 승영의 진실은 외려 태정에게 있었던 것이다. 여러 철학자의 지적처럼 지향성Intentionalität이 단지 의식만이 아니라 인간의 행위에까지 구성적으로 관여한다면, 승영의 행위 일반이 그의 대타자大他者로서의 태정을 향하고 있다는 사실을 깨닫는 게 결정적인 사실이 된다. 앞서 말했듯이 승영의 비판이 종종 태정과 같은 '군대 체질'을 향하지만, 그 비판은 곧 태정이라는 친구-고참의 존재에 의탁하고 있다는 사실은 지훈의 자살을 통해 사후적으로 확인된다. 그 저항의 비밀은 태정이 승영의 우상이자 대타자大他者였다는 자가당착 속에 있는 것이다. (종교나 연애 등과 같은 사랑의 구조가 꼭 이와 같은 것이다.)

그러나 태정의 눈에 비친 승영은 그닥 남자답지 못한, 그리고 '어른'들의 세계를 이해하지 못하는 소싯적의 친구일 뿐이다. "넌 내가 봤을 때, 어른이 먼저 돼야 돼 새끼야!" 물론 휴가 나온 승영을 기피하려는 태정의 태도는 '남자-어른답지 못한 승영의 존재'만으로 설명되지 않는다. '기억을 잃는'(프로이트) 증상은 비단 승영들만의 것이 아니라 태정들을 포함한 대한민국 제대 군인 전체의 것이기 때문이다. 그러므로 누구보다 멋지고 남자답게 군대세계를 통과해 나온 태정에게도 군대는 "기억이 나지 않(아야 하)는" 사건들이다. 승영과 태정의 불화는 실은 모든 군인과 제대한 민간인 사이의 불화를 유형화한 것일 뿐이다. 군인이었던 민간인은 과거를 잊고 싶어하고, 민간인이었던 군인은 현재를 강박적으로 발설하고 싶어하는 것!

'체계의 노동'과 여자의 '살'

한편 승영의 집요한 접근을 제어하는 장치로서 태정의 애인이 등장하는 장면도 우연이 아니다. 군인과 창녀의 결합에 대한 갖은 역사적 사실들이 잘 보여주듯이, 군대나 공장이라는 남성적 체계의 각박한 노동과 그 상처를 잊거나 치유하는 가장 통속적인 방식은 여자의 '살'이기 때문이다. (상처받은 남자는 여자의 살을 먹거나 그 속에 파묻히려고 한다.) 그래서일까, 영화의 말미에 이르면 태정은 승영의 자살을 뒤로한 채 애인과의 중단된 섹스를 계속하고 대게를 먹는다. 결국, 승영은 지훈의 자살을 태정에게 말하지 못하(않)고, 태정은 승영의 자살을 자신의 애인(지혜)에게 말하지 못한(않는)다. 그리고 그런 채로 우리의 군대는 오늘도 그 침묵의 힘 속에서 '나라'를 지킨다.

1. 옛날 얘기이지만, 32개월의 내 군생활에는 그 길이만큼 모욕적인 체험들이 많았지요. 주로 직업군인들과의 불화였습니다. 나 역시 10년 이상 '군대 꿈'을 꾸면서 태정과 승영과 지훈의 증상을 강박적으로 반복하였지요. 하지만 오익재, 신백호, 이호룡 등등, 내 인생에서 가장 멋진 인간들을 만날 수 있었던 곳도 군대였는데, 놀랍게도 이 선임병들은 태정도 승영도 지훈도 아니었던 것입니다. 그러면 "그 침묵의 힘 속에서 나라를 지키는" 것은 과연 누구였을까요?

2. 윤종빈의 사과문으로 국방부는 '용서'한다며 고소를 취하했습니다. 〈용서받지 못한 자〉를 만든 감독이 '용서받은 자'가 된 셈이지만, 엉뚱하게도 가해자들이 베푸는 값싼 용서는 가장 오래된 도착倒錯이지요.

3. 우리 옛 시조 중에 "입실入室을 못한 전에 승당升堂을 어이 하리!"라는 구절이 있지요. 쉽게 말하면 조급하지 말고 차근차근 공부의 단계를 밟아가라는 뜻입니다. 그런가 하면 '초기증상'이라는 말은 입실이 성공적일 경우에 마치 승당이라도 한 듯 조급한 허영에 부푸는 짓을 가리킵니다. 소란스레 입실한 윤종빈 감독의 근기 있는 승당을 기대합니다.

일 곱 번 째 이 야 기 - 극 장 전

허.영.의.
주체

영실을 향한 동수의 욕망은 홍상수가 명시적으로 밝히고 있기도 하지만, 모방적인 것이다. '욕망은 모방적'이라는 주장은 이미 적지 않은 인류학자, 사회학자, 그리고 정신분석가들이 입 모아 뱉어놓은 말인데, 특별히 '소비사회' 속에서 번성하는 욕망의 메커니즘에 그 현상들은 매우 현저하게 드러난다. 형수가 만든 영화를 굳이 (숨어서라도) 볼 수밖에 없고 또 그 영화를 통해 욕망이 전염된 채 잔칫집에서 발정한 똥개처럼 운신하는 동수가, 형수의 영화를 자신의 영향권 아래에 두려는 고집("다 내 이야기에요.")을 부리는 것은 오히려 당연해 보인다. 전술했듯이, 변덕은 허영의 가장 가까운 동반자이기 때문이다.

홍
상
수

1961년 서울 출생. 중앙대 연극영화학과에서 연출 공부를 하다가 유학길에 올라 미국 캘리포니아 예술대학교 졸업. 시카고 예술학교 예술학 석사. 귀국 후 내놓은 데뷔작 〈돼지가 우물에 빠진 날〉(1996)은 국내 영화계에 파란을 일으키며 1990년대의 가장 중요한 작품으로 언급되고 있다. 이 한 편의 영화로 영평상 신인감독상, 청룡영화제 신인감독상을 비롯해 밴쿠버 영화제, 로테르담 영화제, 아시아태평양 영화제에서 신인감독상을 수상하며 주요 작가의 반열에 올랐다. 후속작 〈강원도의 힘〉(1998)은 칸 영화제 공식부문 주목할 만한 시선 특별언급상을 수상, 〈오!수정〉(2000)은 칸 영화제 공식부문 초청작, 〈극장전〉(2005)은 경쟁부문 초청작으로 선정되는 등 그는 해외 영화제에서 지속적인 주목의 대상이 되었다.

〈돼지가 우물에 빠진 날〉은 4명의 인물, 4개의 에피소드로 어긋버긋 비껴가고 마는 우리 시대 사랑의 서로 다른 양상을 새로운 실험적 형식으로 담아낸 작품이다. 〈강원도의 힘〉(1998)은 동일한 시공간을 여행하는 두 인물이 펼치는 두 개의 이야기로, 정교한 대칭을 이루는 형식적 완성도는 '미적 감흥을 일으키는 형식의 힘'이라는 극찬을 받았다. 〈오!수정〉(2000)은 처녀 수정을 둘러싼 어긋난 기억을 다룬 속물들의 연애담을, 〈생활의 발견〉(2001)은 한 남자가 여행길에 만난 두 여자 사이에서 드러내는 야비한 위선을 유머러스하게 보여주었다. 루이 아라공의 시구를 제목으로 인용한 〈여자는 남자의 미래다〉(2004)는 남자가 가진 사랑의 판타지를 보여주었다.

완결된 내러티브의 관습 파기와 시점 쇼트의 배제, 시종일관 고정된 카메라와 롱테이크는 현대인의 비루한 통속성, 사랑에 대한 어긋난 집착과 허망한 진지함을 조소하고 냉소할 수 있는 거리를 확보해 주는 그만의 형식미다.

〈극장전〉은 그의 일상에의 천착이 '영화보기' 라는 행위에까지 이른다. 남산타워를 중심으로 하는 서울 종로 근방의 풍경은 오래된 건물과 장소라는 시간들로 채워진다. 영화를 보고 나온 후의 자신의 체험에 착안하여, 영화와 일상 사이의 영향 관계를 다루었다. 주인공 동수가 영화를 보고 나오면서 극장 앞에서 만난 영화 속 여주인공 영실과 보내는 하룻밤, 그가 다시 영화 속 장면들을 고스란히 재현하는 모습을 통해, 무심코 모방과 반복의 구조를 살고 마는 현대인의 평범한 일상을 펼쳐놓는다. 감독의 인물에 대한 냉소적 시선은 전작에 비해 한결 따뜻하고 유머러스하다.

후속작으로 〈해변의 여인〉(2006)과 〈밤과 낮〉(2008)이 있다. 〈밤과 낮〉은 "바보스런 이유로 주인공 성남이 집을 떠나 도피하고, 선의의 거짓말로 그가 집으로 돌아온다" 는 두 개의 모티브에서 출발했다. "좋은 결과는 좋은 과정을 통해 이뤄진다고 하는 사회적 통념" 에 허를 찌르는 작품이다. 당위, 일반론, 상투적 통념의 지배하에 놓인 일상인에 대한 냉소는 다양한 형식적 실험 속에서 자기반영적으로 변주되고 있다.

허영이라는 원죄原罪

구로사와 아키라의 명작 〈라쇼몽羅生門〉(1951)에는 하나의 사건을 둘러싼 다양한 진술들이 경합한다. 그것은 단지 '장님 코끼리 만지기'의 문제만이 아니기에 눈을 뜬다고 코끼리의 진면목을 제대로 볼 수 있는 게 아니다. "사실이 아니라 해석만 존재할 뿐"(니체)이라는 주장은 의미 있는 과장이지만, 워낙 사적 이해관심에 바탕한 진술들은 이런저런 해석의 욕심에 얽혀들게 마련이다. 반反해석의 미학이 반드시 대안은 아니지만, 맥락을 놓친 해석학주의도 무능이거나 맹목일 뿐이다. 〈라쇼몽〉이 제시하는 문제의식 중의 한 가지도 사건/사태에 접근하는 관찰자의 시각조차 이기적으로 (재)구성될 수밖에 없다는 점에 있다. 눈을 감을 때 우리는 이기적이지만, 지나치게 눈을 부릅뜰 때 더욱 이기적이다.

〈라쇼몽〉과 무관하게 살펴보더라도, 해석과 이기심이 한데 엮이는 방식은 여럿인데 그중 뚜렷한 한 가지가 '허영'이다. 허영이라는 말은 평이한 일상어이기도 하지만 몇몇 학자들이 이론적 주제어로 전용해서 분석한 바 있다. 특히 지라르R. Girard는 허영을 '모방(물듦)의 사실을 인정하지 않거나 숨긴 채 자신의 사이비 독창성을 고집하는 태도'라고 정리한다. 예를 들어 남한의 지식인과 예술가들이 놀라운 재주를 보이는 표절이 그 대표적인 경우이며, 단 한 차례도 생산적 권위에 충실해본

적이 없는 영리한 학생들의 성공 지향적 태도 속에서도 허영의 흔적을 흔하게 찾아볼 수 있다. 권위주의에 대한 비판이 아무런 권위를 지니지 못할 때 그것은 한갓 냉소이며, 그 냉소는 허영과 내연의 관계를 맺는 법이다. 우선 허영이라는 말을 지라르 식으로 사용해보면, 해석이 허영으로 치닫는 그 심리의 메커니즘이 환하게 드러난다. 마치 떡에 콩고물이 묻듯 해석에 붙는 게 이기적 욕심인 것처럼 허영도 결국 이기적 욕심의 일종이기 때문이다.

허영의 욕심이 드러나는 형식은 대체로 두 가지다. 있는 것(가령 내 내면을 구성하고 있는 타인의 영향)을 없다고 하는 경우, 그리고 없는 것(가령 모방의 사실을 잊거나 덮어버렸기에 가능해진 독창성의 환각)을 있다고 믿거나 우기는 경우가 그것이다. 그런가 하면 허영의 사건은 종종 극적인 결과로 치닫기도 한다. 예를 들어 〈아마데우스〉(1984)의 살리에르는 모차르트의 놀라운 재능에 떠밀려 허영조차 부릴 수 없는 절망에 빠지는가 하면, 쇼펜하우어는 헤겔의 재능을 끝까지 무시한 채 제 허영과 야심 속에서 나름의 사상적 성취를 맺는다. 물론 우리가 일상의 현실에서 체험하는 갖은 허영들의 경우에는 이들이 서로 얽히고 섞여 드러나는 게 보통이고, 심지어 그로 인해 허영의 주체는 매우 변덕스럽기도 하다.

'허영, 변덕, 냉소'의 삼위일체

〈극장전〉의 동수는 매우 영리해 보이지만, 한편 변덕스럽고 이기적으로 표상된다는 점에서 허영의 주체로 등장하기에는 매우 적절한 인물이다. 그는 '영화(제작)'를 매개로 선배 감독인 형수의 영향권에 놓여 있고, 또 그때그때의 정황에 필요한 대로 그 사실을 인정하기도 한다. 가령 형수의 도움으로 영화배우로 입문한 영실이 "동수 씨는 이형수 감독이 정말 미워요?"라고 다그치자, "저, 그 형한테 정말 영향을 많이 받았어요"라고 미봉함으로써 사태를 무마해버린다. 그러다가도 때론 즉흥적으로 그 영향의 물매를 극적으로 반전시키려 한다. "영실 씨가 출연하신 영화가 다 내 이야기예요… 그렇게까지 하면서 영화를 만들어야 하는 건지…." 형수의 재능과 출세에 대한 동수의 반응은 극히 양가적이고, 그것은 병상에서 임박한 죽음과 싸우고 있는 형수의 처지 탓에 더욱 복잡해진다. 영화 속에서 형수와 동수는 한동안 서로 만나지 못한 사이로 그려지는데, 그것은 "지한테 영향받은 것을 인정하라고 자꾸 눈치를 주는 거예요…"라는 동수의 불만 섞인 말대꾸 속에서 그 실마리를 짐작할 수 있다. 둘 사이의 격조隔阻는 동문들 간에 형수의 투병을 돕기 위한 모금운동이 벌어지면서 형식적으로 끝나게 된다. 그러나 허영의 어긋남에 떠밀려 동수는 형수와 진정으로 재회하진 못한다. 비록 동수의 진실이 형수 속에 잠복해 있긴 하지만, 영실에 대한 욕망이 곳곳에서 형수-동수 관계의 실질적인 매개로 작동하기 때문이다. 동수가 형수를 위한 모금 동문회에 참가한다거나 심지어 그의 병상을 찾는다거나 하는 행위들은 실은 형수를 위한 것이 아니다. 그의 욕망은 형수를 통과해서 영실로 향하거나, 영실을 매개로 삼아 잠시 형수에게 기착할 뿐이다. 거칠게 분류하자면, 동수의 욕망에 관한 한 형수는 형식이자 빌미일 뿐이지만 영실은 정작 그 내용이자 실질인 것이다. 가령 그 욕망의 진실은 영실을 향한 다음과 같은 질문 속에서 돌연히 뾰족해진다: "둘(형수와 영실)이 애인이었어요?"

동문회에 참석한 동수는 지갑을 잃어버렸다는 변명을 들이대며 형수를 위한 모금에 소극적인 태도를 보인다. 모금 행사에 돈 없이 참석한 데서 엿볼 수 있듯이 그는 모금이라는 대의가 아니라 영실이라는 이해관심을 쫓아간 셈이다. 그리고 그 행보는 명백히 영실이 출연한 영화를 보면서 재구성된 욕망의 길에 얹힌다. 영실을 향한 동수의 욕망은 홍상수가 명시적으로 밝히고 있기도 하지만, 모방적인 것이다. '욕망은 모방적'이라는 주장은 이미 적지 않은 인류학자, 사회학자, 그리고 정신분석가들이 입 모아 뱉어놓은 말인데, 특별히 '소비사회' 속에서 번성하는 욕망의 메커니즘에서 그 현상들은 매우 현저하게 드러난다. 형수가 만든 영화를 굳이 (숨어서라도) 볼 수밖에 없고 또 그 영화를 통해 욕망이 전염된 채 잔칫집에서 발정한 똥개처럼 운신하는 동수가, 형수의 영화를 자신의 영향권 아래에 두려는 고집("다 내 이야기예요")을 부리는 것은 오히려 당연해 보인다. 전술했듯이, 변덕은 허영의 가장 가까운 동반자이기 때문이다. 허영은 결국 자기 자신을 속이는 분열의 일종이므로 그 분열 속에서 변덕은 오히려 자연스럽다. 허영의 주체는 그 주체의 허약성을 가리기 위한 전술로서 변덕에 호소할 수밖에 없고, 간혹 그 변덕이 먹히지 않을 경우에는 냉소로 떨어질 수밖에 없는 것이다. 이처럼, 허영과 변덕과 냉소는 삼위일체를 이룬다.

나(너)는 과연 너(나)로부터 배우려고 하는가

간단히 정리해보자. 동수는 '영향의 불안anxiety of influence'(H. 블룸)과 같은 상태에 놓이면서 얼마간 형수와 격조하게 된다. 그는 선배의 영향을 부정하거나 숨기면서 자신의 독창성을 내보이고 싶은 전형적인 허영의 주체다. 하지만 형수의 영향에서 벗어날 수 없는 동수는 그의 회고전을 보게 되고, 그 영화 속에서 모방 생성된 욕망에 몸이 달아 영실을 쫓아다닌다. 형수는 동수의 대타자大他者로서 줄곧 그의 욕망을 규정하는 매개다. 그러나 동수는 결코 형수로부터 배우려고 하지 않는다. 진지한 배움의 과정은 앞서 말한 '허영과 변덕과 냉소라는 삼위일체'의 고리를 깨트리고 주체화의 길로 나아가는 첩경이지만, 허영과 변덕과 냉소는 마치 삼군三軍의 맹장처럼 학인의 앞길을 막는 법이다. 형수의 영향에 스스로 불안해진 동수는 형수로부터 얼마간 멀어졌지만 다시 형수의 영화를 통해 영향을 받으면서 우연찮게 모방한 욕망으로 인해 영실의 삶에 개입한다. 물론 그 개입은 무책임하고 우발적일 뿐 아니라 이기적이다. "영실 씨, 사랑해요!" 그러나 홍상수의 영화에서 종종 그렇듯이 여자는 조금 더 현명하고 현실적인데, 〈극장전〉의 영실도 마찬가지다. 그는 동수가 지닌 욕망의 실체를 번연히 들여다본다. "자기는 이제 재미 봤죠? 그럼 이제 그만! 뚝!"

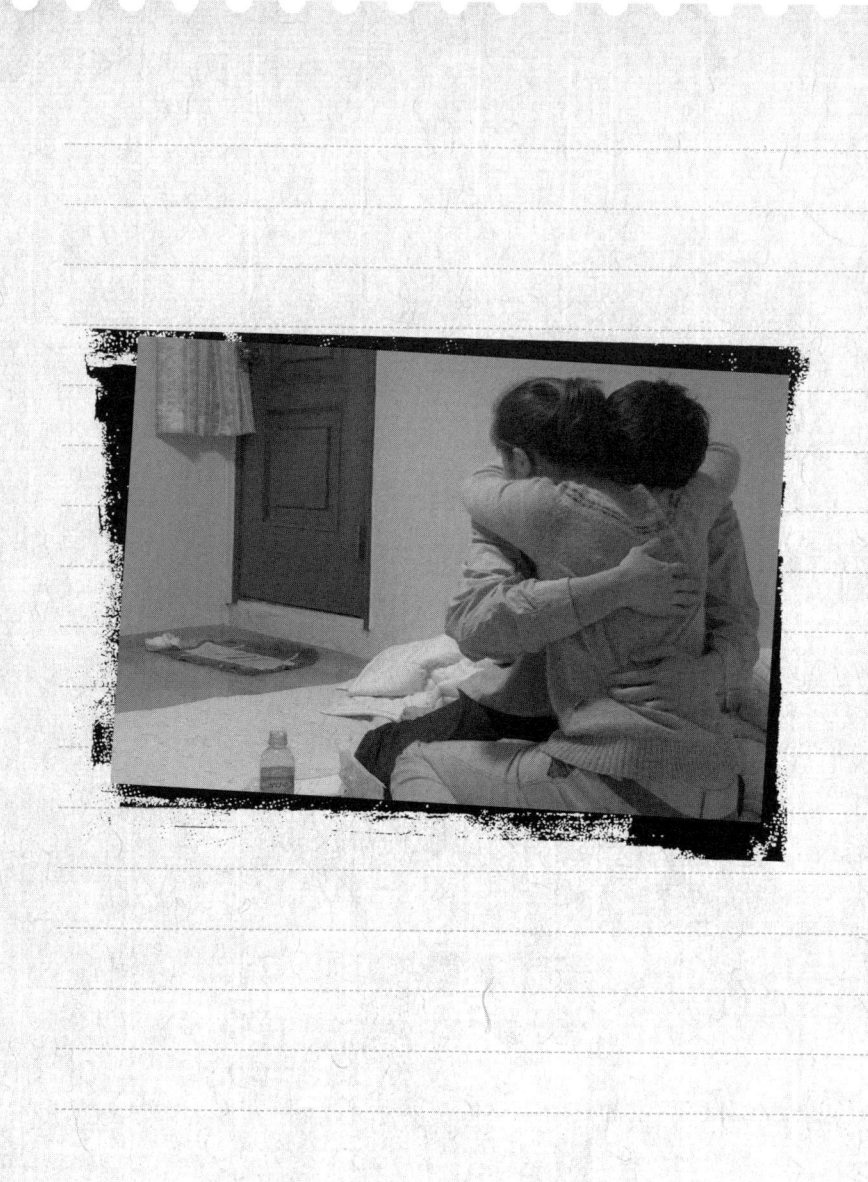

1. 동수는 영리하며 변덕스럽고 이기적이며 산망스럽습니다. 삿된 허영 속에서 그 누구에게서도 배우려고 하지 않는 그의 마지막 결심은 기껏 자신의 '생각'이지요. "이제 생각을 해야겠다!" 영화는 그렇게 끝을 맺고, (홍)상수도 '생각은 공부가 아니다'는 점을 잘 알고 있습니다. 동수의 생각은 기껏 모방과 모방의 근친상간적 욕망에 닿아 있을 뿐이고, 그 욕망의 바닥에는 아무런 운명도 필연성도 없는 것이지요. "동수 씨는 영화를 잘못 보셨네요"라는 영실의 실다운 지적은 바로 그 모방 욕망의 체계를 깨는 (홍)상수의 개입입니다. 그러나 (홍)상수의 개입이 이 허영의 주체에 대해서 비교적 관대한 모습을 띠는 것에 주목할 필요가 있을 겁니다.

2. 허영의 주체는 영화 속의 동수이기도 하지만, (홍)상수의 비슷비슷한 영화들을 보는 바로 우리이기도 합니다.

여덟번째 이야기 - 가능한 변화들

(불)가능한 변.화.

상처받은 종규, 아니, (정확히는) 상처받았다는 '생각'에 골몰하는 종규는 바로 그 상처라는 이기적 울타리 속에서 한 사람을 진득하게 사랑하는 신뢰의 관계를 맺지 못한다. 애인을 두고 임신까지 시키면서도 그는 마치 발정난 개처럼 아무 여자에게나 침을 흘리며 수작을 건다. 바람둥이인 그의 여자관계는 삽화나 징검다리와 같은 꼴을 취할 뿐이다. 프로이트의 낡은 설명처럼 스스로 그 상처의 경험을 안전하고 약하게 반복함으로써 그 상처를 치유하는 내적 강박이거나, 혹은 원초적 상처의 그늘 아래 근기 있는 친밀성의 관계를 견디지 못하는 것이다.

민
·
병
·
국
·

1962년생. 그에 관해 알려진 바는 그리 많지 않다. 6년간 다니던 대기업 종합상사를 그만두고 홍상수 감독의 〈강원도의 힘〉(1996)에서 조감독으로 일하면서 영화계에 입문했다. 그해부터 구상한 〈가능한 변화들〉(2004)의 시나리오가 2001년 문화일보 신춘문예에 당선되면서 본격적인 제작에 들어갔다. 당시 심사위원이었던 이창동, 이광모 감독이 '세속적 가치의 허구를 적나라하게' 폭로한 작품이라 평했다. '50일 24회로 촬영을 마쳐야 하는' 제약 속에서, 2년여의 우여곡절 끝에 완성한 작품이다. 현물 투자 방식으로 제작비의 상당 부분을 충당하고, 손익분기점을 넘을 경우 제작사에 지급되는 수익 중 50퍼센트를 스태프에게 환원하는 새로운 제작 시스템을 도입했다는 점도 특기할 만하다. 전주국제영화제 개막작이자 도쿄 국제영화제 최우수 아시아 영화상을 수상했다. 〈가능한 변화들〉은 30대 청장년들의 욕정과 불륜을 중심으로 삶에의 절망과 불안, 그로 인해 배태된 변할 것 같지 않은 속물근성을 멀찌감치 응시하는 가운데 그 변화 가능성을 묻는 영화다. 감독은 이를 두고 "인간의 내면적 변화에 회의적이긴 하지만 그 가능성에 대한 동경으로부터 출발했다"고 밝혔다. 직장을 그만두고 전업 작가를 자처하는 문호, 오랫동안 해온 공부와는 무관한 직장에 들어가 연애에 몰두하는 종규. 이 두 인물의 가학적이고 변태적인 여성 편력 속에서 문호는 지식인 특유의 체면과 위선으로, 종규는 충동적 본능으로 일관한다. 뇌졸중 후유증으로 절뚝거리는 종규는 이미 비정상적으로 왜곡된 삶을 살아가는 지식인의 표상이자 문호 이면의 그림자로 읽히기도 한다. 시작의 장면에서 절벽에 서 있던 두 사람은 마지막 장면에 다시 절벽에 서 있다. "죽음 역시 한가지 선택 가능한 변화"로서 삶과 죽음의 경계를 모호하게 처리, 결말을 열어놓았다.

정교한 공간 활용, 빛에 대한 감각, 작품 전체를 지배하는 풀샷으로 확보한 극중 인물과의 절대적 거리감은 속물적 지식인들의 명암 모두를 편견 없이 응시하고 직관하고자 감독이 선택한 하나의 방법론이다. 그들의 권태롭고 적나라한 정사 장면은 어떤 판타지도, 섣부른 냉소나 조롱도 없이 담담한 자세로 일관하면서, 오히려 초라하게 보이는 모습으로부터 그들 스스로 동정과 연민을 불러일으킨다.

경구 같은 대사들이 영화의 매력을 더해주었다. 문호가 시집에서 읽었다고 들려주는 삼겹살에 관한 역설적 이야기는 영화 전체를 관통하는 예리한 대사라는 평을 얻었다.

'처음'이에요

채팅으로 연락하던 남녀가 '처음'으로 만난 자리에서 역시 '처음'으로 묻는다. "전에도 채팅하다 만난 적 있으세요?" "아니요 '처음'이에요." "저도 '처음'인데…." 뒤의 '처음'이라는 거짓말은 앞의 '처음'이라는 사실에 기생한다. 쾌락이 무지에 기생하는 일반법칙처럼, 처음으로 만났기에 이들은 '처음'이라는 쾌락의 낱말을 뻔뻔스레 사용한다. 이처럼, 나날이 새로워지는 바로 그 힘으로 나날이 늙어가는 것, 바로 이것이 우리네의 세속이다.

어느 철학자가 세인世人, das Mann이라고도 부른 이 범인凡人들은 처음이라는 매번의 우연과 그 기회를 역시 처음이라는 거짓말로 오염시킨다. 자신에 대한, 자신을 위한, 그리고 자신을 향한 거짓말이 어느덧 진지해지면서 내면화되면, 그것은 '허영'이 되고 그는 속물이 된다. 그리고 이 허영의 주체는 도시자본제적 삶의 체계 속에서 바람처럼 흘러다니는 우연의 가능성을 놓친다. 이 대목에서는 진리(진실)를 '마주침'이라는 사건적 우연성 속에서 찾는 사상가들이 적지 않다는 점을 기억할 필요가 있다. 그럴진대 만남 속의 우연을 '처음인데요!'라고 얼버무리면서 외면하는 짓은 참으로 슬픈 노릇이다. 흙 속에 숨은 보석을 놓치는 일이야 조금 아까울 뿐이지만, (도스토옙스키가 보여주듯이) 내 마을로 찾아온 신神을 쫓아버리는 짓은 정녕 치명적! 메시아가 나와 접촉했다—내 근처에 있었다, 혹은 나와 비슷한 외양을 지녔다—는 바로 그 이유 탓에 그 메시아를 나의 일종으로 여길 수밖에 없는 그 무능함!

은폐된 정서의 고향

〈가능한 변화들〉에서는 허영을 체질화한 지식인 속물들이 주인공이다. 종규(김유석)는 젊은 나이에 뇌졸중 후유증으로 다리를 절게 되고, 첫사랑인 수현이 자신을 거부한 것도 어쩌면 자신의 불구 탓인지 모른다고 '생각'한다. 교수직을 향한 꿈은 좌절당한 채 별로 연구할 것도 없는 연구원으로 근무하면서 마치 물 밖에 나온 문어처럼 징그러울 정도로 그의 일상은 권태롭다. 일견 그가 진정으로 '연구'하는 것은 그의 주변에 걸려드는 여자들인 것처럼 보인다. 여자들에 대한 그의 졸렬한 태도는 상처의 이기심을 먹고 살아가는 남자의 허영(내 상처는 보다 깊고 '독창적'이라는 허영!)에 특징적인 것이다. 아니, 그의 태도는 실은 자본제적 삶의 마당 속을 효율적으로 경쟁하기 위해서 내내 숨기거나 모른 척해야 하는 정서의 고향을 설핏 드러낸다.

기든스A. Giddens 등의 근대 비판가들은 남자가 자신의 객관적 성취를 위해 숨기고 있던 그 '정서의 지지대emotional prop'를 지적한 바 있다. 또 그것이 허물어지는 계기가 점점 잦아지는 도시적 경험 속에서 현대의 남녀관계가 겪는 구조 변동을 말하기도 한다. 어머니나 아내의 충실과 그 정서적 지지를 당연시해오던 가부장제 속에 남자들은 그 지지가 철회되거나 혹은 그 지지의 빈 속을 경험하는 황당하고 뼈아픈 체험을 겪고서야 비로소 자신의 은폐된 부분을 인식·인정하게 된다. 그래서 이른바 '성찰성'이란 무엇보다도 자신이 모른 채 의지하고 있던 것을 깨닫는 일이다. 혹은, '작은 것을 보는 것 속에 밝음이 있다!〔見小曰明〕'. 위니콧D.W. Winnicott을 위시한 여러 심리학자에 의하면, 가족이나 연인과 같은 근본적·일차적인 사랑과 신뢰의 관계가 제공하던 정서적 지지가 부재하거나 훼손될 경우 그 당사자(특히 남자)는 이후 단발적이며 피상적인 애정관계를 전전하게 된다. 그는 깊고 지속적인 정서의 관계를 믿지 않거나 혹은 아예 회피하는 쪽을 택한다. 세속 속에서 성숙한 주체로 살아갈 능력은 곧 일차적 애정관계에 대한 근본적이며 진득한 신뢰에 의지한다는 주장이다. 종규의 태도가 잘 보여주듯, 호감이나 애정은 중성적인 에너지일 뿐이며 그 자체로 세속의 일부에 지나지 않는다. 그것이 벡터를 지향해 윤리성을 띠게 되는 것은, 그 에너지를 신뢰의 관계로 이드거니 조형해내는 순간부터다. 이러한 분석에 일리가 있다면, 종규와 같은 지식인 속물의 태도는 우선적으로 자기보호적이다.

오직 네 '버릇'만이 네 '진실'일 뿐

상처받은 종규, 아니, (정확히는) 상처받았다는 '생각'에 골몰하는 종규는 바로 그 상처라는 이기적 울타리 속에서 한 사람을 진득하게 사랑하는 신뢰의 관계를 맺지 못한다. 애인을 두고 임신까지 시키면서도 그는 마치 발정난 개처럼 아무 여자에게나 침을 흘리며 수작을 건다. 바람둥이인 그의 여자관계는 삽화나 징검다리와 같은 꼴을 취할 뿐이다. 프로이트의 낡은 설명처럼 스스로 그 상처의 경험을 안전하고 약하게 반복함으로써 상처를 치유하는 내적 강박이거나, 혹은 원초적 상처의 그늘 아래 근기 있는 친밀성의 관계를 견디지 못하는 것이다. 영화 속에서 종규가 수현에게 드러내는 태도는 그가 지닌 상처의 성격, 그리고 과거의 그 상처가 그의 현재에 어떤 빌미로 쓰이는지를 잘 보여준다.

종규는 첫사랑(수현)의 상처를 품은 채 그녀의 주변을 강박적으로 맴돈다. 영화 속에서는 자세히 묘사되진 않지만, 이 첫사랑의 실패는 그를 불구로 만든 사고와 상상적으로 결부되면서 이후 그의 인간(여자)관계를 결정짓는 초석적 사건처럼 작동한다. 이 바람둥이의 삽화적 관계는 전술했듯이 상처를 회피하기 위한 자기보호 장치이기도 하지만, 한편 그것은 자신이 자신에게 허용하는 보상적 쾌락의 형식이기도 하다. (우리는 한시라도 이 자기보상과 복수의 상보적 메커니즘을 놓쳐선 안 된다!) 종규는 첫사랑의 실패를 상처의 진원지로 '생각'하면서 그 첫사랑을 되찾으려는 강박에서 놓여나지 못한다. 그는 영혼이 메말라가는 해바라기처럼 수현의 곁을 실없이 맴돈다. 이를테면 종규는 수현 속에 자신이 잃어버린 사랑의 진실이 있으리라고 '생각'한다. 그는 자신의 상처를 빌미삼아 손에 닿는 대로 아무 여자나 집적이지만, 늘 첫사랑을 향해 되돌아가는 그의 상처는(정확히는, 상처에 대한 그의 '생각'은) 자신의 비루한 방탕기를 정당화한다. 순정純情의 진실을 수현에 의해 빼앗겼다고 '생각'하는 한, 그가 그의 현실을 어떤 타락한 식으로 살아내든 그것은 이미 자신의 잘못이 아니라고 '생각'하게 되는 것이다. "상처는 곧 어리석음"(아도르노)이라는 오래된 격언은 종규의 경우에도 정확히 들어맞는다.

그러나 이 경우 '수현'이라는 이름의 첫사랑-상처는 그의 진실이 머무는 곳이 아니라 종규의 현재를 미봉하거나 분식粉飾하는 알리바이로서 기능한다. 결국 수현은 그의 진실이 유예/유배된 곳이 아니라 다만 잃어버린 쾌락의 지점에 불과한 것이다. 진실도 쾌락의 눈으로 보고, 자유와 평등도 쾌락의 눈으로 보고, 사랑과 구원도 쾌락의 눈으로 보는 일은 옹색하고 몰풍스럽지만 그 수확은 자못 놀랍다. 이 사실은 그가 우여곡절 끝에 마침내 수현과 동침하게 되는 진리(!)의 순간에 명백해진다. 종규는 바로 그 진리의 순간에 그간 유예하거나 상상해왔던 자신의 진리를 증명하지 못한다. 수현의 나신 앞에 종규는 여전히 치졸하고 고집스러울 뿐이다. 수현과의 합일을 통해 그가 또다시 증명한 진실은, 그의 현재를 구성하는 그 낡은 버릇 이외에 아무런 진실이 없다는 진실이다.

1. 민병국이 내놓은 제작의 변은 다음과 같습니다. "인간의 내면적 변화에 회의적이긴 하지만 그 가능성에 대한 동경으로부터 출발했습니다." '가능한 변화'를 '(불)가능한 변화'로 읽을 수밖에 없는 이유가 바로 여기에 있지요. 인간의 내면적 변화! 슬픈 얘기이긴 하지만, 인간은 '내면적으로' 변화하지 않는다고 보는 게 한결 낫습니다. 진정 인간을 변화시키려 한다면 오히려 '내면적으로' 접근하지 말아야 하며, (내 식으로 말하자면) 그 '내면'이라는 게 마치 없는 듯이 행위해야 합니다. 저도 20년 가까이 학생들을 가르치는 노릇을 하면서 이 '노릇'만으로는 이들의 '버릇'을 고칠 수 없다는 사실을 아프게 절감하곤 했습니다. 노릇이 바뀐다고 버릇이 바뀌는 것도 아니지만, '내면'을 바꾸려 하는 한 영영 바꿀 수 없을 겁니다.

2. 문호(정찬)의 대사 중에, "이 고기 말이에요, 사실은 죽은 살이 타는 건데 냄새가 너무 달콤해요"라는 게 평자들의 주목을 끌었지요. 그런데 달콤한 것은 차라리 반복이지 변화가 아닙니다. 자아(에고)가 진리를 억압하듯이, 우리의 몸은 변화에 저항합니다.

아홉번째 이야기 - 바람난 가족

당신,
아.웃.이.야!

도덕이 그 역사·사회적 인위성을 가린 채 자연스러운 규제력으로 사회구성원들을 사로잡는 이유는, 그것이 왼손으로는 제도를 쥐고 있는 채로 오른손으로는 '양심'이라는 최종심급의 가상假象을 잡고 있다고 '생각' 하기 때문이다. 마치 애인의 성기를 왼손으로 쥔 채 오른손으로 그의 순정純情을 잡았다고 '생각' 했던 이들처럼 말이다.

임상수

1961년 서울 출생. 연세대 사회학과 졸업. 한국영화아카데미 5기 졸업. 박종원 감독의 〈구로아리랑〉의 시나리오 작업에 참여하고, 임권택 감독의 연출부를 거치면서 영화계에 입문, 영화진흥공사 시나리오 공모에 〈주목할 만한 영화〉가 당선되기도 했다. 감독 데뷔작은 자작 시나리오로 만든 〈처녀들의 저녁식사〉(1998)다. 〈눈물〉(2000)이 베를린 국제영화제 파노라마 부문에 공식 초청되었고, 〈바람난 가족〉(2003)은 플랑드르 국제영화제 최우수 감독상, 영평상 각본상, 청룡영화상 신인감독상을 수상하고, 베니스 국제영화제 본선 경쟁 부문에 진출하는 등 다수 국제영화제에서 작가적 역량을 인정받았다.

그가 일관되게 내보이는 "아버지의 질서, 존경할 수 없는 권위에 대한 반감의식"은 작품에서 냉소와 희화화로 나타난다. 〈처녀들의 저녁식사〉는 미혼 여성들의 성 담론과 행동을 정면으로 다룬 작품이다. 디지털 장편영화 〈눈물〉에는 '어른들이 만든 질서의 그물에서 방황하는' 십대 아이들의 삶이 적나라하게 드러난다. "어른으로서 느끼는 어린 세대에 대한 책임감"이 영화를 만들게 했다고 밝히기도 한 그는 직접 가리봉동에 거주하면서 취재한 내용을 바탕으로 작품을 완성했다. 영화를 매개로 청소년들과 대화의 자리를 마련하는 새로운 상영 형식을 취한 점도 특기할 만하다.

〈바람난 가족〉은 온 가족이 바람을 피운다는 설정을 통해 가족 붕괴의 징후들을 담은 작품이다. "텔레비전에서 커트된 삶을 보여주고 싶었다"는 그는, 우리 주변의 가정사, 지긋지긋하기도 충격적이기도 한 가정의 일상사에 카메라를 고정시켰다. '걸레질로 아웃당하는 남성들'과, 허기진 욕망에 스스럼없이 충실한 여성들의 대비가 인상적이다. 가부장적 가족질서에 대한 반감과 분노는 여성들의 솔직함과 당당함과 쿨한 모습으로 나타났다.

〈그때 그 사람들〉(2004)은 그가 오래전부터 구상한 작품이다. 정치적 의식이 또래보다 성숙할 수밖에 없었던 가족사적 내력과, 사회문제에 대한 지속적인 관심이 동기가 되어, 10.26이라는 역사적 사건을 실체대로 담아내보고자 시도한 작품이다. 보안사 요원의 수사기록 외에 사건 당사자들의 진술과 회고록 등의 치밀한 사전 조사를 통해 현대사의 중요한 순간에서 부각되는 부조리함과 아이러니, 권력의 실체를 고발하여, 한국 현대사를 독창적으로 해석한 '가장 정치적인 영화'라는 평가를 받았다. 칸영화제 감독주간에 초청되기도 했으나 법원의 부분 상영금지 결정으로 몇 장면이 삭제된 채 개봉되었다. 5.18을 소재로 한 황석영 원작의 〈오래된 정원〉(2007)은 "〈그때 그 사람들〉의 양태와 입장과 반대편에 있던 사람들의 진실을 다룬" 작품이다. 사회주의자로 살았던 한 남자의 "신념은 무엇으로 보상받을 것인가"라는 물음을 던지며 감옥 밖에서 함께 유예된 시간을 살아낸 여인을 통해 그가 상처를 치유해가는 과정을 담은 이야기다. 그는 영상미학을 촬영감독 등 기술가들의 몫으로 맡겨두는 대신 "내가 할 얘기, 사람", 들추어야 할 문제에 몰두한다. "자기연민에 빠지지 않고 사태를 객관적으로 응시하고자 하는 방법론"으로서 냉소를 선택하여 주류적 시선과의 긴장을 유지하며 해야 할 얘기를 하고 마는 그의 비평 감각은 한국 영화사의 소중한 자산일 것이다.

새로운 불화의 가능성

가족은 자연적인 것도 더구나 필연적인 것도 아니라는 사실을 전제한다는 점에서 임상수의 〈바람난 가족〉은 김태용의 〈가족의 탄생〉처럼 현실적이다. 가족제도를 철저하게 세속화한 〈가족의 탄생〉은 그 세속적 어긋남의 신호를 "너 나한테 왜 그래?/ 넌 나한테 왜 그러는데?"와 같은 문장 속에 집결시킨다. 그들은 불화하면서 조율하고 갈등하면서도 화해의 씨앗을 뿌렸던 것이다. 어쨌든 그들의 싸움은 때늦은 깨우침에 대한 안타까움과 겹친다.

그러나 〈바람난 가족〉은 가능한 변화와 조절을 염원하거나 기대하는 〈가족의 탄생〉에서 한 걸음 더 나아간다. 이들이 불화하는 풍경은 시쳇말로 '쿨' 해 보인다. 그 불화는 단지 가족이라는 제도적 틀 속에서야 비로소 가능해지는 불화, 그러므로 결코 기존의 그 제도에서 벗어나지 못하는 무능한 불화가 아니다. (이 무능한 불화란, 가령 윤종빈의 〈용서받지 못한 자〉에서 고참이자 친구인 태정의 존재에 의지할 수밖에 없는 승영의 항의가 결국은 불모의 것이었다는 사실을 연상하면 쉽게 알아챌 수 있다.) 바람난 가족이 부린 불화의 생산성이 영화 속에 충분히 묘사되었다고 볼 수는 없지만, 그것은 자신이 몸담고 있는 제도적 틀에 응석을 부리는 불화의 종류를 벗어났다는 점에서만큼은 분명 새롭다. 그렇기에 〈가족의 탄생〉이 "너 나한테 왜 그래?"라는 화두 속에서 움직였다면 〈바람난 가족〉의 화두는 앞으로 잘하겠다는 남편을 향해서 던지는 호정의 '쿨' 한 한마디에 압축되어 있다: "당신, 아웃이야!"

가족 등으로 대변되는 현실의 제도를 보호하는 가장 값싼 장치는 물론 도덕이다. 그러므로 도덕은 워낙 당대의 것일 수밖에 없다. 실상 도덕은 그 실체가 없는 것으로 제도와 더불어 합체를 이루지 못하면 곧 소멸하고 만다. 이를테면, 제도는 도덕의 신체인 셈이기에 현실의 제도 속에서 보호받고 재생산되지 못하는 도덕은 현실의 권력장場에서 퇴출된 채 기억 속에서 출몰하는 유령의 신세를 면할 수 없다. 도덕이 그 역사사회적 인위성人爲性/人僞性을 가린 채 자연스러운 규제력으로 사회 구성원들을 사로잡는 이유는, 그것이 왼손으로는 제도를 쥐고 있는 채로 오른손으로는 '양심'이라는 최종심급의 가상假象을 잡고 있다고 '생각'하기 때문이다. 마치 애인의 성기를 왼손으로 쥔 채 오른손으로 그의 순정純情을 잡았다고 '생각'했던 이들처럼 말이다. 아무튼 도덕에 대한 잡다한 논의와는 별도로 그것은 확실한 사회적 힘이기에, 예를 들어 마광수나 장선우의 경우처럼 (소위 '도덕적'인 사람들보다) '양심'의 함량이 조금 부족해 보이는 이들도 결국 자신의 처신을 조금 '조심'하게 되긴 한다. 물론 양심적인 사람과 조심스러운 사람 중 어느 쪽이 더 나은가 하는 꽤나 짚어봄 직한 문제는 아직 이 글의 관심이 아니다.

그런데 도덕이 당대의 제도와 결합한 현실적 힘이라는 사실 속에 이데올로기는 서식한다. 당대에 '눈치 보기'를 거부했던 니체와 같은 미래인들이 도덕의 저편과 선악을 넘어선 지경을 '눈치 없이' 떠벌리는 것은 그러므로 넉넉히 이해할 만도 하다. 일상적으로 현실의 제도를 인준하고 좋게 만드는 최종심급의 장치는 대체로 도덕이므로, 적절한 제도로써 이 도덕을 선점하고 전유할 수 있는 기술과 인력은 당대를 지배하려는 세력에게는 필수적일 수밖에 없다. 그러므로 숱한 이데올로기 비판가들이 국가와 가족 사이의 제도적 공모를 경계하는 지점이 바로 여기다. 종교나 국가도 스스로의 생존을 위해 가족을 잡아놓아야 하며, 마찬가지로 시장의 일차 타깃도 늘 가족인 것이다. 밀레트K. Millett에서 알튀세에 이르기까지 한결같이 지적하듯, 적절하게 순치된 가족은 국가체제의 이데올로기적 단말기로 최적의 조건을 갖춘 제도가 된다. 혹자들의 말처럼 가족주의만이 문제가 아니라 가족 그 자체 속에 문제의 근원이 있으며, 가족을 가족주의적 제도와 별개로 상상하는 것 자체가 부르주아적 도착倒錯인 것이다. 그리고 그 제도를 감시·감독하는 원격의 장치가 곧 당대의 도덕이며, 많은 인류학자와 정신분석학자들이 입을 모으듯 그 도덕의 바닥에는 성도덕(성을 분배하고 배치하는 서열)이 자리한다.

체계와의 지속 가능한 창의적 불화

〈바람난 가족〉은 바로 그 제목처럼 성을 분배하고 배치하는 서열이 바뀌어가는 풍경과 그 사정을 잘 드러낸다. 남편이 바람을 피우는 것까지는 우리같이 극히 도덕적인(?) 사회에서는 거의 정상적인(!) 풍경이다. 그러나 그 남편에 대처하거나 자신의 욕망을 처리하는 아내의 태도에는 뭔가 심상치 않은 구석이 있다. 아내는 조루무漏한 남편 곁에서 자위를 하고, 이웃집의 고딩에게 섹스를 가르치고, 바람기에서 돌아온 남편에게 '아웃out'을 선언한다. 앞서 말한 대로, 아내는 기존의 제도적 틀을 온존시키는 데로 귀결하는 무능한 불화에는 관심이 없다. 단지 기존의 제도를 전제해서만 가능해지는 불화, "그러므로 결코 기존의 그 제도에서 벗어나지 못하는 무능한 불화"에는 관심이 없는 것이다. 그녀는 기존 제도와의 소모적 불화를 넘어 다른 생산성을 꿈꾸는 것일까? 소모적 불화 이상의 '희망'을 체계적으로 저지하는 이 남성지배구조의 외부에서 명랑하고 이드거니 산책할 수 있는 길을 발견한 것일까? 그래서인가, 영화 말미에서 남편이 "잘할게!"라며 다가들자 아내는 "이 애기, 당신 애기 아니야!"라고 내뱉고 만다.

숱한 할리우드 영화의 맥 빠지고 매너리즘화한 귀결이 보여주듯 가족주의는 이 후기 자본주의사회의 마지막 종교이자 마지막 형이상학이 되고 말았다. 그 위태로운 사정은 한갓 제도에 불과한 것을 자연스러운 것으로, 심지어 도덕적인 것으로 표상하게 한다. 남성주의의 갖은 이데올로기가 집결하는 가족의 안팎에서 여성의 반란이 성해방의 형식을 띤다는 사실은 이미 오래된 지적이다. 그러나 불화와 일탈조차 체계 속으로 되먹임되는 강고한 현실 속에서 그 힘겨운 반란이 새로운 현실을 불러낼 수 있는 생산성을 얻기란 결코 쉽지 않다. 20세기의 여러 좌파 비평가들은 성해방과 성평등을 구체화시킬 성정치 이론들을 다각도로 실험했지만 그 결과는 그리 신통치 못했다. 말리노프스키나 프롬 등이 말하는 모권제 사회의 이상도 요원한 일인 터에, 바람이 난다고 해방이 되는 것도 아니며 해방된다고 평등해지는 것도 아니다. 지속 가능한 불화는 오직 창의적이어야 하므로, 문제는 남편을 '아웃' 시킨 뒤에 가능해질 새로운 욕망, 새로운 관계, 새로운 생산성이다.

이건창(1852~1898)의 문집을 보면 젊어 과수로 살던 충청도의 어느 이씨 부인이 스스로 자신의 유방을 잘라내 마을의 무뢰배들을 경계하고 일부종사의 절개를 지킨 일화가 소개되어 있습니다. 에너벨 청은 〈에너벨 청 스토리〉(1999)에서 251명의 남자들과 연속적으로 섹스를 벌이는 퍼포먼스-다큐를 찍으면서 "여성이 성욕을 표현하고 그 결정권을 갖는다면 어떤 형식이든 문제될 게 없다"는 취지의 발언을 합니다. 두 여인은 공히 자신의 육체를 도구적으로 사용합니다. 전자의 경우 그 행위는 남자를 향해서, 남자를 위해서, 남자에 의해서 이뤄진 것이지만, 후자는 여자를 향해서 여자를 위해서 (그러나 실은) 남자에 의해서 이뤄진 것입니다. 여자들의 행위는 급격히 바뀌고 있지만, 예나 지금이나 그 행위를 작동하게 하는 틀은 여전히 남성들의 세속이라는 말이지요. 반항과 탈주의 (여)성적 욕망이 기획되고 표출되는 기회와 방식이 얽혀 있는 지점과 지형을 살피지 못하는 한, 남성주의 체계 속에서 지속 가능한 불화의 생산성은 없습니다. 한편 쾌락과 진리 사이의 관계에 대한 이해에서 이씨 부인과 에너벨 청은 진자振子 운동의 양 끝점을 가리킵니다. 호정도 자신의 육체를 사용하지만 그 행위는 그저 자신만을 가리킬 뿐입니다. 그리고 그녀의 쾌락은 진리와 전혀 무관합니다. 체계 안팎의 구심이나 원심을 가리키는 신호가 될 수 없는 호정은 여전히 바람일 뿐입니다.

열 번째 이야기 - 와이키키 브라더스

세.속.이.란.
무엇인가?

꿈은 문턱에서부터 식고, 애인들은 기대보다 빠르게 늙고, 우리들의 존재는 채 성숙하기도 전에 마모된다. 바로 그 세속의 내실에서는, 선하든 강하든, 그 숱한 의도들이 현실 속으로 외출하지 못한 채 실그러지거나 이운다. 그저 '일상의 평균치'(하이데거)만을 관성적으로 고집하면서 살아가는 속인들은, 평균치라는 바로 그 소박한 겨냥 탓에 오히려 나날이 평균 이하로 떨어지는 것, 바로 그것이 세속이다.

임·순·례

1961년 경기도 인천 출생. 한양대 영문과 졸업 후 연극영화과 대학원 수료. 프랑스 파리 제8대학 영화과 석사과정을 밟았다. 여균동 감독의 〈세상 밖으로〉(1993)의 연출부로 영화계에 입문, 단편 〈우중산책〉(1994)으로 서울 단편영화제 작품상 대상 및 젊은 비평가상을 수상하여 주목받기 시작했다. 장편 데뷔작 〈세 친구〉(1996)로 부산 국제영화제에서 뉴커런츠 부문에 공식 선정, 넷팩상을 수상하고, 캐나다 밴쿠버 영화제 경쟁 부문에 공식 선정, 1997년 스위스 프리브르그 영화제 페스탈로치 상을 수상하면서 일약 한국 영화계의 기대주로 평가받는 여성 감독이 되었다.

"어두운 청년기에 대한 자전적 요소"가 다분히 묻어나는 데뷔작 〈세 친구〉는 대학을 진학하지 못해서 삼류가 되고 만 세 명의 남자 아이, '무소속'과 '삼겹'과 '섬세'가 사회에 적응하지 못한 채 전망없이 소심하고 무능력하게 살아가는 모습을 쓸쓸하고 애처로운 시선으로 담아냈다.

세상에서 소외된 삼류 이야기는 두번째 장편에서도 계속 이어진다. 〈와이키키 브라더스〉(2001, 이하 '와이키키')는 한때 잘나갔으나 지금은 삼류밴드로 전락하여 변두리 밤무대에서 생음악을 연주하며 근근이 살아가는 악사들의 이야기다. "어른들의 잃어버린 꿈과 사랑에 대한 쓸쓸한 보고서"인 이 영화에는 현실의 무게에 짓눌리는 소시민이 되어, 이제 꿈을 이야기하기엔 이미 늙어버린 남자들의 신산함과 비애가 담겨 있다. 리더 성우의 동창생 인희의 밴드 합류는 일종의 현실 타협이지만, 절망이나 희망을 섣불리 조장하거나 과장하지 않은 채 결말을 맺었다.

그사이 다큐 〈아름다운 생존 – 여성 영화인이 말하는 영화〉(2001)와 인권을 주제로 한 옴니버스 영화 〈여섯 개의 시선〉(2003) 중 〈그녀의 무게〉 편을 연출했다. 〈와이키키〉 이후 7년 만에 선보인 후속작 〈우리생애 최고의 순간〉(2007, 이하 '우생순')은 2004년 올림픽에서 명승부를 연출했던 국가대표 여자핸드볼 팀의 실화를 통해, 주목받을 수 없는 비주류 삶의 아름다움을 감동적으로 그렸다. "한국 여자 핸드볼이 처한 처지가 결혼해서 나이 많은 아줌마들이 처한 상황과 똑같다"고 느낀 감독의 공감이 배어 있기에, 이 작품은 단순한 스포츠 영화 그 이상의 울림을 전해준다. 이 영화로 '올해의 여성문화인상'(2008)을 수상하기도 했다.

"영화적인 장치보다는 사람들이 애써 잊고 싶어하는" 문제들을 아프지만 그대로 보여주고 싶다는 임순례 감독이 가진 특유의, 소외된 삼류 주인공들에 대한 잔잔하고 푸근한 긍정의 시선, 그 속에서 우러나는 삶의 진정성은 〈와이키키〉와 〈우생순〉에서 몸소 취재하는 수고가 삶의 현장을 살아가는 서민들의 삶에 대한 공감들로 곰비임비 맺힌 결실이다.

뒤뚱거리는 사회의 면면을 보여줄 인권영화 〈날아라 펭귄〉(2009)이 개봉을 앞두고 있다.

왜 우리는 이리도 '피로'한가

건강보신주의는 사종교私宗敎처럼 강고하다. '웰빙'은 마치 이 시대의 복음인 듯 전파된다. 비만아肥滿兒들은 전방위적으로 솟아오른다. 불과 몇십 년 전만 떠올려보아도 지금의 물질적 풍족은 과연 상상을 초월하는 종류와 규모의 것이다. 누구나 '자기만의 방' 속에서 자기만의 스타일을 맘껏 구가하며 살아가는 듯하다. 그런데도 이들은 한결같이 피로하다. 만성적인 '피로' 속에서 자본제적 삶의 증상을 읽어내는 사회학자들이 여럿 있듯이, 우리 모두는 강박적인 풍요에 몰두하면서도 돌이킬 수 없이 피로한 존재가 되고 말았다. 현대 사회 속의 위험이 '체계적system-oriented'이라면, 그 피로 역시 체계적인 것이다. (참고로, '피로'를 인문사회과학적 주제로 수렴한 학자가 여럿 있다. 여기에서 낱낱이 밝힐 수 없지만, 가령 피로를 '응시'의 문제로 본 들뢰즈도 있고, '타자(성)'과 관련시켜 논의한 레비나스의 경우도 주목할 만하다.)

생활인이라면 그 누구라도 뒤엉켜 들어가는 당대의 세속世俗도 체계와 무관할 리 없다. 손쉽게 대별하자면 우리가 살고 있는 데는 공동체적 세속이 아니라 체계적 세속이다. 그러므로 세속적 피로의 성격이 체계적이라는 지적은 오히려 당연해 보인다. 세속의 체계적 속성은 중층다면적으로 나타난다. 그런데 내가 특별히 관심을 두는 속성은, '(체계적) 피로'라는 테마에서 잘 드러나듯이 세속은 속인들이 체계와 스치거나 부딪치면서 돌이킬 수 없이 겪어야 하는 실존적 마모磨耗의 현장이자 그 표상이라는 점이다. 세속의 때[世塵]는 시간처럼 공평한 것일까? 마치 마루에 먼지가 쌓이고 얼굴에 주름이 생기듯 세속적 체계 속의 삶은 도덕적 부식과 실존적 감가減價를 피할 수 없는 것일까?

추억과 선의로 결연한 '친구'(브라더스)도
세속의 저편이 아니다

임순례는 "〈와이키키 브라더스〉에서 하고 싶었던 진짜 얘기는 우리가 십대에 가지고 있었던 삶의 원형과 희망이 우리가 삼십대 중반의 어른이 되었을 때 소시민적 가치관에 묻혀 살면서 사라진다는 것에 대한 한탄"이라고 말했다. 어느 평론가는 이를 두고 "아무런 두려움과 걱정이 없던 시절의 꿈과 희망이 허약한 현실 앞에서 어떻게 '마모' 되어가는가를 보여주는 것"이라고 번역한다. 어쩌면 전혀 새로운 지적이 아니기에 오히려 절절한 지적이 되는 것일까.

꿈은 문턱에서부터 식고, 애인들은 기대보다 빠르게 늙고, 우리의 존재는 채 성숙하기도 전에 마모된다. 바로 그 세속의 내실에서는, 선하든 강하든, 그 숱한 의도들이 현실 속으로 외출하지 못한 채 실그러지거나 이운다. 그저 '일상의 평균치Durchschnittlichkeit'(하이데거)만을 관성적으로 고집하면서 살아가는 속인들은, 평균치라는 바로 그 소박한 겨냥 탓에 오히려 나날이 평균 이하로 떨어지는 것, 바로 그것이 세속이다.

세속은 무엇보다도 개인의 의도가 체계 속에 얽히고 마모되면서 돌이킬 수 없이 어리석게 퇴락해가는 관계들의 총체를 가리킨다. 의도는 처음부터 체계와 연루했고, 마지막까지 관계와 내통한다. 〈와이키키 브라더스〉의 역설적인 미덕은 바로 그 세속(이곳)과 '와이키키(저곳)' 사이의 거리를 우울하지만 섬세하게, 그리고 별일이 아니라는 듯이 조명한 데 있다. 연인도 그렇지 못한 터에 친구라는 그 고래의 관계는 세속의 구원이 될 수 있는가? 그 친구들(브라더스)은 와이키키로 갈 수 있었는가? 아니, 그들은 제 나름의 어리석은 열정 속에서 고스란히 세속으로 돌아왔을 뿐이다. 워낙 임순례는 친구들이 와이키키로 갔는지를 물으려는 게 아니었다. 이창동의 〈오아시스〉(2002)나 브라이언 드 팔머의 〈칼리토〉(1993)와 마찬가지로 그들은 와이키키로 가지 못한다. 돌아갈 수 없는 그때와 그 꿈은 성우(이얼)의 회상 속에서 안타깝게 반복되고, 해변을 달리던 그 젊은 날의 나신裸身들처럼 외려 세속에 대한 무지 탓으로 더욱 해맑아 보일 뿐이다. 그러나 현실 속의 브라더스는 와이키키라는 이름과 추억, 상처와 꿈을 인각한 채로 내남없이 세속 속으로 몰각해간다. 소금 뿌린 배추처럼, 식초 먹은 버섯처럼 그들 모두의 퇴락은 돌이킬 수 없다. 개성화된 실내의 환상이 시장 자본제의 저편이 아닌 것처럼, 추억과 선의로 결연한 '친구(브라더스)'도 세속의 저편이 아닌 것이다. 아니, 오히려 친구라는 그 호의의 관계만큼 세속의 구조적 체질을 정확히 증거하는 것도 없다. 그것은 거래하는 타인이 세속이고, 증여하는 애인이 세속이고, 헌신하는 부모가 세속이듯이 한 치의 오차도 없는 세속일 뿐인 것!

브라더스의 세상 속에서는 그 어디에도 와이키키가 없지만, 고향 수안보 역시 그 누구의 와이키키도 되지 못한다. 성우의 사춘기 우상으로서 '아버지의 법Loi du père'을 넘어가도록 도왔던 음악학원 원장은 출장밴드로 근근이 연명하는 알코올중독자가 되어 있고, 남편과 사별한 첫사랑 인희(오지혜)는 야채 트럭을 모는 억척 아줌마로 변신해 성우를 제행무상諸行無常의 애잔함으로 몰아넣고, 현구(오광록)와 강수(황정민)는 본의 아니게 밴드생활을 접고 낙향하고, 고향의 친구들은 각자의 처지와 노릇 속에서 서로 힘들게 버성기며 세속에 복무하고, 끝까지 기타를 놓지 않는 성우도 결국 단란주점에 불려가 발가벗은 채 기타를 연주하는 꼴을 보이고 만다.

어떤 희망도 진보도 '생각' 속에는 없는 것!
〈와이키키 브라더스〉는 와이키키라는 환상의 진지陣地를 중심으로 결속했던 브라더스의 '공동체'가 세속의 '체계'에 의해 변질되고 와해되어 마침내 물화物化에 이르는 모습을 쓸쓸하게 보여준다. 추억은 언제나 공동체의 모습을 띤 채 동일화의 환상을 부추기지만 현실은 에누리 없는 상품의 체계다. 크리스토프 놀란의 〈다크 나이트〉(2008)의 유명한 대사처럼, 우리 모두는 "일찍 죽어 영웅이 되거나 오래 살아서 악한이 되는 것"이라는 과장된 이분법 속에 속절없이 빠진다.

임순례의 시선은 따스하게 전해지지만, 영화의 결말에서도 희망의 조짐은 도드라지지 않는다. 그는 "내가 할 수 있는 최대한의 서비스는 인희였고 더 이상의 서비스는 불가능하다는 생각"이었다고 밝힌 바 있다. 임순례의 시선과 취지에 십분 공감하면서도, 나는 그렇게 '생각' 하지 않는다. 아니, 보다 정확히는, '생각' 따위를 하지 않는다는 게 옳다. 그 어떤 희망도 진보도 생각 속에는 없는 것! 다시 아도르노의 시각을 빌려 물어보자면, 임순례의 시선은 세속에 대항해서 내세운 알리바이일까, 아니면 바로 그것 자체가 세속의 일부에 지나지 않는 것일까? 세속의 일부일 뿐인 것을 세속의 알리바이인 양 제시하는 인문학적 분석과 예술적 묘사는 왜 아직 아무것도 아닐까?

1. 악의로써 세속을 정의하는 방식은 일상을 놓치는 약점에 빠집니다. 〈배트맨〉처럼 악을 과장해서 얻는 이분법은 손쉬운 설명이지만 흔히 영웅주의적으로 흘러 되레 세속을 놓칩니다. 그러므로 척마尺魔의 위용威容이 아니라 오히려 촌선寸善의 졸루拙陋 속에서 세속의 본질을 찾는 게 현명하지요. 그런 점에서 친구(브라더스)라는 그 흔한 관계는 '세속적인 너무나 세속적인' 지점입니다. 그렇습니다… 척마가 아니라 촌선이듯이, 문제는 적이 아니라 친구입니다. 오직 호의만으로 가능해지는 상처와 타락의 지경을 친구처럼 보편적으로 증명하는 관계는 없기 때문입니다. 그래서 진보와 성숙의 문제에 관한 한, 친구라는 것은 아직 영영 관념론일 뿐입니다.

2. 나는 호의의 관념론에 묶이지 않고 세속을 현명하게 뚫어내는 관계론적 처방으로 '동무'라는 개념을 10여 년 실험해오고 있습니다. 그것은 그 무엇보다도 '친구'라는 세속의 알리바이가 아니랍니다.

열한번째 이야기 - 고양이를 부탁해

스.무.살.의.
이유,
그. 이.상.의.
이유

오히려 가장 두드러진 성장통은 자신의 성적 욕망(이드)을 둘러싼 신경증적 불안의 항상성에서 유래한다. 청소년기의 특징은 그 영혼이 따라갑을 수 없을 만치 빠른 속도로 몸이 자란다는 것이고, 영혼과 몸 사이의 이 근본적 괴리가 일차적으로 드러나는 곳은 다름아닌 '몸'이기 때문이다. 좀 기이하게 들릴 수도 있을 테지만, 사람들은 대개 음탕(!)해지면서 성장하는 것이다.

정·재·은

1969년 서울 출생. 한국예술종합학교 영상원 영화과 1기 졸업. 졸업작품인 단편 〈둘의 밤〉(1999)이 영상원 영화제 최우수작품상을, 〈도형일기〉라는 단편으로 제2회 서울여성영화제 최우수작품상을 수상하면서 영화계의 주목을 받기 시작했다.

장편 데뷔작인 〈고양이를 부탁해〉(2001)는 이제 막 사회생활을 시작한, 다섯 명의 십대 소녀들이 이례적으로 등장하여, 주류적 지배담론이 다루지 못한 여자 아이들의 이야기를 풀어낸 작품이다. 감독은 "나 스스로도 긍정할 수 있으면서 또한 여자들만이 표현할 수 있고 공감할 수 있는 감수성"을 담고 싶었다고 밝혔다. "개 중심의 한국 사회에서 고양이는 마이너리티고 소외된 동물"로 소개하는 감독에게 다섯 명의 소녀들의 삶에 개입시킨 고양이는 소녀들에 대한 메타포이며, 주변적인 것들을 향한 감독의 애정과 정향이 투영된 존재이기도 하다.

정재은은 장면마다 꼼꼼한 이미지 연출로 현장 스태프들로부터 완벽주의자라는 평을 얻고 있다. '중심부에 근접하지만 명확히 분리된 주변부 아이들'의 삶은 화려한 네온사인과 빌딩의 숲이 펼쳐지는 서울과, 공장 굴뚝이 휑한 인천의 대조적인 풍경 배치를 통해 더욱 선명하다. 거리, 공항, 항구, 버스, 지하철 역 등 끊임없이 등장하는 이동의 장소들은, '소녀들은 정적靜的'이라는 통념에서 벗어나 '소녀들 나름의 운동성으로 강제된 불화에 맞서는' 모습을 환기시킨다. 또한 황량하고 거대한 풍경 아래 끊임없이 공사 중인 거대한 구조물의 표식들은 그녀들의 '성장의 내러티브와 연결'되어 있다.

이 작품은 배우들이 문자메시지를 주고받는 장면을 포함하여 핸드폰을 가장 적극적으로 활용한 것으로도 기억될 만하다. 핸드폰을 중요한 소품으로 설정하면서 감독은 젊은 세대의 소통에 대한 욕구와 그 가능성을 표현했다. 흥행에서 큰 성공을 거두지는 못했지만, 이 데뷔작 한 편으로 그녀는 평단에 큰 반향을 일으켰다.

후속작 〈태풍태양〉(2004)에서는 데뷔작에서 다룬 성장의 모티브가 소년들에게로 이어진다. "가족의 굴레나 집이라는 존재의 압력에서" 자유로워지고자 한 연출 의도는 '어그레시브 인라인 스케이팅'이라는 속도와 위험에 매혹된 아이들의 이야기와 만났다. "90년대 이후 시대를 대변하는 청춘영화의 부재"에 대한 아쉬움을 안고, 시대를 접프해서 요즘 아이들의 관심과 취향, 그들의 성장담을 그려냈다. 실제의 가족이 부재한 자리에 소년들 사이에 형성된 일종의 대안적 가족 공동체의 면모가 엿보이기도 한다. 스케이트를 타면서 느끼는 즐거움과 열정을 생동감 있게 표현한 작품이다.

스무 살, 아버지의 집을 떠나다

인상적인 첫 장면에서는 부부싸움의 새된 고성과 더불어 집기가 창문을 깨트리는 배경을 뒤로한 채 자주색 코트를 걸친 혜주가 우울하고 성마른 표정을 드러내며 집밖으로 걸어나온다. 쌍둥이인 비류와 온조 자매는 조부모의 집에서 문전박대를 당하고 그 부모가 맡긴 선물조차 전달하지 못한 채 돌아선다. 조실부모한 후 늙고 병든 조부모와 함께 어렵사리 생계를 꾸려가는 지영은 가난 속에서 자신의 꿈을 저당 잡힌 채 세대가 아니라 차라리 '시대' 차이를 느끼면서 사사건건 조부모와 부딪친다. 다정하고 섬세한 스무 살 태희는 가족이라는 (예를 들어 괴테나 실러 등이 조형해놓은 고전 바이마르적 교양과 완전히 무관한) 속물적 소시민Kleinbürger의 제국으로부터 야반도주한다. 그가 수년간 아버지의 사업에 바친 무상노동을 돈으로 환산해서 훔치고, 대형 가족사진에서 자신의 이미지를 하아얗게 도려낸 채로.

청소년의 성장이란 '아버지의 법Loi du père'으로 대변되는 전통적 지배와의 갈등을 피할 수 없는 과정이다. 전통은 죄다 이데올로기와 도덕의 빗장을 걸어 그 내부의 허상(=빈 중심)을 볼 수 없도록 제도화되어 있지만, 우상 파괴적 재치와 탈주적 호기심으로 희번덕거리게 마련인 청소년들은 세월을 기다리지 않고 전통을 무시하려고 한다. 어느 시대건 통으로 생략할 수는 없는 나름의 무게를 지니는 법이니 필경 '법고창신법古創新' 하는 게 성장과 성숙의 이치이긴 하지만, 핵가족화한 개인들로서 시장 속에 떠밀려다니는 시대에 여전한 아버지의 법으로 아이들을 잡아둘 수는 없다.

집을 하나의 세계, 심지어 우주로 표상하는 종교학자와 인류학자들이 적지 않듯이, 스무 살의 성장기는 무엇보다도 아버지의 집을 나가는 일로, 그리고 스스로 자신의 집을 지으려는 고민과 방황으로 집약된다. 쌍둥이라는 콤비네이션으로 집을 지키는 비류와 온조나 자본주의적 도시의 코드에 온전히 올인하면서 세속적 성공을 노리는 혜주와 달리, 태희와 지영이가 집을 떠나는 장면으로 영화가 끝나는 것은 당연해 보인다. 실은 갓 스무 살에 이른 이 여자들은 모두 제 나름대로 삶의 과도기를 '통과' 하는 중이며, 또 어디론가를 향해 '이동' 하고 있는 중이다.

여상女商을 졸업한 뒤 세속적 체계의 문턱에서 배회하며 학창 시절의 추억을 매개로 우정의 공동체를 살려나가는 이들은 이른바 통과의례rites of passage 중의 한 가지인 성인식을 치르고 있는 셈이다. 그러나 20세기의 인천에서 치르는 그들의 성인식은 "전통을 배반하고 시장에 복종하는"(울리히 벡) 역설만큼이나 혼란스럽고 출구가 없어 보인다. 다만, 과거 전통사회의 성인식은 종족/부족 집단의 고정된 의식의식儀式을 통해 그 과도過渡의 형식을 한 가지로 고정시키고 그 이행기의 의

미와 가치를 삶의 전체 지평 속에 상징적으로 통합시켜 개개인의 갈등이나 방황을 최소화시켰던 것이 중요한 차이다. 그러나 막 스무 살에 이른 이 다섯 여자애들의 경우, 삶의 이행기를 '통과' 하긴 하지만 자기정체성과 사회적 노릇을 마련할 수 있는 편리한 의례는 어디에도 없다. 조금 달리 표현하자면, 영웅(모델)을 얻지 못한 채로 오이디푸스의 체계에서 벗어나려는 혼란인 셈이다. (그러나, 이 영웅 모델과 사춘기적 성숙을 결부시키는 것은 다분히 남성적이다. 이 점과 관련해서, 남자들은 특정한 프로젝트나 임무와 관련해서 계서적으로 모이고, 여자들은 별 일이 없이도 대화/보살핌을 위해서 수평적으로 만난다는 인류학자들의 주장을 눈여겨볼 필요가 있다.)

이와 관련해서 태희의 대사는 각별히 새겨들을 만하다. "엄마 아빠 싫다고 울면서 집 나가는 것은 십대 때나 하는 짓이지… 건 너무 시시하잖아… 난, 그 이상의 이유를 찾겠다는 거지." 다시 지영이가 "어디 갈 건데?"라고 묻자, 태희는 답한다. "가면서 생각하지 뭐." 태희는 아버지의 법에 등을 돌리고 부모의 집에서 나오려는 행위에 대한 '그 이상의 이유'를 구하려고 하지만, 그 이유를 구체화시킬 삶의 방향은 "가면서 생각"하려 할 뿐이다. 그는 분명하고 당당하게 반항하면서도, 그 반항에서조차 바로 그 스무 살의 고비처럼 여전한 불안을 감출 수는 없다. 그렇기에 영화 속에서 포착된 이들의 일상은 인과가 분명한 서사보다 오히려 그 불안과 호기심의 착종이 빚은 젊은 순간들 속에서 더 아름답다. 그래서일까, 정재은은 이렇게 변명해준다. "그 어떤 순간이 되더라도 그 아이들한테는 그 순간이 숭고했으면 좋겠다는 생각을 한다."

영혼이 따라잡을 수 없을 만치 빠른 속도로 자라는 몸

한편 어느 평론가도 스치듯 지적했지만, 다섯 명이나 되는 스무 살 여자들의 성장통을 비교적 골고루 묘사하면서도 영화의 어느 구석에서도 성애性愛가 주제화되지 않는다는 점은 오히려 이 영화의 비평적 주제가 되기에 충분해 보인다. 〈처녀들의 저녁식사〉(1998)까지는 아니더라도 이 한창 나이의 처녀들의 대화와 상호작용 속에서 성적 관심과 실천이 소재에도 오르지 않는 것은 대체 무슨 연유일까? 그 흔하던 얼치기 하이틴 영화들을 단번에 무색하게 만드는 완성도 높은 리얼리즘 속에서 성애적 갈등이 통째로 빠져버린 일은 대체 무엇을 뜻하는 것일까?

굳이 프로이트나 라이히W. Reich 등의 지론에 동조할 필요조차 없이 청소년의 성장이 우선적으로 성적 형태를 띤다는 것은 상식이다. 통속적인 인성위상학에 의지해서 분별하더라도, 그 성장은 아버지의 법(초자아)에 대한 반항과 갈등, 그리고 현실(자아) 속의 순응과 자리매김만으로 끝나는 게 아니다. 오히려 가장 두드러진 성장통은 자신의 성적 욕망(이드)을 둘러싼 신경증적 불안의 항상성에서 유래한다. 청소년기의 특징은 그 영혼이 따라잡을 수 없을 만치 빠른 속도로 몸이 자란다는 것이고, 영혼과 몸 사이의 이 근본적 괴리가 일차적으로 드러나는 곳은 다름 아닌 '몸'이기 때문이다. 여담이지만, 나이가 들어도 꼭 아이 같은 말투나 거동, 심지어 복색을 유지하고 있는 이들이 드물게 있는데, 그들이 수행력이 높은 진인이나 도사가 아닐진대 필시 성욕을 억압하거나 회피(거부)하는 생활양식에 물든 탓일 가능성이 적지 않다. 다시, 좀 기이하게 들릴 수도 있을 테지만, 사람들은 대개 음탕(!)해지면서 성장하는 것이다. 물론 수행의 목적이나 특정한 필요에 의해 금욕의 생활에 매진할 수도 있고, 그 나름의 성취를 이룰 수도 있다. 에둘러 말하면, 아이들이나 노인들이 다만 기력이 적어서 '청장년'의 무리와 구별되는 것이 아니다. 혹은 노인들이 차츰 아이들을 닮아가는 게 다만 근력이 떨어지기 때문만이 아니다. 그러므로 〈고양이를 부탁해〉에 대한 숱한 호평을 배경으로 단 한마디를 거들자면, 영화 속의 다섯 여자들이 왠지 아이들처럼 보이는 것이 다만 내가 나이들었기 때문만은 아니라는 얘기다.

1. 영화의 제목에 의탁해서 헐겁게 총평하자면, 이 영화는 고양이를 부탁하고 세속 속으로 길을 떠나는 스무 살짜리 여자애들의 방황과 희망을 담고 있습니다. 여기서 '고양이'는 무엇일까요? 물론 이런 식의 자의적 해석은 조충소기雕蟲小技(서툰 솜씨로 남의 글에서 토막글귀를 따다가 뜯어 맞추는 짓)에 그칠 위험이 크지요. 그러나 지영의 할머니가 내뱉은 말("고양이는 영물靈物이야")에 기대면 그들이 집을 나와 길을 떠나기 전에, 세파에 몸을 던져 그 통과의례를 완성하기 전에 맡겨둔 그것이 무엇일지 짐작되지 않을까요?

2. 1993년경에 정재은이 내 스터디 모임에 참석해서 함께 찍은 사진 한 장이 남아 있습니다. 그 흑백사진 속의 정 감독은 눈만 반짝이면서 한 쪽 구석에 가만히 앉아 있는데 영판 고양이이이군요!

열두번째 이야기 - 복수는 나의 것

복.수.는.
너의 것

그러므로 내가 아닌, 내가 모르는 수많은 너로 이루어진 폭력의 구조, 바로 그것만이 폭력을 온전히 소유한다. 그런 식으로 "〈복수는 나의 것〉은 괴물과 싸우다 괴물로 변하는 인간을 그린 영화"라는 그 흔한 평문의 이면은 제 모습을 드러낸다.

박
·
찬
·
욱
·

1963년 서울 출생. 서강대 철학과 졸업. 김용태, 이무영 등과 서강대 커뮤니케이션센터 출신. 철학과를 다녔으나 열렬한 영화광으로 영화 서클을 통해 영화 이론을 공부했고, 알프레드 히치콕의 〈현기증〉을 보고 감독의 길을 걷기로 결심했다. 감독 데뷔 전 영화평론가로도 활동했다. 〈깜동〉(1988)의 연출부로 영화계에 입문, 〈비 오는 날의 수채화〉의 조감독을 거쳐 〈달은 해가 꾸는 꿈〉(1992)으로 데뷔했다. 〈공동경비구역JSA〉(2000)로 2000년 청룡영화상 작품상 및 감독상, 베를린 영화제 경쟁 부문 본선 진출 등 흥행뿐 아니라 평단의 호응을 얻었고, 〈올드보이〉(2003)로 칸 영화제 심사위원대상을, 〈친절한 금자씨〉(2005)로 청룡영화제 작품상 및 베니스 국제영화제 '젊은사자상'을 수상, 독특한 자기만의 스타일로 세계적으로 주목받는 감독의 반열에 올랐다. 예술영화, 작가영화로 출발하여 장르영화를 거쳐 B급 영화, 컬트영화로 이어지는 그의 영화 편력은 다양한 영화에 대한 애정의 역사다. "자기에게 깊게 충실하다보면 의식적인 노력을 하지 않아도 달라질 수밖에 없다"는 그는, 미술에 대한 관심, 문학과 인문학에 대한 해박한 지식으로 이론과 실기를 겸비한 감독으로 인정받고 있다.

〈달은 해가 꾸는 꿈〉은 당시 인기 가수 이승철을 주연으로 기용하여 연출한 작품으로 흥행은 기대에 못 미쳤지만 그만의 영화적 감수성은 소수의 마니아 팬들을 형성시켰다. 〈3인조〉(1997)에서는 웃음과 슬픔, 현실 비판이 접목된 독특한 코미디를 선보였고, 박상연의 소설 〈DMZ〉를 영화화한 〈공동경비구역JSA〉은 기존의 반공 영화의 금기를 깨고 남북관계를 신선한 시각으로 바라본 영화라는 평을 얻었다. 이 영화를 계기로 그는 탄탄한 연출력을 인정받기 시작한다.

〈복수는 나의 것〉(2004)은 유괴당한 딸이 죽자 복수에 나선 아버지의 이야기이다. 이 작품으로 가속화되는 폭력과 상상을 초월한 잔혹 영상이 극단에까지 치닫는 정통 하드보일드를 선보였다. "절제된 표현, 과감한 생략, 끝까지 밀어붙이는 태도"를 선호하는 그의 작가주의적 취향이 십분 발휘된 영화다.

이후 "죄짓는 행위로서의 폭력과 구원받으려고 발버둥치다 저지르는 폭력"이라는 테마는 한동안 계속되어, 15년간의 감금과 5일간의 추적이라는 독특한 설정의 복수극 〈올드보이〉와, 서정적이고 섬세한 연출로 여성을 주인공으로 한 〈친절한 금자씨〉로 복수 3부작을 완성했다. 그가 벼리는 무거운 테마를 잠시 내려놓고 찍은 〈싸이보그지만 괜찮아〉(2006)가 뒤를 이었다.

"장르 영화의 법칙과 수사를 배반하며 새로운 영화 만들기"를 목표로 매진하는 그가 최근에 내놓은 기괴한 뱀파이어 영화 〈박쥐〉(2009)는 "가톨릭 집안에서 성장한 배경"에서 출발, 오랜 기간 준비 작업을 거쳐 완성한 작품으로 칸 영화제 공식 경쟁 부문에 진출했다.

의도는 외출하지 못한다

'의도는 외출하지 못한다'는 게 세속世俗이 그 맨얼굴을 보이는 첫번째 명제다. 염량炎凉의 슬기, 혹은 세속의 실천적 지혜phronesis는 바로 이것을 깨단하는 것이지만, 아, 그것은 영영 쉽지 않다. 고등어를 사러 갔다가 갈치를 사게 되고, 맞선 보는 자리에서 중매쟁이에게 더 눈길을 주게 되고, (프로이트의 말처럼) 은혜를 입은 자는 돌이킬 수 없이 은인을 원망하게 되는 법이다. 그래서 '초심初心을 지키자', 운운은 한결같이 맨망스러운 짓이니, 차라리 초심 따위는 없다고 여긴 채 생활방식의 견결한 충실성에 목을 매는 게 백배나 낫다. 〈복수는 나의 것〉을 찍을 무렵에 박찬욱은 스스로 "어찌어찌 되어버린 자신의 모습을 발견한다"는 말을 자주했다고 술회한 바 있는데, 바로 그것이다. 이 영화는 의도에 따라 현실 속으로 외출하지 못한 채 어찌어찌 되어버린 자아의 모습에 대한 (폭력적인) 이야기이기 때문이다.

생각은 공부가 아니라고 그간 번번이 지적했지만, 마찬가지로 의도는 자아가 아닌 것이다. 실은 의도를 자아의 알짬인 양 여겼던 철학자들이 적지 않았다. 우리가 흔히 '근대 서양철학'이라고 부르는 것들의 상당수는 의도와 자아의 등치를 매개로 엮어내었던 사유의 건축술이었기 때문이다. 현대의 여러 사상가들이 의도(생각)와 자아(나) 사이의 근본적 어긋남을 넉넉하게 밝혀놓기도 했지만, 의도가 세속 속으로 외출하지 못한 탓에 생길 수밖에 없는 그 어긋남은 영영 완벽할 수 없는 우리네 생활의 도처에 널려 있다. 그리고 그 어긋남을 치명적으로 만드는 게 폭력의 맹목성이자 그 전염성이다.

너… 착한 놈인 거 안다…
그러니까…
나… 너… 죽이는 거 이해하지?… 그렇지?

천만 원을 가로채간 장기 밀매단 탓에 누이(임지은)의 신장을 이식할 기회를 놓치게 된 류(신하균)를 동정한 애인 영미(배두나)는 '착한 유괴'를 제안한다. (아아, 지상의 그 모든 '착한 것'은 곧 의도의 어리석음 속에서 허우적댄다. 그렇기에 칸트, 혹은 바디우 등은 '개인의 진실 속에서 발생한 악惡'에 그처럼 예민하게 반응하는 것이다.) 돈 많은 부르주아의 아이를 볼모로 잡아 꼭 천만 원만 받고 돌려주자는 의도였다. 그러나 그 의도는 현실 속의 얽히고 꼬인 복잡성 속에서 으레 어긋난다. 류의 호의에 등을 돌린 채 누나는 자살을 하고, 설상가상으로 유괴한 아이(한보배)는 사고로 익사하고 만다. 아이의 아버지 동진(송강호)은 딸의 복수에 나서고, 류는 누나의 복수에 나서고, 또 정체불명의 사나이들은 영미의 복수에 나선다.

'내'가 모르는 수많은 '너'로 이루어진 폭력의 구조

이 영화는 박찬욱의 '폭력론'을 구성하는 세 가지의 이치로 대별해서 설명할 수 있는데, 이 셋은 점점이 겹치면서 그간 한국영화에서는 볼 수 없었던 독특한 영상을 제공한다. 그 첫째는 물론 앞서 언급한 '의도의 불모성(어긋남)'에 대한 관심에서 도출되는 폭력론이다. 요컨대 이 영화 속의 폭력은 주로 의도의 어긋남에 수반되는 돌이킬 수 없는 물매 효과 탓에 증폭되곤 한다. 예를 들어 그것은 〈쏘우Saw〉 연작과 같이 치밀하게 의도된 게임의 형식을 취하지 않는다. 비록 '복수는 나의 것'이라는 구절이 구약성서에서 인용된 신의 말씀이긴 하지만, 다수의 환자를 용의주도하게 독살한 의사들의 경우처럼 '하나님 콤플렉스god-complex'를 흉내 내지도 않는다. 어느 프랑스 철학자가 '마주침의 유물론'을 말하듯이, 그것은 의도와 작심이 어긋나면서 우연찮게 생기는 사건들의 물리적 효과에 가까운 것이다.

둘째는 그의 책 『박찬욱의 오마주』(2005)에서 밝힌 한 문장에서 출발할 수 있다. "어느 경우에나 폭력은 영화적 볼거리이기를 거부하고 인간끼리 관계하는 여러 양식 가운데 하나로서 성찰의 대상이 된다." (339쪽) 그러나 무엇보다도 구경(소싯적에 '구경 간다'는 말은 주로 영화 보러 극장에 간다는 뜻이었다)은 성찰이 아니라는 점에서, '성찰의 대상'으로 영화를 관람하는 이들이 거의 없다는 사실은 박찬욱과 같은 명민한 감독에게는 매우 유감스러운 노릇이다. 가령 〈디워〉(2008)의 심형래식 스펙터클을 '구경'하는 게 성찰이 아니라면, 〈저 하늘에도 슬픔이〉(김수용, 1965)를 보면서 혼이 빠지도록 울게 만든 그 감정이입적 '공명'도 성찰이 아닌데, 성찰은 구경과 공명 사이에서 어렵사리 유지되는 이론적 긴장감을 잃지 않고 영화의 전모를 그 세속적 연관성 속에서 읽어내는 일이다. 이렇게 이해한다면, 이 영화 속에서 재현되는 독특한 스타일의 폭력이 "인간끼리 관계하는 여러 양식 가운데 하나로서 성찰의 대상이 된다"는 사실은 긴 사설 없이도 설득력을 얻는다.

그 마지막은 폭력에 대한 일종의 구조주의적 이해랄 만한 태도다. 가령 시장은 필경 시장구조의 메커니즘이 주도하며, 전통사회의 물물교환처럼 생산자와 소비자가 각각 주체적인 이해관심으로 만나 각자의 의도를 관철시키는 곳이 아니다. (그 같은 곳은 브로델F. Braudel이 말한 이상적 시장이겠지만, 애덤 스미스 이후 시장 자유주의자들이 놓친 자본주의 체제의 구성적 모순은 경쟁이 아니라 축적과 독점, 그리고 양극화인 것이다.) 마찬가지로 〈복수는 나의 것〉 속에 재현되는 폭력은 등장인물들의 주체적 의도에 따라 행사된다기보다는 차라리 폭력 그 자체의 구조적 맹목성에 의해 점멸하거나 가속된다. 따라서 개개 장면의 스펙터클을 죽인 채 영화의 전체를 조감하면 등장인물들이 폭력을 휘두른다기보다 오히려 폭력에 휘둘린다는 편이 더 적실해 보인다. 박찬욱은 이 영화를 놓고 "잔인하고 무심한 자연이나 신, 혹은 운명이 지배하는 내용"이라는 자평을 내린 바 있는데, 이는 '복수 씨에 대한 동정sympathy for Mr. Vengeance' 이라는 영문 제목이 시사하는 바와도 잘 어울린다.

지라르가 '모방적 폭력'에 대한 유명한 논의 속에서 악마를 폭력을 행사하(게 만드)는 개별 주체가 아니라 "모방적 폭력의 구조 그 자체"로 규정한 것은 이 논의에서 매우 유용한 참조점이 될 만하다. 그러니까, 〈복수는 나의 것〉에서 '나'는 복수의 의도를 지닌 채 좌충우돌하는 류나 동진과 같은 개인이 아니다. 이미 언급했듯이 그 문헌학적 유래로 따지면 그것은 신神이고, 이는 운명이나 자연 따위로 번안될 수도 있을 것이다. 그러나 영화의 현상적 흐름을 그 템포에 맞게 쫓아가노라면 그 폭력의 주체는 차라리 전염되고 가속되는 맹목성을 생명력으로 삼는 폭력 그 자체로 보인다. 폭력에는 주체가 있을 필요조차 없다. 마치 변덕이나 허영이라는 부박한 가설架設 그 자체가 인성의 구조일 수 있는 것처럼, 폭력도 변덕스럽고 모방적인 구조 그 자체의 역동성이 곧 주체(아닌 주체)일 수밖에 없을 것이다.

그러므로 내가 아닌, 내가 모르는 수많은 너로 이루어진 폭력의 구조, 바로 그것만이 폭력을 온전히 소유한다. 그런 식으로 "〈복수는 나의 것〉은 괴물과 싸우다 괴물로 변하는 인간을 그린 영화"라는 그 흔한 평문의 이면이 제 모습을 드러낸다.

1. 나는 박찬욱의 영화 중에서 여기에 소개한 〈복수는 나의 것〉을 단연 으뜸으로 칩니다. 아니, 이 영화는 한국 영화사의 진화과정에서 중요한 결절점 중의 하나가 되어야 할 듯합니다. 그의 〈올드 보이〉를 보는 도중 적잖이 흥분하여 빗발치듯한 갖은 사념을 주체할 길조차 없었던 행복한 기억이 아직 생생하지만, 그것은 〈복수는 나의 것〉만큼 '완벽'하지는 않았습니다. 내 취향으로 보자면 그의 복수 삼부작은 전형적인 내리받이입니다. 물론 완벽한 것이 환영받는 세상은 아니지요. 쓰임받지 못한 재주를 쟁여두는 일은 덕스럽고, 표현에 공을 들이는 중에 오해를 사는 일은 복권 사는 짓보다 백 배나 나은 법이니, 세속의 완벽한 것들은 오히려 묻혀도 썩지 않는 식으로만 자신을 증명합니다.

2. 송강호는 물론이거니와 배두나나 신하균의 경이로운 연기를 보노라면, 호이징하나 카이와 R. Caillois의 주장처럼 연기(흉내 내기) 속에서 유희와 성스러움이 겹친다는 사실을 새삼 되새기게 됩니다. 학생의 빛나는 눈동자에서 '공포과 매혹의 신비mysterium tremendum et fascinans'를 느끼는 선생의 행복처럼, 저런 헌신적인 재능들과 어울려 작업을 하는 감독이라는 직업의 행복을 넉넉히 짐작할 만도 합니다.

열 세 번째 이야기 - 거 짓 말

똥은 무.섭.다.

썹이니, 좋이니, 똥이니 하는 어휘들은 문명이라는 살균처리를 거친 도시인들을 단숨에 어지럽게 만든다. 그러므로 이 영화를 건디지 못하고 퇴장하는 관객들이나 심지어 구토를 하는 관객들의 이야기는 또 그것대로 '자연 스럽다. 자연스러움에 궁극적인 기준은 없기 때문이며, 그 체감은 때와 장소에 따라 바뀌는 갖은 규제력에 의해서 쉼 없이 재구성되기 때문이다. 이 영화의 한 측면은 '자연스러움'에 대한 당대적 결정을 향해 던지는 근원적 질문의 형식을 취한다.

장
·
선
·
우
·

1952년 서울 출생. 서울대 고고인류학과 졸업. 대학 시절 영화동아리 '얄라셩'에서 활동, 이후 약 10년간 마당극 등 민중문화운동에 참여했다. 이장호 감독을 만나 〈바람 불어 좋은 날〉(1980)이 계기가 되어 영화 매체로 사회에 참여할 뜻을 품고 그의 연출부로 지냈다. 5공화국의 시작과 함께 당국의 주목을 받게 되자 '선우'라는 필명으로 한동안 월간지 『뿌리 깊은 나무』에 평론을 기고했다. 한동안 창작 시나리오와 MBC 베스트셀러 극장의 대본 작업을 했다. 선우완 감독과 공동 연출로 상업영화의 자본 없이 찍은 독립영화 〈서울예수〉(개봉명 서울황제, 1986)로 데뷔했으나 검열 등으로 어려움을 겪었다. 〈화엄경〉(1993)으로 베를린 국제영화제 알프레드 바우어 상을 수상, 〈한국영화 씻김〉(1995)으로 칸 국제영화제 영화탄생 100주년 기념다큐멘터리로 선정, 〈꽃잎〉(1996)으로 아시아태평양영화제 작품상을, 〈나쁜영화〉(1997)로 도쿄 국제영화제 특별비평상을 수상, 〈거짓말〉(1999)로 베니스 국제영화제 본선에 진출했다.

물질적 가치가 우선하는 자본주의 사회의 성공 신화를 비판하는 〈성공시대〉(1988), 박영한의 연작 소설을 영화화하여 농촌을 배경으로 사랑에 계급의 문제를 개입시킨 〈우묵배미의 사랑〉(1990), 하일지의 베스트셀러를 원작으로 지식인의 눈을 통해 한국사회의 도덕률과 가족 구조, 대학사회를 비판한 〈경마장 가는 길〉(1991), 고은의 소설을 원작으로 한 소년의 어머니 찾기 과정을 통해 삶의 진리를 담은 〈화엄경〉(1992) 등 일련의 작품을 통해 다양한 사회 문제를 제기했다. 〈경마장 가는 길〉 이후 그가 즐겨 다룬 성적 코드는 정치성이 짙어갔다. 그 본격적인 시작은 장정일의 소설을 영화화한 〈너에게 나를 보낸다〉(1994)다. 다큐 〈한국영화 씻김〉을 연출하고, 충무로 주류 영화에서 광주민중항쟁이라는 정치적 소재를 다룬 화제작 〈꽃잎〉, 실험성 짙은 영화 〈나쁜영화〉를 선보였다.

〈거짓말〉은 세간의 화제를 모았던 장정일의 『내게 거짓말을 해봐』를 영화화한 것이다. '놀고먹자'는 이념을 사는 삼십대 조각가와 여고생의 시종일관 '섹슈얼하고 퍼니' 한 변태적 사랑 행각의 판타지와 그 허무를 통해 억압적인 한국사회의 구조적 모순을 드러냈다. "자유를 추구하고, 사회 윤리적 억압을 본능적으로 싫어하고 변화를 원한다"는 그의 지향에의 솔직함이 상식을 넘어선 작품으로, '언론, 검열, 대중에게 곤혹스러운 논란거리를 안겨준 하나의 사회현상'이었다. 다큐멘터리처럼 영화 속 인물들의 인터뷰 형식이 개입되어 있다. 그는 "낙서적인, 농담조의 화법"으로 "영화 전체를 거짓말과도 같은 성적 농담으로 보일 가능성을 열어놓"고 양식적 실험을 감행, 베니스 영화제에서도 '진정으로 스캔들한 영화'로 소개되면서 논란의 중심에 섰다.

후속작 〈성냥팔이 소녀의 재림〉(2002)은 성냥팔이 소녀 이야기를 모티브로 100억을 초과하는 제작비를 들인 한국형 블록버스터다. 몽골에서 〈천개의 고원〉을 준비하다가 귀국, 제주도에서 카페를 운영하며 그간의 영화 작업을 정리하고 있다.

'깊은 거짓말' 혹은 치명적인 진실

'내 말은 모두 거짓말이다!' 라는 말을 참말로 여기면 그것은 어느새 거짓말이 된다. 거꾸로 말의 내용을 좇아 거짓말이라고 치면 거짓말이라는 그 말은 그대로 참말이 되고 만다. '거짓말'을 이름으로 붙이는 데에는 이 같은 역설이 도사리고 있는 것이다. 장선우의 〈거짓말〉도 예외가 아니다. 가령 어느 아이의 이름을 '김거짓' 이라고 하고, 누군가 그 아이를 일러 "너, 거짓이지?"라고 물어볼 경우에 생길 자그만 혼란을 상상해보면 그 어취를 쉽게 알아챌 수 있다. 어리눅은 듯, 혹은 도통한 듯한 표정을 지으면서 〈화엄경〉(1993), 〈꽃잎〉(1996)과 더불어 〈거짓말〉을 만든 장선우의 영화세계가 바로 그 같은 뜻의 거짓말인 것.

여고생은 "너랑 씹하고 싶어!"라고 삼십대 후반의 남자에게 외친다. 혹은 "어제 니 똥을 먹을 때 내 가슴은 쿵탕쿵탕 뛰었어"라거나 "이젠 내 보지를 빨아줘!"라거나 "난 너의 세 구멍과 전부 하고 싶어" 라는 등의 말은 차마 거짓말처럼 들린다. 그러나 이 거짓말은, 닐스 보어Niels Bohr의 표현법을 흉내 내자면 '깊은 거짓말' 이다. 이 거짓말을 '깊다' 고 할 수 있는 것은 그것을 그저 상소리라고 내팽개치기에는 지나치게 절실한 구석을 지니기 때문이다. (그리고 포어어바흐의 말이 아니더라도, 지나치게 절실한 말은 늘 스캔들감이 된다.) 혹은 고쳐 말하면 그것은 거칠고 즉물적인 욕망을 다독이거나 제도화하면서 숨겨온 인간적 진실의 깊이(없는 깊이)를 막무가내로 건드리기 때문이다. 응당 점잖은 독자들의 목자를 찡그리게 만들 이 언사들에는 실은 상스러운 데만이 아니라 성스러운(숭엄힌) 데가 있으며 따라서 그것은 무서운 것이다. 이 구조적 연관성을 이해하려면 우선 폭력이라는 매개를 제대로 살펴야 하는데, 폭력은 그 양쪽으로 성聖이나 성性과 동시에 관계를 맺고, 이로써 성the sexual과 성the sacred은 그 은폐된 연루관계를 속절없이 드러낸다. 그래서 정신분석학자들은 의식의 저편을 톺아보는 짓에는 늘 치명적인 구석이 있다고 경고한다. 그래서 늘 진실은 인식의 문제이기 이전에 인정의 문제, 혹은 용기의 문제가 된다. 예를 들어 콘라드 J. Conrad의 『암흑의 핵심』(1902)이 적실하게 형상화한 것처럼 자신의 내부에서 나오는 것은 때로 무섭고 치명적인 것이다. '똥이 무서워서 피하나 더러워서 피하지!'라고들 하지만, 그 똥의 중요한 한 측면은 무섭다는 데 있다.

'누가' 자연스러움을 결정하는가

씹이니, 좆이니, 똥이니 하는 어휘들은 문명이라는 살균 처리를 거친 도시인들을 단숨에 어지럽게 만든다. 그러므로 이 영화를 견디지 못하고 퇴장하는 관객들이나 심지어 구토를 하는 관객들의 이야기는 또 그것대로 '자연'스럽다. 자연스러움에 궁극적인 기준은 없기 때문이며, 그 체감은 때와 장소에 따라 바뀌는 갖은 규제력에 의해서 쉼 없이 재구성되기 때문이다. "너랑 씹하고 싶어!"와 "실례지만 시간 좀 있으세요?" 중에서 어느 편이 더 자연스러운지는 넓은 의미의 당대적 권력이 결정한다. 그리고 이 영화의 한 측면은 '자연스러움'에 대한 당대적 결정을 향해 던지는 근원적 질문의 형식을 취한다. '대체 무엇이 자연스러운가'라는 질문은 역대 이데올로기 비판에서 가장 중요한 역할을 해왔던 탐문의 형식인데, 주어진(주어졌다고 믿어왔던) 자연스러움의 시공간적 배경이자 조건을 이루는 맥락과 역사의 전체성이 드러나는 순간 그 자연스러움은 이데올로기적 지배를 멈춘다.

〈거짓말〉이 주는 어지러움은 일차적으로 이 당대적 권력과 그 분별심에 퍼붓는 모욕적 퍼포먼스의 효과다. 숱한 이론이 주워섬기듯이 문화가 일종의 신경증적 미봉彌縫의 상태를 가리킨다면, 〈거짓말〉의 어지러움은 상징적으로 통합된 그 문화적 신경증이 일거에 부서지면서 정신병적 실재(네 속의 억압된 진실)가 어른어른 드러난다는 데 있다. 이로써, (세평처럼) '장선우는 관객을 물먹인다', 아니, 단순히 관객모독의 상황을 연출하는 퍼포먼스가 아니라, 〈거짓말〉은 문명·문화라는 상징적 통합 상태를 수호하고 유지하려는 세력에 직신직신 딴죽을 건다. 그러므로 이 퍼포먼스 탓에 두 장씨(장선우와 장정일)가 '아버지의 법'에 의해 회술레를 돈 것은 또 그것대로 '자연'스럽다. (이처럼, '자연'은 아무것도 아닌 것!) 다른 자연스러움, 혹은 더 깊은 자연스러움을 구하려는 예술가들이라면 치명적으로 따라붙는 그 비용조차 자신의 행위 속에 수렴할 수밖에 없을 터!

니기미 좆도 막 나가니까 오히려 '자연'스럽다

여담이지만, 호이징하나 카이와Roger Caillois와 같은 놀이 이론가들에 따르면, 어지러움은 놀이(유희)의 쾌락에 구성적으로 관여하는 특징이므로, 생산자든 소비자든 간에 쾌락을 구하려면서 어지러움을 빼버리려는 자는 필경 자가당착에 처한다. 그러므로 (각종의 축제에서처럼) 어지럼증은 신경증이라는 문화적 안정 상태가 일시적으로 붕괴하는 체험인데, 형식적으로는 〈거짓말〉의 경우도 마찬가지다. 도시의 문화적 공해에 찌든 사람들이 허적한 산야의 맑은 공기 속에서 눈결에 어지러움을 느낄 수 있는 것처럼, 문화文化, 심지어 문화文禍 속에 살아가는 도시인들에게 자연이 선사하는 즉물적 실재감은 어지럼증뿐 아니라 종종 치명적인 결과를 낳기도 한다. 성애가 워낙 반복적이긴 하지만, J와 Y가 지겹게 반복하는 성적 사도마조히즘은 그것 자체로 어지러움의 굴레를 이룬다.

일찍이 푸코는 사드Marquis de Sade, 1740~1814의 에로티즘을 일러 "새로운 담론의 형태로 등장한 비이성의 형태"라고 정리한 바 있다. 사드 자신의 용어로 고치면 이 비이성은 곧 '자연'을 가리킨다. 그는 인간은 자연의 맹목적 도구에 불과하고 "당대의 도덕이나 자애심 탓에 자연의 충동을 억제하지 말 것"이며 자신이 묘사하고 행한 성적 기벽은 모두 자연 속에 있는 것이라고 주장한다. 특히 정신분석을 포함한 현대의 이데올로기 비판이 한결같이 자연성에 대한 새로운 해체나 비판에 집중하듯이 그의 포르노그래피 역시 기존의 자연성에 대한 도발적 침탈의 형식을 띤다. 그렇게 놓고 보자면 J의 대사 중 가장 중요한 것이 '좆'과 '자연스러움'에 대한 것이라는 점은 또한 나름대로 자연스럽다. "니기미 좆도 막 나가니까 오히려 자연스럽다." (물론, 또다시 진대 붙이듯이 분석을 더하자면, 단지 막 나간다고 해서 자연스러워지는 것은 아니다. 이 점에 관해서 뱉을 수 있는 유일한 말이라면, 그 모든 자연스러움의 원형은 복원 가능하지 않으며 심지어 그 존재마저 의심스럽다는 것이다. 역사와 자연은 마치 헤겔과 노자처럼 동떨어져 있는 듯 보인다. 가령 헤겔과 노자를 통합하려는 시도와 같은 새로운 틀거리 속에서야 그 원형은 잠시 번득일지도 모른다.)

〈거짓말〉의 J와 Y는 서로의 육체에 탐닉하면서 서로에게 가하는 폭력의 수위를 점점 높여간다. 아버지/오빠의 법에 등을 돌린 채 막 나가는 가운데 특히 도드라져 보이는 것은 그들이 사용하는 어휘들, 그리고 한편 코믹해 보이기조차 하는 폭력의 형태와 그 정도다. 포르노그래피와 언어와의 관계를 옴니암니 따질 것도 없이, 육체에 대한 자연스러움이 변하면서 상징적 세계의 기초적 직물인 어휘가 바뀐다는 것은 그저 상식 중의 상식일 것이다. 더불어 '잔인성은 자연스러운 것'이라는 주장을 다시 사드의 입에 의탁할 필요는 없다. 모든 잔인함이 다 자연스럽지는 않지만 자연은 바로 무심한 그만큼 잔인할 수밖에 없다. 그러므로 무엇보다도 '잔인하지 말 것!'을 사회의 이법으로 내세우는 일부의 부르주아 이론가들이야말로 자연의 이법에 대한 역설적인 증거다.

〈거짓말〉의 메시지는 그 도발적인 매체들이 오련하게 관객의 시야를 떠나갈 즈음에 떠오른다. 그것은 J와 Y 사이에 오가던 사도마조히즘적인 폭력이 모종의 실존적 슬픔과 맞물리면서 체감된다. 그리고 폭력적 성애와 실존적 슬픔을 이어주는 그 도착적·연극적 진지함은 어느 순간 이 영화 전체를 하나의 별미쩍은 코미디로 만들어놓는다. 그러면 바로 그 순간, 우리는 장선우를 돌아보면서 공소空疎어린 질문을 던지게 된다. "당신, 우리에게 무슨 짓을 한 거야?"

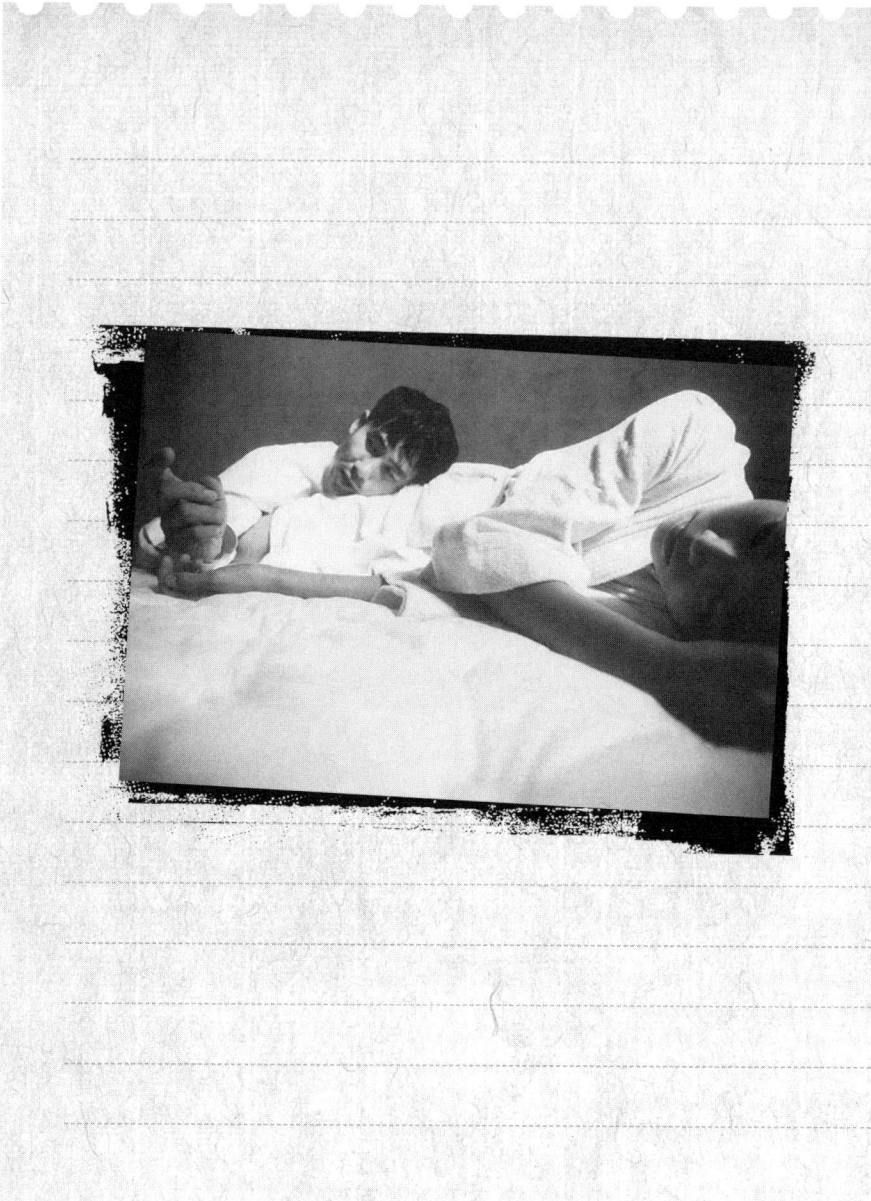

이창동은 장선우의 〈거짓말〉을 본 뒤 "장선우는 용기 있는 감독"이라고 평했는데, 아무튼 그가 예사내기가 아니란 사실은 여러모로 분명해 보입니다. 〈거짓말〉은 한 편의 영화라기보다, 관객을 한편 끌어당기고 한편 내몰면서 더불어 만들어낸 한 판의 굿 같으며, 이어진 장기튀김의 여파는 유례가 없는 것으로서 영화나 현실의 자연성에 대한 발본적 질문의 형식을 띤 사건이었습니다. 사드는 "호의도 변덕도 아닌, 나를 결심시킨 것은 취향뿐"이라고 했지만, 재능도 취향을 통해 걸러지는 법인데, 취향을 따지느라 재능을 헤아리지 못하는 잘못을 범하지는 말아야 하겠습니다.

열 네번째 이야기 - 8월의 크리스마스

봄.날.은.간.다.

〈8월의 크리스마스〉라는 제목 속에 이미 두 개의 시간이 등장하는 것이 새삼스럽게 눈에 걸린다. 실은 이 영화는, 그리고 이 영화의 가장 돋보이는 미덕은, 곧 시간에 대한 묘사이기 때문이다. 주니가 나도록 지겹게 반복되는 사랑이야기의 홍수와 그 홍수 속을 횡행하는 모방적 무지 속에서, 정원과 다림(심은하)의 사랑이야기가 유다르게 새김질되는 이유도 필경은 시간에 대한 묘사 때문이다. 그 모든 것을 사라지게, 그래서 속절없이 아쉽게 만드는 이 무상한 시간성에 대한 나름의 묘사 덕에 통속할 수밖에 없을 이 영화가 그저 통속으로만 떨어지지 않게 된다.

허진호

1963년 전주 출생. 연세대 철학과 졸업. 영화 아카데미 9기 졸업. 졸업작품 〈고철을 위하여〉가 밴쿠버 영화제에 초청되면서 주목받았다. 박광수 감독의 〈그 섬에 가고 싶다〉(1993)의 연출부, 〈아름다운 청년 전태일〉(1995)의 시나리오 작업에 참여하면서 본격적으로 자신의 영화 스타일에 대해 진지하게 고민하기 시작했다. 장편 데뷔작 〈8월의 크리스마스〉(1998)로 청룡영화제 작품상, 대종상 영화제 신인감독상을 수상하고, 칸 영화제의 비평가주간에 초청되는 등 흥행의 성공과 더불어 국내외의 호평을 받았다.

〈8월의 크리스마스〉는 "김광석의 영정 사진에서 얻은 모티브"에서 출발한, 사형선고를 받은 한 남자의 이야기다. 세련된 화법과 형식미는 작품을 주인공 정원이 남긴 애잔하고 따뜻한 한 장의 유언처럼 만들었다. "죽어가는 사진사 이야기를 하고 싶었는데 생활에 가장 밀착된 소재라는 이유로 사랑 얘기가 들어갔다"는 감독의 말처럼, 시한부의 삶을 곧 마감할 사진사 정원과 명랑한 주차단속원 다림의 시작으로만 그친 사랑과, 이를 관통하는 삶의 유한성이라는 비극을 시종일관 담담하게 관조한다. "죽음에 관한 동양적 사고를 엿볼 수 있는 작품"이라는 평을 얻었다. 허샤오시엔과 오즈 야스지로와 비교되기도 하는 그는 특히 아시아의 동료 감독과 관객들의 감수성에 가닿으면서 공명한다. 작품 제목은 황동규의 시 제목을 좇아 〈즐거운 편지〉로 하려다가 바뀐 것. 고故 유영길 촬영감독의 유작이기도 하다.

후속작 〈봄날은 간다〉(2001)는 사랑이라는 화두가 전면에 나섰다. 어긋난 사랑의 방식이 결국 회복할 수 없는 상태에 이르고 만 은수와 상우의 젊은 날의 사랑 이야기다. 그들의 어긋남을 관조적으로 시각화한 영상미가 주목될 만하다. 이 작품으로 다시 청룡영화제 작품상을 수상했다. 〈외출〉(2005)은 기혼 남녀의 불륜과 중첩되는 배신을 다루었다. 영화진흥공사 시나리오 공모 심사에서 접한 이일 작가의「바람: 소년 소녀 여행을 떠나다」에서 모티브를 얻어 착수한 작품으로 교통사고라는 일상적 사건이 불러일으킨 "극단적 상황 노출을 통해 사랑의 아이러니를 보여주고자 했다." 감정의 혼돈과 긴장을 표현하기 위해 이전과는 다르게 의도적으로 클로즈업을 빈번하게 사용했다. 〈8월의 크리스마스〉에 이어 조명감독인 주인공 인수에게서 보이는 직업생활에 관한 세부 묘사는 특기할 만하다. 〈행복〉(2007)은 무책임한 남자와 헌신적인 여인의 사랑과 그 실패를 다룬 통속적인 멜로드라마로, 사랑 이야기에서 흔히 벌어지는 동병상련의 착각과 비극을 '병'을 매개로 하여 보여주었다. 감독은 인물들을 중환자로 설정한 데 대해 "더 잃을 것 없는 사람들끼리의 사랑이 행복해 보여서"라고 밝혔다.

"연기와 장면 연출의 자연스러움, 의외성과 디테일"에 대한 의욕으로 편하고 안정적일 수 있는 세트를 마다하는 그의 고집을 염두에 둘 때, 기꺼이 연애담을 소재로 점차로 욕망과 감정에 충실한 인물들을 화면에 불러들여 풀어가는 것 또한 자연스럽다. 차기작 〈화장〉을 준비 중이다. 김훈의 단편소설을 원작으로 오랜 간병 끝에 아내의 장례를 치르는 중년 남자의 이야기다.

무상한 시간

임박한 죽음의 그림자를 느끼는 정원(한석규)의 상념은 자주 초등학교 운동장으로 미끄러져 내린다. 기대의 끝에 이를수록 기억의 처음은 더욱 생생해지는 법이다. 그는 수업이 파한 뒤의 텅빈 운동장에 혼자 앉아 있기를 좋아했다고 회상한다. 선성先聲 높은 철학자들의 이론을 들까부르지 않더라도 '빈 곳'을 찾는 인간의 심성은 넉넉히 짐작할 만하다. 그러나 그 어린 나이에 이미 어머니를 여의었다는 정원의 경우라면 살짝 다르게 해석해볼 수도 있겠다. 어머니의 빈자리를 가장 긴절하게 느낄 나이의 정원이 텅 빈 운동장을 즐겨 찾았다는 사실은 (프로이트의 말처럼) 상처의 기억을 약하게/다르게 반복함으로써 그 상흔을 소산消散, Abreagieren시키거나 극복하려는 거의 본능적인 움직임이었을 법도 하다. 빈 운동장에 홀로 앉아 있던 자신을 돌아보면서 정원은 다시 말한다. "어릴 적 텅 빈 운동장에서… 우리 모두는 언젠가 사라져버린다는 생각을 했었다."

(얼기설기 기억나는 대로만 옮긴다.) 옛날 어느 나라의 왕이 희로애락에서 벗어날 길을 알고자 신하들에게 그 방법을 알아오라고 하명했다. 얼마간을 기다린 왕에게 신하들은 반지 하나를 바치고는, 거기에 그 방법이 새겨져 있다면서 감쪼으시도록 했다. 왕은 반지에 부각된 구절을 읽은 뒤에 웃으며 만족했다고 한다. 그런데 그것은 이와 같은 문장

이었다. "(무엇이든) 이것 또한 곧 지나가리라!"

인생의 재상災祥과 화복을 시간 속에서 넓게 살피고 그 속에서 취사선택을 분별하는 이는 진정 현명한 사람일 것이다. '한 치 앞도 내다보지 못하는'이라는 말처럼 정녕 인생의 어리석음은 시간과 그 무상한 흐름을 잊은 채 자기 생각 속에서 그 생각에 빠진 자기를 고집하는 인간일 테니 말이다. 그리고 보면, 〈8월의 크리스마스〉라는 제목 속에 이미 두 개의 시간이 등장하는 것이 새삼스럽게 눈에 걸린다. 실은 이 영화는, 그리고 이 영화의 가장 돋보이는 미덕은, 곧 시간에 대한 묘사이기 때문이다. 주니가 나도록 지겹게 반복되는 사랑 이야기의 홍수와 그 홍수 속을 횡행하는 모방적 무지 속에서, 정원과 다림(심은하)의 사랑 이야기가 유다르게 새김질되는 이유도 필경은 시간에 대한 묘사 때문이다. 그 모든 것을 사라지게, 그래서 속절없이 아쉽게 만드는 이 무상한 시간성에 대한 나름의 묘사 덕에 통속적일 수밖에 없을 이 영화가 그저 통속으로만 떨어지지 않게 된다. 어쩌면 허진호가 〈봄날은 간다〉라는 제목에 상도한 것은 너무나 당연한데, 실은 〈8월의 크리스마스〉야말로 '봄날은 간다'라는 이야기에 다름 아니기 때문이다. 그렇게 풀어보면 그가 〈행복〉에서도 결코 관한寬限하지 않는 시간과 돌이킬 수 없는 죽음을 서사의 알짬이 되는 매개로 사용한 것이 예삿일로 보이지 않는다.

젊은 남녀의 사랑 이야기를 시간성의 무상함 속에 교직한 것만 보더라도 이 이야기에 에로티즘이 돋을새김될 이유가 적다. 쾌락은 언제나 시간성을 거부하는 공시성 共時性의 형식을 취하기 때문이다. (그래서 이 영화는 키스 한 번 없고 포옹 한 번 없이 근사한 사랑 이야기가 된다.) 이것은 남자 주인공인 정원이 치명적인 병에 걸린 시한부 인생을 살아간다는 설정에 의해 더 강화된다. 병과 이어지는 죽음은 두 남녀의 사랑을 시간이라는 불가피한 한계에 자연스럽게 노출되도록 만든다. 정원의 병과 죽음은 극중 서사에 구성적으로 개입하는 시간성을 돋보이게 만들어 사랑의 동선과 움직임이 매우 절제 있게 순화되도록 돕는다. 그 효과는 그 일상마저 정화되는 듯한 기운을 번지게 한다. 허진호의 육성이다. "살아가는 일상이 죽음으로 시간이 제약된다면 일상이 달라 보일 것 같았다. 그걸 고통이나 두려움으로 볼 수도 있겠지만 일상적인 이별로 볼 수도 있다." 시간을 뜻하는 크로노스chronos가 흔히 죽음을 표상하는 것도, 거꾸로 인간들의 '으뜸가르침〔宗敎〕'이 한결같이 불사의 삶을 희구하는 것도 돌이켜보면 같은 이치를 담고 있다.

사진, 혹은 인생의 근원적 형식을 일깨우는 양가적 매개

그 열정을 무상함 속으로 정화시킴으로써 사랑을 더욱 애달프게 만든 시간은 응당 '사진' 이미지에 의해 결절된다. 사랑이 죽음이라는 시간성에 의해 무화될 때 그 무상함을 추억 속으로 건져올리는 수단 중에 과연 사진만 한 것이 어디 있겠는가? 사진의 현상을 죽음과 결부시킨 논의는 19세기의 인류학에서부터 현대의 미학에 이르기까지 다양하고 넉넉하다. 아쉽게 이 지면은 그리 넉넉지 못하니 모짝 생략하고, 다만, 어떤 인물사진이 더 이상 만날 수 없거나 이 세상 사람이 아닌 사람의 흔적으로 남을 경우에 그 사진이 띠게 되는 애달픈 무상성의 아우라를 떠올려보아도 좋다. 정원은 "사랑은 사진처럼 언젠가는 추억으로 그친다는 것을 안다"고 서둘러 말한다. 상식적이긴 하지만 그저 상식에 머무르지 않는 이 통찰은 죽음을 목전에 둔 자의 정화된 감성에서 나온 말일까, 아니면 사진사라는 그의 직업적 체험이 얻어낸 선물일까?

허진호의 말에 의하면, 정원의 직업을 사진사로 설정한 배경에는 그닥 속 깊은 생각이 배어 있었던 것은 아닌 듯하다. 그러나 시간을 묘사하는 담백한 스타일의 여운 속에 오래 남을 이 영화는 사진사와 사진이라는 매개의 효과에 적잖은 빚을 지고 있다. 지나가버린 시간의 한 토막을 잡아놓은 사진은 집集/산散하는 양가성 속에서 인생의 근원적 형식을 일깨운다. 사진 속에 오롯한 과거의 인물은 그 인물의 미래에 대한 무지 속에서 오직 무지가 주는 그 '천연' 스러움을 한껏 드러낸다. 한편 그 인물의 부재라는 현실은 그 모든 자연조차 '시간' 속에 지나가버릴 것이라는 담담한 확인이 된다.

쾌락은 무지에 기댄다

여담 한마디로 이 글을 줄이자. 정원은 부치지 못한 편지를 남기고 죽는데, 그 편지 속에는, "사랑을 간직한 채 떠날 수 있게 해준 당신에게 고맙단 말을 드립니다"라는 고백이 담겨 있다. 물론 고마움의 대상은 정원의 병을 알지 못한 채 소식 없이 사라져버린 그를 야속해하면서 떠나간 다림이지만, 정작 '사랑을 간직한 채 떠날 수 있게' 된 것은 정원의 짧은 삶, 즉 시간이라는 매개 때문이다. 다소 열퉁적게 말하자면, 정원과 다림의 사랑이 아름답게 마무리된 것은 시간이 그들의 사랑을 단절시켰기 때문이며, 그 단절 속에서 비로소 누릴 수 있었던 무지의 쾌락 때문인 것이다. 무지하기에 쾌락이 생기는 것은 아니지만 대개의 쾌락은 무지에 기댄다. 그러나 열없더라도 다시 어기차게 말하자. 정원이여, 무지 속에 죽어 행복했던 연인이여!

1. 추억이 특별히 이미지로 제시되는 '차이'에 기댄다는 것은 누구든 범범하게 할 수 있는 말이지만, 매우 중요한 이치의 실마리가 되기도 합니다. 가령 옛 사진 속의 모습이 지금의 내 모습과 완벽히 일치한다면 '쫓아 올라가 생각할'(=추억할) 거리가 아예 없는 셈입니다. 거울 속의 자신을 보는 바로 그 순간의 즉자적 체험에는 추억이 기생할 여유가 없습니다. 하나마나한 소리이지만 사진이 추억을 불러오는 매체가 되는 것은 바로 그 차이를 박아놓기 때문입니다. 그 중에서도 영정影幀 사진은 이 논의에서 묘한 위치를 점하는데, 특히 사진 속의 망자가 활짝 웃고 있다면 추억의 기반이 되는 이 차이가 극(대)화됩니다. 그 웃음은 망자가 마치 자신의 죽음을 알지 못한다는 인상을 주고, 이로써 죽음과 삶이라는 차이에 망자의 무지라는 덤의 차이까지 덧붙어 추억의 강도와 그 절실함은 한결 강화되는 것입니다.

2. 한석규의 재기(?)를 응원하면서도, 이 영화를 다시 살피는 중에 나는 어쩌면 그의 연기는 '추억'으로 남게 될 수도 있으리라는 느낌을 얻습니다. 그 사이 어떤 '차이'들이 생겨난 것일까요.

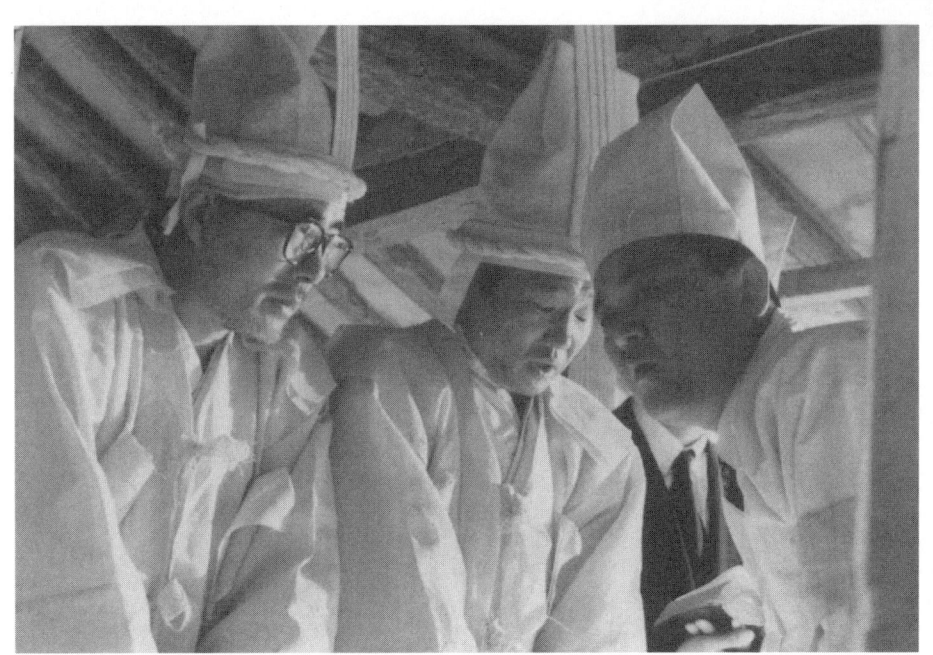

열 다 섯 번 째   이 야 기 - 학 생 부 군 신 위

삶 너머에는
아.무.것.도. 없.다.!

그렇게 자잘하고 지질한 삶은 계속되는 것이다. 그러고 보면 '삶의 너머에는 아무것도 없다'는 취지의 격언으로 '삶의 철학'

을 싸잡았던 어느 서양 철학자의 주장이 이 동아시아의 어느 상갓집 풍경에서만큼 더 온전하게 들어맞기도 어려울 듯하다. 서

양의 장례가 검정색 정장의 한결같은 조문객들이 만들어내는 그 침묵의 공간으로 특징을 삼는다면, 우리의 것은 마치 죽어 누

워있는 망자를 일으켜 세우기라도 하려는 듯 쉼 없이 훤화喧譁하는 풍경 속에 그 알짬이 있다.

박
철
수

1948년 대구 출생. 성균관대 경상대 졸업. 졸업 후 대구에서 교편을 잡다가 상경, 대기업 회사원으로 일하다가 신상옥 감독과의 만남이 인연이 되어 1975년부터 신필름 연출부에서 본격적인 감독 수업을 받았다. 아동영화〈골목대장〉(1979)과〈밤이면 내리는 비〉(1979)로 감독 데뷔를 했지만, '필름을 많이 만져볼 수 있으리라'는 기대를 안고 한동안 영화계를 등지고 방송국 PD로 활동했다. MBC방송사에서 시대풍자극 암행어사 시리즈를 40여 편 연출하고, 베스트극장의 포맷을 개발해 TV영화를 정착시키는 데 기여했다. 영화〈어미〉(1985)와, 영화계에 복귀한 후 연출한〈안개기둥〉(1986)으로 대종상 작품상을 연속으로 수상, 매년 한 편씩 작품을 내놓는 왕성한 창작력으로 다작의 흥행 감독 자리를 굳혔다.〈학생부군신위〉(1996)로 백상예술대상 감독상 및 작품상, 영화 대상, 몬트리올영화제 예술공헌상 등을 수상했다.

김수현 소설을 원작으로 한〈어미〉와 남성 중심의 가정과 사회에서 여성의 정체성 문제를 다룬〈안개기둥〉에서는 여성과 인권의 문제를 제기했고,〈접시꽃 당신〉(1988), 신달자의 소설을 영화화한〈물 위를 걷는 여자〉(1989), 실화를 영상으로 옮긴〈테레사의 연인〉(1991)에서는 여성의 심리에 대한 설득력 있는 연출로 호평을 얻었다.

1990년대 초반 미국 체류 중에 접하게 된 독립영화 제작의 자유로운 방식에 매료되어 귀국 후 독립영화사 '박철수필름'을 창립하면서(1994), 그는 한국 영화의 세계화라는 과제를 안고 일련의 작품을 연출했다. 일상의 소재 속에서 다양한 실험을 시도하는 일련의 저예산 독립영화 제작으로 영화 스타일의 변모를 위한 새로운 전기를 마련했다. 먹는 것을 매개로 여성의 고독을 다룬 〈301, 302〉(1994)는 한국영화 최초의 전세계 배급이라는 기록을 지니고 있으며 해외에서 상업적 성공을 거두면서 박철수를 작가주의 반열에 올려놓았다.

〈학생부군신위〉는 죽음이라는 소재를 한국의 전통 장례 문화의 맥락에 얹어 보여준 작품으로 시골 상갓집에서 5일간 벌어지는 일들을 그렸다. 들고 찍기 방식으로 단 열흘 만에 촬영을 끝내고 홍보까지 5억 원의 제작비로 완성한 사실이 화제가 되었다. 그 자신이 직접 영화감독 큰 아들 역을 맡아 연기했다. 장례 절차를 마치 다큐처럼 상세히 기록, 현장의 생생함을 오롯이 담아낸 그의 대표작이다.

후속작으로 생명의 탄생, 낙태 등의 문제를 영화화한 〈산부인과〉(1997), 재일동포 작가 유미리의 원작으로 가족의 문제를 다룬 〈가족시네마〉(1998), 십대 소녀와 중년의 노처녀 사이의 미묘한 관계를 다룬 디지털영화 〈봉자〉(2000), 성인 여자와 미성년 남자의 역원조교제를 다룬 〈녹색의자〉(2005) 등을 선보였다. 준비작으로 〈몸momm〉과 〈모델하우스보이〉가 있다. 박광수는 빨리 찍기, 저예산, 독립제작, 여성에 대한 관심, 다양한 형식적 실험과 새로운 영상미에 대한 성실한 의욕으로 자신의 영화 세계를 구축하고 있다. 현재 대전영상원에서 후학들을 양성하며 〈추방〉이라는 작품을 준비, 개봉을 앞두고 있다.

죽음을 겪어내는 것? 그게 다 사람 사는 것!

상가喪家의 왁자지껄하고 어질더분한 현장을 슬금하게 지켜나가던 둘째 며느리 금단(방은진)이 말한다. "그기(그것이) 다 사람 사는 거 아니겠십니꺼?" 우리의 기억에서 우련하게 잊혔지만 이 땅의 영화학도라면 결코 잊어서는 안 될 박철수의 급조된(10여 일 만에 제작되었다) 수작 〈학생부군신위〉(1996)는 '사람 사는 이야기'로서의 상가의 내면을 면밀하고 풍성하게 되살려낸다. 외계인에게 지구인의 특징을 물어본다면 '상장례喪葬禮를 치르는 존재'라고 답할 것이라는 어느 철학자의 말이나, 동료의 죽음을 예사롭게 여기지 않고 제 나름의 절차를 밟아 애도하려는 행위 속에서 현생인류의 출현을 살피는 고인류학자paleoan-thropologist의 보고는 사람의 죽음을 겪어내는 일이야말로 어쩌면 가장 '사람 사는 일'이라는 상념에 이르게 한다. 그런 식으로, 늘 한계는 조건의 다른 이름이며, 조건은 한계 속에서야 그 새로운 묘맥을 얻게 된다.

물론 그것은 역설이다. 죽는 일, 혹은 가족이나 지기의 죽음을 겪어내는 일이 그중에서도 가장 사람 사는 일이라는 사실은 우리 인생사의 대표적인 역설이다. 그러나 사세事勢의 역설 속에서 인생의 묘득妙得을 깨단하는 일은 오히려 범상한 노릇이기도 하다. 흔히 위기 속에서 본심을 엿본다든지, 한계에 이르고서야 그 조건을 알게 된다든지, 마찬가지로 죽음에 이르러서야 삶이 확연해진다든지 하는 얘기들은 그리 멀리 동떨어진 고담高談이 아니기 때문이다.

시신의 지위는 어떠한가

〈학생부군신위〉가 묘사한 '사람 사는 일'은 일상성과 그 복잡성으로 모아지는데, 이는 상갓집에서 이어지는 상장례의 절차를 좇아 생동감 있게 전해진다. 이 '생동감'이라는 말은 부러 흘리지 않은 것이, (역시 역설적으로) 경남 합천군 가회면의 어느 시골 노인 박씨(최성)의 죽음 탓/덕에 한산하던 그 시골집과 인근은 한순간에 분잡스럽고 활기찬 잔칫집으로 변모하기 때문이다. 영화 포스터에 내세운 카피 문구—"내 죽으니 그리 좋나!"—는 이런 사정과 이어지는 풍경을 망자의 입을 통해 일거에 낚아챈다. 그러므로 문제는, 상장례는 대체 누구를 위한 일인지를 묻는 것이며, 그중에서도 죽어 제 몸의 모든 구멍이 틀어막힌 채로 누워 있는 시신의 지위는 어떠한가, 하는 것이다.

예를 들어 버틀러 J. Butler—물론 그만의 의견은 전혀 아니지만—에 따르면, "나는 내 자신에게조차 충분히 알려져 있지 않은 존재인데 그것은 나의 가장 좋은 부분은 곧 타인의 신비한 흔적the enigmatic traces of others"이기 때문이다. 그러므로 이별은 나의 존재와 구성적으로 연루되고 있는 타인의 영향을 실감케 하는 경험이 되어 나 자신의 정체성을 근원적으로 재고하게 만드는 계기를 이룬다. 이를 깨단하는 게 분망하고 질둔한 일상인들의 체험이 되긴 힘들겠지만, 사람에 따라선 자신의 존재와 그 정체성에 대한 이기주의적 태도를 발본적으로 돌이키는 데 결정적인 도움이 되긴 할 것이다.

큰아들 찬우(박철수)는 영화감독인데 제 아버지의 죽음을 겪으면서도 직업의식과 그 버릇은 여전하다. (손탁의 말처럼) '우리'라는 말을 쓰는 순간 우리는 타인의 슬픔을 영영 이해할 수 없게 되고, (니체의 말처럼) 타인의 슬픔은 공들여 배워야 하는 것이지만 내남없이 관습에 얹혀 슬픔을 사회화할 뿐이다. 그래서 찬우는 아버지의 시신을 중심으로 돌아가는 그 죽음의 잔치를 한 편의 영화처럼 인식하고 배치한다. 애살맞아 보이는 작은 고모(홍윤정)는 보험 세일즈우먼인데 오빠의 죽음을 정나미가 들게 애도하는 틈틈이 친척들과 지기들 사이를 헤집고 다니면서 보험 행상에 여념이 없다. 박노인의 배다른 동생인 팔봉(김일우)은 졸부猝富가 된 채 딸 같은 아내와 손녀 같은 딸을 데리고 찾아와선 때늦은 체신을 세우느라 실없는 유세를 떤다. 격조한 동안 크리스천이 되어 미국에서 귀국한 막내 찬세(박재황)는 제 맘대로 성경을 읽거나 기도를 하는 등 전통 상례에 딴죽을 걸다가 호상차지(권성덕)의 꾸중을 듣는다. 아니나 다를까, 급기야 '미국'에서 온 '기독교인'인 찬세는 선산先山을 팔아치우자는 제안까지 내뱉다가 형에게서 면박을 당한다.

40년 전에 머슴 노릇을 하다가 '도라꾸truck'를 훔쳐 달아난 태식(박동현)은 현금으로 빽빽한 가방 2개를 들고 와서는 영전에 통곡하며 사죄를 빈다. 읍내 다방의 마담과 아가씨들은 망자인 박씨와의 인연을 기념하며 한바탕의 수연酒宴과 노래로 배설하고, 당대의 신호로서 졸연히 다가든 민방위훈련조차 '치외법권'인 상갓집을 비껴가지만, 저녁 8시 TV의 안방드라마는 마당을 가득 채웠던 아주머니들을 모짝 안방으로 불러들인다.

그렇게 자잘하고 지질한 삶은 계속되는 것이다. 그러고 보면 '삶의 너머에는 아무것도 없다Beyond life nothing goes!'는 취지의 격언으로 '삶의 철학Lebensphilosophie'을 싸잡았던 어느 서양 철학자의 주장이 이 동아시아의 어느 상갓집 풍경에서만큼 더 온전하게 들어맞기도 어려울 듯하다. 서양의 장례가 검정색 정장의 한결같은 조문객들이 만들어내는 그 침묵의 공간으로 특징을 삼는다면, 우리의 것은 마치 죽어 누워 있는 망자를 일으켜 세우기라도 하려는 듯 쉼 없이 훤화喧譁하는 풍경 속에 그 알짬이 있다. 호상의 말처럼 "상갓집에서는 떠들고 노는 기 괜찮은 기라!" 상가를 찾은 조문객들은 제 입장과 관계를 좇아 문상의 표현을 나누고 애도의 흉내를 짓지만, 그들은 그 와중에도 자신들의 삶을 알뜰하고 이기적으로 챙길 뿐이고 제상 뒤에 누워 있는 망자의 시신에게는 그닥 관심이 없는 법이다.

오직 '반복'일 뿐인 삶

실로, 죽음의 장소 속에서 삶은 가장 약동하는 것이니, 생각이 여기에 이르면 우리네 상장례가 과연 그 누구를 위한 것인지를 새삼 물을 필요조차 없다. 종교의 그 질긴 생명력이 망자들에 대한 '애도'(엘리아스 카네티)에 있는지, 아니면 산 자들의 삶을 분배정의적 차원에서 이데올로기적으로 '합리화'(독일의 종교사회학자들)하는 데 있는지 하는 문제를 따지는 일은 부질없다. 공자의 말씀대로 일단 귀신이 되었으면 가까이해선 안 되는 일〔敬而遠之〕이며, 살아 있는 자들이 주관하는 상장례란 그저 보내는 일이 아니라 보내 '버리는' 일인 것이다. 그 사이, 살아 있는 이들은 제 욕심과 고민 속에서 물덤벙술덤벙하며 죽은 자의 과거를 반복할 뿐이다.

1. 흔히 비교되곤 하는 임권택의 〈축제〉(1996)도 빼어난 수작이지만 〈학생부군신위〉는 그 열악한 제작 환경을 감안하지 않더라도 마땅히 오래 기억해야 할 보석 같은 작품입니다. 물론 관객은 "한국의 상장례 문화를 기록해놓은 빼어난 영상인류학적 민족지"(정일신)인 이 영화를 기억하지 않겠고, 또 응당 기억하지 말아야 하는데, 보석은 오직 무지와 망각의 암둔한 토양에서만 채굴되기 때문입니다.

2. 이 영화 속의 독특한 캐릭터는 단연 꼬마 바우(김봉규)입니다. 죽은 박노인의 외도로 생긴 이 아이는 시쳇말 그대로 '상갓집의 개喪家之狗'처럼 저 홀로 떠돌며 갖은 행악을 부리는데, 극중에서는 상갓집이라는 '체계'의 안팎을 넘나드는 존재로 그려지면서 그 체계의 한계와 조건을 고스란히 드러냅니다.

3. 개인적으로는, 어머니 역의 문정숙(1927~2000)이라는 명배우를 잠시 언급하고 애도하지 않을 수 없습니다. 청상과부가 되어 눈치볼 남자 없이 뻔질나게 영화관을 드나들었던 젊은 어머니를 따라 나 역시 무수한 영화들을 보면서 컸는데, 〈학생부군신위〉는 그간 망망히 잊고 있었던 그 '얼굴'을 졸연히 되찾아주었습니다. 그를 통해 또다른 '어머니'를 느끼는 것은 비단 나만의 회고가 아닐 것입니다.

열여섯번째 이야기 - 넘버 3
건.달.은.
누구인가?

조폭은 철저하게 근현대적 현상이며 도시적 삶의 이면裏面이다. 그것은 공동체의 왈짜들이 아니라 체계 속의 건달들인 것이다. 가령 임꺽정이나 홍길동이나 장길산의 패거리들은 비록 조직적인 폭력으로 당대의 법체계와 대치하지만 역사적으로나 개념적으로나 '조폭' 일 수는 없다. 전통사회의 왈짜들이나 화적火賊 패거리를 조폭과 가르는 가장 중요한 대목은, 앞엣것이 공동체의 질서를 어지럽히는 개별적 행위들의 묶음이라면 뒤엣것은 체계의 질서에 기생하면서 그 체계의 그늘진 곳을 역시 '체계적으로' 역이용한다는 점이다.

송·능·한

1959년 전주 출생. 서울대 불문과 졸업. 대학 시절 영화연구회 '얄라셩' 과 김홍준, 박광수, 황규덕 감독 등과 함께 '서울영화집단' 에서 활동했다. 임권택 감독의 〈태백산맥〉 시나리오 각색 작업을 계기로 영화계에 본격적으로 입문했다. 한동안 시나리오 방송작가로 활동했고, 영화진흥공사 공모 시나리오 최우수 작품으로 〈그남자58년개띠〉(1994)가 있다. 데뷔작 〈넘버3〉(1997)로 청룡영화상 각본상과 신인감독상, 백상예술대상 각본상, 영평상 시나리오상 등을 수상했다. 〈언약〉〈마루치 아라치〉〈길소뜸〉〈만다라〉〈씨받이〉〈아메리카 아메리카〉 등 90여 편의 시나리오를 집필하고 임권택 감독과 호흡을 맞춰왔던 작가 송길한 씨는 그의 친형이기도 하다.

〈넘버3〉는 한국 사회를 가득 채운 '웃기는 쌈마이들' 의 이야기다. "어디를 둘러봐도 짜증과 냉소밖에 떠오르지 않는 남한사회에 대한 분노" 를 표현하기 위해 미장센과 이미지, 플롯과 주제의 연속성 모두를 포기했다. 근면 성실한 깡패, 냉정하지 못한 킬러와 모래시계를 든 욕쟁이 검사 등 대중문화에서 획득한 전형성의 코드를 전복시켜 창조한 삼류의 캐릭터들이, 영화의 내러티브와 개연성 없이 떠다니며 사회의 풍토와 문화적 관습을 냉소한다. 태주, 조필이, 조동팔 검사라는 독특한 세 명의 캐릭터를 구축, 주류 코미디를 전복한 새로운 코미디 영화로 평가받았다. 가장 야심차게 준비한 "태주와 동팔이 놀이터에서 싸우는 장면" 에서는 "깡패 영화의 관습과 고정관념" 을 전복시켰다. "상업영화로 만들 계획이 아니었다면 주인공 한 명으로 이 모든 이야기를 다 했을 것" 이라고 밝혔듯이, 이야기보다는 독설이 이미지보다는 관념이 우선하는 '말(대사와 자막)' 중심의 영화다. 감독의 독설을 양도받은 분신인 인물들의 농담과 인용, 욕설의 끊임없는 반복은 삼류에 대한 감독의 혐오와 불만의 깊이를 드러낸다. 영화감독 김홍준, 평론가 정성일 씨가 이 작품에 카메오로 출연했다.

후속작 〈세기말〉(1999)은 〈넘버3〉와 달리 대사보다는 정서의 표현과 현실감 있는 묘사에 방점을 찍었다. "시나리오 작가나 시간강사, 소위 먹물이라고 할 수 있는 인간들"이 '희망 없는 도시인 서울'에서 살아가는 삶의 아이러니를 다룬 이야기다. 이후 2000년 캐나다로 이민, 신작 준비로 귀국했다. 신작과 관련하여, "20세기는 신물이 난다. 이제 전망을 찾고 싶다. 이렇게 살면 근사하지 않겠는가를 보여주는 영화를 만들고 싶다"는 말과 함께, '21세기판 〈넘버3〉'로 소개하는 그의 차기작에 대한 포부는 여전히 유효하며, 영화계는 그의 부활을 기다리고 있다. 임권택 감독의 영화 〈하류인생〉(2004)에 출연한 바 있다.

불한당, 21세기 자본주의의 꿈

엄연한 조직의 2(3)인자인 태주(한석규)는 "잠 한번 늘어지게 자보는 게 소원"일 만큼 일과가 녹록잖은 건달이다. "이거 원래 건달이라는 직업이 놀고먹는다는데, 내가 계산해보니까 평균 12시간 반을 일하더라"라며 너스레를 떤다. 변변한 조직을 갖지 못한 가욋건달인 조필(송강호)이 조폭 합숙훈련 강의(!) 중에 설명하듯이 "건달은 땀을 흘려 노동을 하지 않는 불한당不汗黨"이지만, 태주에게는 그저 "나와바리는 넓고 할 일은 많다."

그러므로 '하루 일하지 않으면 하루 먹지 않는다〔一日不作一日不食〕'는 백장청규百丈淸規를 들이대더라도 태주같이 근실(!)하게 일하는 건달들을 훑어내긴 어렵다. 세태와 그 운용을 보노라면 일하지 않고도 포실하게 살아가는 족속들을 수탐하느라 굳이 '영산강 머구리파'나 '낙동강 오리알파'를 쫓아다닐 필요는 없다. 제 몸 놀리고 제 땀 흘리지 않는 데 이력이 붙고 미립이 난 이들로 치자면 물경 수백만 명이 불한당일 테니 말이다. 말을 뱉은 터에 조금 더 운을 붙이자면, 대체 이 시대의 그 누가 정직한 땀으로 물초가 되도록 번 돈을 희망하는가? 까놓고 말하자면 '불한당'이야말로 21세기의 자본주의가 마침내 도달한 꿈의 직업이 아니던가?

불한당의 역사적 계보

과거에 노동하지 않고 먹던 계급, 즉 불한당은 워낙 특권층이었고, 그들의 지위와 행세行勢는 현대의 조폭과 달리 당대의 권력 체계에 의해 공식화되었다. 그리고 박제가의 『북학의』(1778) 등에서 잘 보이듯이 계급구조 변동의 시기에는 노동의 새로운 질서가 사회의 화두가 되는 법이기도 하다. 다른 한편 다수의 양반/귀족들에게는 실속 없이 기승을 떠는 자유주의자들이 언감생심 넘볼 수 없는 범절과 위의威儀가 있었던 게 사실이다. 지금은 멋모르고 주워섬기곤 하는 '노블리스 오블리제 Noblesse Oblige'의 태도도 그런 엄절한 전통 속에서 만들어진 것이다. 그러나 자본제적 도시화 이후의 현상으로 쳐야 하는 조폭(조직폭력배) 현상은 당연히 중세적 계급이나 신분질서에 근거한 불한당의 전통과는 갈라진다. 이들을 계승하는 직업은 조폭이 아니라 차라리 성직자나 정치인들, 혹은 직업군인들이라고 해야 할 것이다. 물론 일부의 사회학자들은 성직자, 정치인, 스포츠맨 그리고 직업군인들은 그 직업의 체질 구성상 조폭적 속성을 피할 수 없다고 설명한다. (농반 진반의 여담이지만, 신부와 건달이 서로 닮은 점 세 가지는, 첫째로 검은 옷을 입는다는 것, 둘째는 반말을 한다는 것, 셋째로는 '삥'을 뜯는다는 것!)

특별히 베블렌 T. Veblen에 따르면 '유한계급'은 야만 문화의 초기 분업 형태인 남녀 구별에서 기원했으며 "유한계급 제도는 초기의 소유

권자들이 생산에 따라붙는 불명예를 피할 목적으로 조장한 결과들 중의 하나"다. 그런데 이 글의 논의에서 고동이 될 만한 베블렌의 명제는 "유한계급은 평화에서 호전적 생활 습관으로 이행하는 과정에서 점차 출현"했다는 것이다. '호전적 생활 습관'의 함의를 넉넉하게 풀고 근현대의 사회적 변동들을 적실하게 적용해보면, 조폭과 더불어 성직자, 정치인, 스포츠맨, 그리고 직업군인들을 한 꿰미에 엮을 만한지를 짐작할 수 있을 것이다. 그렇게 치면, 전방위적으로 솟구치는 짜증과 냉소 속에서 남한사회에 대한 분노를 지닌 채 쓰고 만들었다는 송능한의 이 작품은 조폭에 대한 이야기라기보다 차라리 그 자체가 곧 조폭적이다.

조폭, 혹은 자본주의의 고중세적 판타지

태주 같은 건달들은 자본주의적 도시화 속에서 이루어진 근대적 직업 분화의 네트워크에 끝맛있게 포획되지 못한 무리들이다. 앞서 말한 대로 이들이 문자 그대로 중세적 존재일 수는 없지만, 무노동의 환상을 도착적倒着的으로 현실화하려는 욕망을 이어간다는 점에서만큼은 중세적이다. 이 환상은 사치와 낭비의 삶에 대한 귀족적 욕망의 한 특별한 변용인데, 이들의 존재가 영화 같은 대중매체에서 각별하게 주목을 받는 이유는 자본제적 삶의 피로와 권태에 찌든 대중에게 호전적 생활 습관에 대한 관념론적 향수와 노동이 부재하는 도시의 삶이라는 판타지를 심어주기 때문이다. 이를테면 건달은 노동의 시간표 속에 갇힌 도시

속에서 축제와 폭력의 세계를 동경하는 고중세적 감수성에 기대면서 노동이라는 산업사회적 비용을 치르지 않으려는 판타지인 것이다.

그러므로 조폭은 철저하게 근현대적 현상이며 도시적 삶의 이면裏面이다. 그것은 공동체의 왈짜들이 아니라 체계 속의 건달들인 것이다. 가령 임꺽정이나 홍길동이나 장길산의 패거리들은 비록 조직적인 폭력으로 당대의 법체계와 대치하지만 역사적으로나 개념적으로나 '조폭'일 수는 없다. 전통사회의 왈짜들이나 화적火賊 패거리를 조폭과 가르는 가장 중요한 대목은, 앞엣것이 공동체의 질서를 어지럽히는 개별적 행위들의 묶음이라면 뒤엣것은 체계의 질서에 기생하면서 그 체계의 그늘진 곳을 역시 '체계적으로' 역이용한다는 점이다. 이런 점에서 비근한 사례로 1930년대 후반 이후 김두한 패거리가 정치적으로 진화해 간 모습을 일람하면, 한편 전통사회의 왈짜들과 체계 속에서 암약하는 조폭을 잇는 과도기적 형태와 그 과정을 엿볼 수 있을 뿐 아니라 나아가 조폭이 당대의 체계적 권력과 유착하거나 그 부스러기 이윤을 챙기면서 부침하고 명멸하는 것을 살펴볼 수 있다. 건달도 조직적 존재이지만 그 조직 역시 철저히 체계적 현상인 것이다. 역사를 이야기로 각색한 작품 속에서는 '협객'이니 뭐니 하는 일견 흥미로운 인물상character들이 기껏 소비자로 졸아든 잔약한 현대인의 눈길을 끌지만, 그것은 건달을 특정한 스타일을 지닌 개인으로만 묘사한 채 전통사회의 왈짜/의적 이미지와 체계 속의 조폭 이미지를 편리하게 섞바꾸며 임의로 윤색한 것에 불과하다. 누구의 말을 빌리자면, 그것은 이야기이지 역사가 아니며, 풍경의 환상이지 상처의 기원이 아닌 것이다. 그래서 그럴까, 〈넘버3〉속의 마동팔 검사(최민식)는 직업적 전문성 때문인지 혹은 제 자신의 '좆같은' 성정과 체질 때문인지 조폭에 대한 환상을 가로질러 그 실제에 단도직입한다. 태주가 "제발 건달로 불러달라"고 해도 마동팔의 입에서 쏟아지는 것은 그저 '깡패새끼' 뿐이다.

인류의 대표적인 환상이라면 종교와 사랑과 자기애(나르시시즘)지만, 각양각색의 환상들은 인생의 욕망과 상처에 얽혀 명멸하며 때론 악지를 부려 앎이 주는 실재를 밀어내면서 밑질기게 자신의 존재를 고집하는 법이다. 조폭과 그 건달들은 근본적으로 근현대의 도시사회적 체계에 기생하는 현상이며, 영화 속에서 재현되는 조폭과 건달 역시 도시사회적 체계의 피로와 권태에 찌든 잔약하고 이기적인 소비자들이 낭만적으로 재현하는 환상이다. 예를 들어 김지운의 〈달콤한 인생〉(2005)이 묘사한 선우(이병헌)의 비극적인 최후조차 자본주의적 체계 속에서 관료인간-기업인간-가족인간으로 아등바등, 진동한동 살아가는 우리네의 지질한 일상을 단숨에 폭력적·낭만적으로 초월케 하는 판타지가 아니던가? 그러나 〈넘버3〉를 만든 동기가 "깡패투성이의 어처구니없는 남한사회에 대한 분노"라고 밝힌 송능한의 작업에서는 그같은 환상의 잉여가 개입할 틈이 없다. 그는 바로 그 분노의 힘으로써 그 환상의 불을 끄고, '삼류 인생'들이 들끓는 이 사회의 벽화를 과장스럽고 우스꽝스레 점묘한다.

앞서 논급한 베블렌의 주장을 다시 옮기면 종교, 정치, 스포츠, 그리고 전쟁은 근본적으로 유한계급의 특권적 생활방식으로 배치됩니다. 가령 (스쳐 넘기기 아까운 주제이지만) 중세의 서구 귀족들이 신분적 특권처럼 즐겼던 매사냥의 전통은 이같은 뿌리의 한 단락을 흥미롭게 예시하지요. 꼬집어 '조폭'이 아니라도 위계에 의한 상명하복上命下服, 의리와 충성, 징벌적 폭력, 그리고 남성주의와 같은 '조폭적 행태'의 관점에서 보자면, 종교·정치·스포츠·전쟁의 집단적 주체들은 과연 조폭적입니다. 이 젠체하고 밀질긴 존재들은 세상 끝날까지 우리 곁에 있을 겁니다.

열일곱번째 이야기 - 서편제

전.통.문.화.,
앓음다움을 넘어서

〈서편제〉는 우리 땅 사계의 토속적 아름다움을 서정적으로 잡아낸 '보는 영화'이기도 하지만 우선 이 판소리 자체에 배어든 속슬픔에 속절없이 공명하게 되는 '듣는 영화'다. 하지만 영화의 대체적인 서사는 판소리 자체의 내적 슬픔이 "소릿꾼 목구녕이 갈보년 밑구녕만도 못한 세상"에 의해 내몰리거나 함몰되는 여러 삽화들로 이루어져 있다. 소리 자체의 속슬픔이 세태에 의해 떠밀리는 겉슬픔에 얹혀 한층 깊어지는데, 그 깊은 슬픔은 영화의 마지막에 이르러 소화와 동호의 극적인 만남을 통해 대미를 이루며 풀어진다.

임
:
권
:
택
:

1934년 전라남도 장성 출생. 소도구 조수, 조명 조수 등 충무로의 전통적 도제 시스템 속에서 감독으로 성장했다. 정창화 감독의 연출부를 거쳐 〈두만강아 잘 있거라〉(1962)로 데뷔했다. 1970년대에 일련의 새마을영화와 전쟁영화를 흥행시켰다. 51번째 영화 〈잡초〉(1973) 이후 작가로서의 자의식을 품고 작업에 매진, 〈족보〉(1979), 〈짝코〉(1980) 등의 수작을 내놓았고, 〈만다라〉(1981)가 베를린 영화제에 출품되면서 국제적인 관심을 얻기 시작했다. 정일성 촬영감독과 송길한 시나리오 작가와의 팀워크는 임권택의 영화세계의 밑절미로 작용하여 작품의 완성도로 개화했다. 〈길소뜸〉(1986)으로 다시 베를린 영화제 본선에 진출하고, 〈아제아제 바라아제〉(1989), 〈장군의 아들〉(1990)에 이어, 그의 92번째 작품 〈서편제〉(1993)로 국민감독으로 부상했다. 〈춘향전〉(2000)으로 칸 영화제 경쟁부문에 초청, 99번째 작품인 〈취화선〉(2002)으로 칸 영화제 감독상을 수상, 세계적인 감독의 반열에 들었다.

〈만다라〉는 감독의 영화세계의 전환점이 되는 작품으로서, 한국 불교영화의 세계를 확장시켰다는 평을 얻었다. 〈만다라〉 이후 주인공들은 정착하지 못하고 길 위를 떠도는 자들이라는 점이 특기할 만하다. 〈길소뜸〉에서는 이산가족 재회의 어려움과 후유증을 다루고, 〈아제아제 바라아제〉에서는 구도의 두 가지 길을 보여주었다.

〈서편제〉는 판소리라는 한국 고유의 전통 음악을 소재로 어느 소리꾼 집안의 기구한 삶을 통해 한국인의 한恨을 조명한 작품이다. 이청준의 원작을 읽고 처음으로 영화화를 시도했던 때는 '한국적 여인상에 판소리를 할 줄 아는 여배우'가 없어 포기했다가, 13년

이 지나서야 우연히 석격의 배우를 발견하게 되어 스크린으로 옮기는 것이 가능했다. 임권택 감독이 직접 각색했고, 정일성 촬영감독이 담아낸 한국의 사계와 김수철이 선보인 영화음악으로 한국 고유의 가락과 아름다운 자연의 조화를 이루어냈다는 극찬을 받기도 했다. "〈태백산맥〉을 찍기 전에 쉬어가는 과정에서 찍은 작품"이었는데 1993년 그 해만 관객 동원 100만을 돌파하면서 초유의 흥행작이 되었고, 국내외 유수의 영화제에서 받은 상들은 그의 필모그래피에 화려한 이력을 더했다.

〈태백산맥〉(1994)은 소설가 조정래의 제안을 받아 연출한 작품으로 시나리오 작업이 늦어지면서 〈서편제〉의 후속작이 되었다. 해방 전후, 부친과 삼촌의 좌익활동으로 가세가 기울어 유년기와 학창 시절을 경제적인 어려움 속에 보냈던 그의 자전적 체험이 영화 속에 녹아 있다. 이는 또한 그의 "이데올로기에 대한 공포감과 저항", '인본주의'적 경향을 이해하는 단서이기도 하다. 그의 100번째 영화 〈천년학〉(2007)은 〈서편제〉의 속편이라 할 수 있다. 주인공들은 북장단을 맞추며 마치 두 마리 학처럼 날아오르며 긴 여행을 완성하고, 이제껏 떠돌던 인물들로 채워지던 화면에는 정착할 집을 마련한 동호가 놓여 있다. "열악한 삶을 이겨가는 데 힘을 보태는 영화"를 만들고 싶다는 포부를 밝히며 새로운 영화 만들기에 매진하고 있다. 차기작은 한국 고유 문화의 하나인 한지를 소재로 삼아 만들 계획이라고 밝혔다.

'소리'란 무엇인가

소리꾼 유봉(김명곤)은 제 스스로 스승으로부터 파문을 자초한 가욋사람이다. 주류의 동정과 비아냥, 그리고 "소리꾼 목구녕이 갈보년 밑구녕만도 못한 세상" 속을 나름의 뱃심과 오기로 견디며 서편제 소리의 혼을 지켜나가려고 용을 쓴다. 영화는 유봉이 자기 자신을 그 혼길의 길라잡이로 자처하고 후대의 지킴이를 지키고 키우고자 진력하는 과정을 줄기로 삼는다. 그 지킴이들이란 자신의 아이들인 송화(오정해)와 동호(김규철)인데, 실은 이들도 자신의 친자식이 아니다. 송화는 조실부모한 고아를 수양딸로 들인 인연이고, 동호는 우연찮게 동거하게 된 어느 과부의 아들을 떠맡게 된 경우다.

동호가 판소리를 내팽개치고 변화한 세태 속으로 도타逃躱하자 불안해진 유봉은 약재를 조작해서 송화의 눈을 멀게 해 곁에 잡아둔다. 그야말로 극약 처방이다. "좋은 소리를 하려면 소리를 하는 사람의 가슴에다 말 못할 한을 심어줘야 하기 때문"이다. (그러나 대체 '소리'란 무엇인가? 그것은 아직 인간의 사회적 언어가 되지 못한 그 소리, 그래서 선가의 중들이 깨침의 실재로 초대받는 그 신호, 지속 가능한 정신병적 공간인가?) 또한 변화한 세태 속에서 돌이킬 수 없이 사라져가는 전통을 유지하고 전수하기 위해 자식까지도 희생시키려는 비극적 결단이었던 셈이다. 유봉은 송화한테 "이제 니 한恨을 소리에 실을 수 있게 되었구나"라고 탄식하는데, 그 탄식은 자식의 눈을 멀게 함으로써 가능해진 묘득妙得의 염원이자 아비로서 느끼는 죄의식의 회한이기도 하다. 산중의 폐가에 은거하면서 송화를 가르치는 유봉은 그 묘득을 이렇게 풀어낸다. "이 서편 소리는 말이다… 사람의 가슴을 칼로 저미는 것처럼 한이 사무쳐야 되는 디… 니 소리는 이뿌기만 하제 한이 없어…." 소리란 그런 것이다. 그것은 어긋나고 갈라지고 자빠지고 소스라치는 인간사의 갖은 정한情恨과 그 밑질긴 슬픔이 가락과 장단의 형태로 승화된 것이기 때문이다.

공전의 대중적 반향을 이끌어냈을 뿐 아니라 임권택이 자신의 대표작으로 꼽기도 했던 〈서편제〉는 우리 땅 사계의 토속적 아름다움을 서정적으로 잡아낸 '보는 영화'이기도 하지만 우선 이 판소리 자체에 배어든 속슬픔에 속절없이 공명하게 되는 '듣는 영화'다. 하지만 영화의 대체적인 서사는 판소리 자체의 내적 슬픔이 "소리꾼 목구녕이 갈보년 밑구녕만도 못한 세상"에 의해 내몰리거나 함몰되는 여러 삽화로 이루어져 있다. 소리 자체의 속슬픔이 세태에 의해 떠밀리는 겉슬픔에 얹혀 한층 깊어지는데, 그 깊은 슬픔은 영화의 마지막에 이르러 소화와 동호의 극적인 만남을 통해 대미를 이루며 풀어진다. 누이의 소문과 흔적을 듣보며 찾아온 동호는 어느 홀아비 객줏집에 얹혀 살아가는 눈먼 송화를 대면하게 되는데, 짐짓 그녀의 소리를 청해 들으며 스스로 북장단으로 마중하는 중에 한 맺힌 누이의 삶과 소리가 더불어 어우러지고 풀리는 해원解寃의 체험을 나눈다. (이런 식으로, 우리는 가장 소중하고 절실한 매개를 통해 그 존재에 접근할 수 있는 것이다. 존재의 물음을 놓치는 매개론은 자신의 반본질주의적 진보성을 헛되게 소모할 위험에 처하게 되고, 거꾸로 매개 없는 존재는 한갓 허상이다.) 나아가 소리꾼 아버지 유봉의 고집과 애착으로 빚어진 어긋난 가족사를 감명적으로 통합하는 지경에 이른다.

소리를 위해 딸의 인생에 '치명적으로' 개입한 아버지 유봉이 그 딸을 위해 열어놓은 길은 역설적이다. 한恨으로써 이룬 소리이건만 다시 소리로써 그 한을 넘어서도록 요구한다. 소리를 위해서 딸의 한을 조작, 조장한 그 소리꾼 아버지는 마침내 소리 그 자체의 '한계'를 새로운 예술의 '조건'으로 승화시킬 것을 주문하는 것이다. 그래서 조실부모한 채 입양된 수양딸의 눈까지 멀게 한 비정한 소리꾼-아버지 유봉은 어느덧 그 딸-소리꾼에게 불가능한 과제를 내놓는다. "이제부터는 그 한을 넘어서는 소리를 하거라!" "그래도 나는 소리가 좋아, 소리를 하면 만사를 다 잊고 행복해지거든"이라는 일차적 감상을 넘어 "하지만 한을 넘어서게 되면 동편제도 서편제도 없고… 득음得音의 경지만 있을 뿐"이라는 대화해大和諧를 말한다. 그것은 북으로 치자면, "천 개를 수천 번이고 수만 번이고 쳐가지고 이 장판지 들기름이 쩔듯이 그냥 니

몸뚱이 속에 북가락이 푹 쩔어야' 하는 경지이기도 하다.

　유봉이 송화의 소리를 타박할 적에 뱉은 말처럼, 그러고 보면 이제는 "이뿌기만 하제 한이 없"는 것들의 세상이 되었다. 내남없이 이쁜 것만을 좇아 복대기를 치는 세상이고 상품이 되어 진열되지 못한 재능은 모짝 냉대받고 방치되는 세상이니, 소리 따위에 시색이 좋을 리 없다. "지 소리에 지가 미쳐가지고 득음을 하면 부귀공명보다도 좋고 황금보다도 좋은 것"이라는 유봉의 발명을 시큰둥이 시먹는 동호는 포달스레 북채를 던지며 구두덜거린다. "그까짓 소리 하면 쌀이 나와 밥이 나와!" 그의 태도는 과거청산주의로 일관한 우리식 농축 · 급속 근대화의 현실이자 그 논리가 되고 말았다. 그래 그런지 소리판의 가윗사람인 유봉이 임자 없는 떨거지 신세인 송화와 동호를 거두어 근대화의 세태에 등을 진 채 간난신고를 무릅쓰고 재능의 계승자로 단련시킨다는 이야기는 그 자체로 작금의 우리 사회에 시사하는 바가 적지 않다. 이것은 '지는 싸움'으로서의 전통이 자본주의적 체계와 마찰하며 은결이 진 채 배돌아다니는 꼴을 보여준다.

서편으로 뉘엿뉘엿 기우는 인문학의 운명
〈서편제〉는 희한하게도 내겐 서편으로 뉘엿뉘엿 기우는 인문학의 운명에 대한 알레고리로 읽힌다. 급격하게 이식된 근대화와 산업화의 와류 속에서 전통은 법고창신法古創新의 맥을 잃어버린 채 낡고 부조리한 것으로 청산의 대상이 되고 말았다. 영화에서는 서편제라는 판소리의 한 갈래를 소재로 삼고 있지만, 판소리만이 아니라 이 땅의 민초들이 오랜 세월 각자의 생활 속에서 삶의 이치를 담아 가꾸어온 갖은 인문人紋과 그 표현들이 졸연히 그 생존의 지반과 전망을 잃어버리고 만 것이다. 이미 밀리고 실그러지고 있는 인문학은 무능과 부재不在의 급진성으로 그지는 싸움을 생활 속에서 새롭게 갱신하지 못하면 끝이다. 예를 들어 우리는 메를로 퐁티에서부터 버틀러에 이르기까지 그 색목의 이방인들조차 힘지게 떠들어댄 '몸이라는 사회성'에서 자생한 이치들을 제대로 챙기지 못한 셈이다. 흔히 이 땅의 지식인들이 한국어의 학술적 전용轉用이 힘들다고 투덜거리면서 외국어를 차용하는 일에 일말의 기탄도 없곤 하지만, 우리의 생활한국어 역시 일본식과 미국식의 근대화가 겨끔내기로 몰아치고 잡도리한 결과로 이 몰골을 하고 있는 것이다. 그것은 갱신되어야 하며 또 갱신될 수 있다.

영화의 결말이 제시하는 화해의 감동은 개인적인 공명의 테두리에 머문다. 전망의 부재로 인한 우울함은 화해의 풍경을 한층 더 감동적인 장면으로 고양시킨다. 그것은 아름다운 대로 '앓음―다움'(박상륭)이기도 한 것이다. 그러나 전통문화는 다만 앓아서 아름다운 것이 된 채 개인의 풍경 속을 떠돌거나 상업주의에 포박되는 것으로 그쳐선 곤란

하다. (그람시의 표현을 빌리자면) 민속 등의 전통문화는 단지 도시 문명의 목가적 채색으로 그칠 게 아니다. 그것은 "공식적 세계관들에 암묵적·객관적으로 대항하는 다른 세계관이자 인생관으로 연구되어야" 하는 것이다. 혹시 이 강성의 발언에 찜부럭이 나실 독자라면 (어느 독일 철학자의 주장처럼) "합리화된 도시 문화가 일상의 의사소통망을 통해 전래의 전승과 생생하게 접합"할 가능성을 구체화시켜 보시기를.

임권택 감독의 남다른 성취를 본받거나 버텨 읽어 얻을 게 적지 않으리라고 봅니다. 나는 그를 대가로 여기지도 못하겠고 동뜨게 주목할 만한 감독으로 꼽지도 않지만, 우리 시대의 '세속'이 품어낼 수 있는 대중예술적 역량의 골과 마루를 통으로 증거한 이력에 관심을 두는 편입니다. 말이 났으니 좀 덧대면, 좋은 감독을 가늠하려면, 한 사람의 배우가 각각의 감독을 통해 바뀌는 매체 효과적 차이를 눈여겨볼 필요가 있습니다. 이는 좋은 '선생'의 경우도 매일반인데, 이들은 으뜸 항목이 아니라 일종의 장場, champ이며, 인격이 아니라 풍력風力이며, 거목이 아니라 숲이며, 대상이 아니라 매체이기 때문입니다. 특히 이 (비평의) 숲이라는 개념은 교육학적 발견술heuristics로도 매우 유용한데, 이곳에서 자세한 내용을 소개할 수 없지만, 나는 지난 십수 년간 계속해온 인문공동체 운동의 여건 속에서 갖은 실험을 통해 이 개념의 실천적 생산성을 벼려온 바 있습니다.

열여덟번째 이야기 - 아름다운 청년 전태일

전.태.일.,
혹은
부.능.의. 급.진.성.

삼각산에 올라와 막노동을 하며 지내던 전태일이 그 생활을 청산하고 다시 청계천 평화시장으로 돌아가려던 때(1970년 8월 9일)의 일기 한 토막은 이 영화 속에서도 고스란히 반복되며 그의 삶이 죽음을 통해 지향한 가치의 성격을 여실히 증명한다. "나는 돌아가야 한다. 꼭 돌아가야 한다. 불쌍한 내 형제의 곁으로. 내 마음의 고향으로. 내 이상의 전부인 평화시장의 어린 동심 곁으로. 생을 두고 맹세한 내가, 그 많은 시간과 공상 속에서, 내가 돌보지 않으면 아니 될 나약한 생명체들. 나를 버리고 나를 죽이고 가마." 전태일은, 바로 우리 곁에 왔다는 그 죄(?) 탓으로 오인되거나 폄훼받는 메시아의 전형인데, 조영래가 그를 추적한 방식조차 차마 그러하다.

박
:
광
:
수
:

1955년 속초 출생. 서울대 미대 조소과 졸업. 대학 시절 진보 영화서클 '얄라셩'에서 영화수업을 시작, 얄라셩 출신들과 사회적 리얼리즘의 기치를 내걸고 '서울영화집단'을 창립했다. 프랑스 영화교육특수학교ESEC에서 영화연출을 체계적으로 공부했고 귀국 후 이장호 감독 연출부 생활을 했다. 데뷔작 〈칠수와 만수〉(1988)로 대종상, 영평상, 백상예술대상 신인감독상, 스위스 로카르노 국제영화제 청년 비평가상을 받았다. 〈그들도 우리처럼〉(1990)으로 청룡영화제, 영평상 최우수 작품상, 프랑스 낭트 3대륙영화제 심사위원 특별상 등을, 〈베를린 리포트〉(1991)로 영평상 최우수 각본상, 아시아태평양 영화제 촬영상을, 〈그 섬에 가고 싶다〉(1993)로 낭트영화제 관객상, 스위스 로카르노 영화제 본선 진출을, 〈아름다운 청년 전태일〉(1995)로 청룡영화제 작품상과 감독상, 춘사영화제 최우수 작품상과 감독상, 베를린 영화제 본선 경쟁 부문 진출 등 뒤이어 내놓은 작품들마다 평단의 이목을 집중시켰다.

〈칠수와 만수〉는 대도시의 가난한 두 청년을 주인공으로 빈부 격차와 연좌제 등의 예민한 사회 문제를, 〈그들도 우리처럼〉은 탄광촌으로 피신한 운동권 출신 청년의 생활을 다룬 작품으로, 사회적 의식을 회화적 감성으로 녹여내는 데 성공, 감독으로서의 역량을 널리 알렸다. 박광수는 민족 분단의 문제에도 지속적인 관심을 보여왔다. 입양 문제를 통해 남북분단을 정면으로 다룬 〈베를린 리포트〉와 장지 이전을 둘러싼 갈등을 통해 분단의 상처를 곱씹어본 〈그 섬에 가고 싶다〉가 그 대표작이다. 임철우의 원작을 영화화한 〈그 섬에 가고 싶다〉는 영화사 '박광수필름'을 설립하고 만든 첫 영화이기도 하다.

〈아름다운 청년 전태일〉은 평화시장에서 분신자살한 전태일의 삶을 한 지식인의 회상 형식을 빌려 극화한 작품이다. 전태일의 행적을 흑백영상으로 처리하고 지식인 영수의 고뇌를 컬러영상으로 대치시켜 얻은 정제된 화면으로 호평을 얻었다. "개념으로 존재하는 전태일을 투과시켜줄 영수라는 지식인이 필요"했고 영화를 통해 "지식인이란 화두를 던지고 싶었다"고 연출 의도를 밝혔다. '국민주 모금'이라는 새로운 방식을 통해 완성된 작품이라는 사실도 특기할 만하다. 후속작 〈이재수의 난〉(1999)은 1901년 제주민란을 이끈 장두 이재수의 삶을 다룬 한국-프랑스 합작영화다. "남들이 건드리지 않는 것을 건드린다"는 태도를 고수, 충무로 시스템이 다루는 주제와는 여전히 일정한 거리를 유지하며 자신의 입지를 굳혀갔다. 35억에 달하는 제작비가 들었지만 기대만큼의 평가를 얻지는 못했다. 영상원 교수로 재직하고 부산국제영화제 집행위 부위원장을 맡는 가운데서도 다양한 영화 형식에 몰두, 관객과의 소통 가능성을 실험하고 있다. 부성애를 다룬 〈눈부신 날에〉(2006)는 그 실험의 중간 점검이다. 차기작 〈컨테이너의 남자〉(가제)를 준비 중이다.

진실에 대한 공포

브루노G. Bruno, 1548~1600는 이단의 죄책이 잡혀 오랜 구금 끝에 분살焚殺되었다. 그는 당대의 도그마에 어긋나는 신념을 품은 채, 타협하라는 가톨릭 교회의 협박과 회유를 뿌리치고 한 줌의 재로 돌아갔다. 화형을 당하기 전날 밤, 브루노는 감옥 한구석을 밝히고 있는 촛불에 자신의 손가락을 살며시 갖다댔다 뗐다를 반복하면서 다가오는 죽음의 시간을 초조하게 예기한다. 어느 철학자는 '선구적 결단verläufende Entschlossenheit' 이라는 말을 유행시키기도 했지만, 브루노의 결단은 분초의 단위로 시매기는 불안 속에서 자신의 인생을 돌이킬 수 없는 충실성 속에 묶어두는 행위일 것이다.

브루노가 화형 당하기 직전에 남겼다는 말이 지금도 전해진다. "말뚝에 묶여 있는 나보다 나를 묶고 불을 붙이려고 하는 당신들이 더 공포에 떨고 있을 것이다." 공포의 원형 가운데 한 가지는 '진실에 대한 공포' 인데, 이것은 '자신의 진실을 알고(보고) 싶지 않은 근본적 욕망' 과 맞물려 있다. 브루노의 존재와 그 충실하고 질긴 항의는 당대 체계의 보편성catholicism이 감당할 수 없는 '외부성' 이 되어 그 체계의 관료 인간들에게는 곧 공포의 조짐이었던 것이다. 자기준거적이며 자기복제적인 체계('체계는 체계만을 돌본다!')는 자신을 체계적으로 재생산하는 데 거치적대는 존재들을 짓누르거나 내모는 법이며, 이 가윗존재들은 거꾸로 체계 그 자체의 한계와 조건을 넌지시 드러낸다는 점에서 곧 그 체계의 진실이자 공포가 된다. 내가 조형해온 '동무'라는 개념이 꼭 그런 것인데, 그것은 부르주아적 개인의 친목이 아니라 자신의 글, 말(응대), 생활양식, 그리고 희망의 실천을 통해 "체계 그 자체의 한계와 조건을 넌지시 드러"내기 때문이다. 전태일의 삶은 산업자본주의 체계의 조건을 적나라하게 묘사하고 그의 죽음은 그 체계의 한계를 일거에 고발한다. 그렇게 그는 그 체계의 진실이자 공포, 그리고 가윗사람들의 '동무'가 되는 것이다.

도스토옙스키의 문학적 상상력이 극적으로 현시했듯이, 사원寺院이 대형화·체계화되면 자신들이 믿던 신神조차도 밀어낸다고 하지 않던가. 가령 부처나 예수가 서울을 찾아온다면 자칭 그 신도들의 체계 속에서 어떤 대접을 받을는지는 너무나 빤한 일이다. 마치 희생양으로서의 브루노의 의미가 당대 체계의 욕망에 대한 위협이었던 것처럼, 체계의 바깥을 의욕하는 가윗사람들은 당대의 도덕(눈치 보기)이 허용하거나 조장하는 욕망에 대한 위협이며 이로써 스스로를 희생양의 신세로 내몰게 된다. 무릇 체계가 주워섬기는 그 모든 메시아들이란 신도들이 지닌 욕망의 한계에 대한 환상적 알리바이에 불과한 것으로, 그들이 실제로 찾아와선 곤란한 것! 특별히 자본주의적 체계 속으로 찾아드는 부처나 예수, 혹은 그 어떤 형식의 메시아든 그것은 그 체계의 욕망에 대한 위협이자 공포일 것이기 때문이다. 그래서 이것은 여전한 공식이 된다. '너는 우리의 욕망을 죽인(위협한) 죄로 희생되어야만 한다!'(욕망의 이질성이나 그 정도의 차이에 대한 편견의 희생양으로는, 여자 일반, 중세의 이른바 마녀들, 유대인들, 초기 인류학적 시선의 '대상'이었던 야만인들, 동성애자들, 독신자들, 그리고 심지어 전라도인들!)

'상실의 지혜'를 어떻게 자기화할 수 있는가

기존 체제는 그 체제를 유지해주던 욕망들이 위협당하거나 새로운 욕망(의욕)에 의해 균열될 때 희생양이라는 일종의 보나파르티즘에 의해서 그 위기를 돌파한다. 그래서 가욋사람을 잡아 족치는 희생양 현상은 근본적으로 욕망의 현상유지(안정화)를 지향하는 체계의 폭력인 것이다. 예를 들어 예수가 희생양으로 지목되어 비참한 죽음을 맞이한 것은, 그가 중심이 된 공동체가 당대 체계의 약자들과 타자들을 달리 대접했고, 이로써 체계의 이데올로기적 단말기 노릇을 해온 기존의 사회적 관계를 흔들면서 다른 삶의 의욕을 생성시켰기 때문이다. 제도와 교리로서의 기독교는 예수의 것이 아니며, 그의 것은 다른 어휘, 다른 관계, 그리고 다른 의욕의 가능성을 온몸으로 현시했던 삶과 죽음과 더불어 영영 잊히고 말았다. 그러면 전태일의 것은 무엇일까? 그것은 우리 각자에게서 무엇으로 살아남아 있을까?

예수의 삶과 죽음이 바울의 비전vision이나 언설과 얽혀 있었듯이, 마르크스의 노작이 엥겔스의 해석과 한 뭉치를 이루듯이, 전태일의 삶과 죽음 역시 조영래의 시선, 심지어 그의 어머니 이소선의 기억과 뗄 수 없이 엉켜 있다. 나 역시 조영래라는 부처를 통해 전태일이라는 예수를 알고 느끼게 된 행운아의 한 사람이다. 그러나 정작 이 글의 알짬을 이루는 곳은, 그렇다면 전태일의 삶과 죽음을 보고 읽는 우리는 대체 어떤 식으로 그와 관련을 맺고 있는가 하는 물음이다. 우리는 영영 '전태일의 실체에 접근할 수 없다'거나 '그의 사적 진실을 알 수 없다'는 식의 해석학적 이기심으로 만족하는 인숭무례기 이론가들의 반지빠른 태도에 슬금슬금 얹혀갈 텐가? 아니면 전태일의 고민과 전망을 영영 '타자의 것das Andere'으로 밀쳐둔 채 그를 기념비적 존재로 승화하고 체제 속에 내재화하는 것으로 미봉할 텐가? 그것이 아니라면, 그를 어떻게 알게 되었든지, 그와 당신과의 짧은 만남과 영원한 헤어짐으로 인해 생성된 그 '상실의 지혜'를 어떻게 자기화할 수 있는지를 물어야 하지 않겠는가?

우리는 우리가 친하게, 긴하게 알아오거나 의탁한 그 누군가와 헤어지기 전에는 그의 중요성이나 그 존재의 의미를 제대로 깨단하지 못한다는 말을 흔하게 듣는다. 의도가 비껴가는 게 세속이고 의미는 늘 사후적이기 때문이다. 그러나 프로이트의 사상을 비판적으로 계승한 몇몇 이론가에 따르면, 이별과 상실 이후에 찾아드는 체험의 효과에서 정작 우리가 놓치는 부분은 오히려 우리 자신의 변화이며 자기정체성의 균열과 새로운 재구성이다. 내 삶으로부터 영영 사라져버린 대상의 의미를 새삼스레, 애달프게 깨치는 일도 그것대로 중요하지만, 그 상실의 사건을 통해 내 자신이 변화한 것을 체득하는 일은 몹시 어려운 만큼 더 소중한 체험이 된다. 영화 속에서 전태일(홍경인)의 삶과 죽음을 듣보고 수탐하는 영수(문성근)의 행적과 사유도 꼭 이 같은 이치를 체현하고 있다. 물듦과 그 영향에 솔직해지려는 태도는 공부와 성숙의 사북이자 그 밑절미이기도 하지만, 내 선생이나 동무와의 관계가 진작 내 존재에 구성적으로 간여하고 있으며 나아가 그의 상실이 주는 효과를 통해서만 거꾸로 내 존재의 생김과 이력을 정직하게 대면할 수 있기 때문이다. 요컨대, 그가 내 곁을 떠났기에 생긴 내 존재의 공백에 대한 온전한 인정을 통해서만 나는 나를 이해하고, 그 공백을 메우고 넘어가려는 노력을 통해서만 나는 나를 키울 수 있기 때문이다.

삼각산에 올라와 막노동을 하며 지내던 전태일이 그 생활을 청산하고 다시 청계천 평화시장으로 돌아가려던 때(1970년 8월 9일)의 일기 한 토막은 이 영화 속에서도 고스란히 반복되며 그의 삶이 죽음을 통해 지향한 가치의 성격을 여실히 증명한다. "나는 돌아가야 한다. 꼭 돌아가야 한다. 불쌍한 내 형제의 곁으로. 내 마음의 고향으로. 내 이상의 전부인 평화시장의 어린 동심 곁으로. 생을 두고 맹세한 내가, 그 많은 시간과 공상 속에서, 내가 돌보지 않으면 아니 될 나약한 생명체들. 나를 버리고 나를 죽이고 가마." 전태일은, 바로 우리 곁에 왔다는 그 죄(?) 탓으로 오인되거나 폄훼받는 메시아의 전형인데, 조영래가 그를 추적한 방식조차 차마 그러하다.

영화 속에서 영수로 재연된 변호사 조영래가 일종의 '연기'를 했다고 상상해보세요. 그 자신 수배 중인 신분으로서, 분신자살한 젊은 노동자 전태일의 삶과 죽음을 수탐하고 글로 재현하려는 노력이 대체 무슨 연기냐고요? 그러나 전태일의 삶과 죽음을 (어느 철학자의 표현처럼) '진리사건'으로 추체험하고 이를 응연히 마주 대하는 행위 그 자체는 곧 스스로를 묶어 돌이킬 수 없이 어떤 삶의 형식으로 밀어붙인다는 뜻에서 이미 더할 수 없는 '연기'가 아닐까요? 전태일 사건을 진리의 순간으로 응시하고 그의 시선으로써 자신의 삶을 재구성하는 사람이라면, 이미 전태일은 그에게 최고의 감독이자 연출자가 아니고 무엇일까요? 그런 사람이라면, 그는 이미 시장소비주의나 개성적 변덕으로 전락한 다양성의 신화를 알면서 모른 체하고 다기지게 하나의 역할을 수행하고 있는 게 아닐까요? 짧은 한세상 속에서 인간이 이룰 수 있는 최선의 것이 과연 꾀바른 다양성의 결과일까요? 내가 오래전부터 조형하고 또 얼마간 실천하고 있는 '연극인문학'의 이념은 그렇지 않다는 항의이자 새로운 교육법입니다. 가면이 자신의 살이 되도록 살아내는 것이야말로 가면과 살을 넘어서는 유일한 법입니다.

열아홉번째 이야기 - 우리들의 일그러진 영웅

파리대왕을
죽.이.는. 법.

엄석대의 체계도 개인 한병태의 결심과 투쟁이 아니라 그 체계 자체를 괴악하게 여겼던 외부자(김선생)의 막강한 폭력에 의해서 한 순간에 무너지고 만다. 모든 제도의 궁극적 건강성은 그 제도를 근원적으로 낯설게 대하거나 그 체계를 발본적으로 의문시하는 가욋사람들의 비판적 연대에 기댄다. 파리대왕이 생겨나는 것은 세속의 운명이지만, 그 파리대왕이 독수리대왕으로 자라게 두는 것은 우리의 타락이다.

박
·
종
·
원

1958년 서울 출생. 한양대 연극영화과 졸업. 한국영화아카데미 1기 졸업. 이두용 감독 연출부를 거쳐 〈구로아리랑〉(1989)으로 데뷔했다. 이후 〈우리들의 일그러진 영웅〉(1992)이 해외영화제에서 인정받으면서 주목받는 대상이 되었다. 몬트리올 영화제 최우수제작자상, 싱가폴 국제영화제 비평가상, 하와이 국제영화제 작품상, 청룡영화제 작품상과 감독상, 특별상, 춘사영화예술상 작품상, 백상예술대상 작품상과 감독상 등 국내외 영화제에서 다수의 상을 받았다.

〈구로아리랑〉은 이문열의 원작을 영화화한 첫 작품으로 노동운동의 본산지인 가리봉동의 산업선교회에서 생활한 체험을 바탕으로 구로공단 노동자들의 비참한 현실을 객관적으로 그린 작품이다. 제목과 남자 주인공 이름만 취하고 내용은 원작과 완전히 다르게 구성하려는 의욕을 부리며 작업에 심혈을 기울였지만 검열의 개입으로 작품은 원래의 연출 의도를 확인할 수 없을 만큼 삭제됐다.

〈우리들의 일그러진 영웅〉 역시 이문열 원작으로 애초에 자신의 데뷔작으로 점찍어둔 작품이었지만, 검열과 흥행 문제로 4년이 늦춰져 그의 두번째 작품이 되었다. 시골 초등학교 한 학급에서 동급생들에게 절대 권력으로 군림하는 어린 우상의 부침浮沈 을 통해 기존 사회에 대한 성찰을 요청한다. '힘의 논리'에 관심이 많은 그의 성향이 십분 반영되어 있고, 원작의 충실한 재현으로 탄탄한 연출력을 인정받았다. 어린 절대 권력자의 최후를 원작과 다르게 처리한 것에 대하여 "실제로 한국사회는 그러한 권선징악의 인과율이 통할 수 없을 만큼 일그러져 있다"고 그 연출 의도를 밝힌 바 있다.

〈영원한 제국〉은 이인화의 동명 원작을 영화화한 작품이다. 18세기 정조 때 남인과 노론 간에 '금등지사'라는 책을 둘러싸고 벌인 암투의 과정을 파격적인 사극 형식에 담아내어 문학 각색에서도 탁월한 재능을 보여주었다. 도쿄 국제영화제 경쟁부문에 초청되면서 연출력을 국제적으로 인정받았다. 이후 자작 시나리오로 연출과 제작을 겸한 〈송어〉(1999)에서 예기치 못한 사건을 계기로 일상성 속에 감추어진 인간 군상의 비루한 욕망과 허위의식을 담아내었고, 이듬해 〈파라다이스 빌라〉(2000)를 선보였다.

박종원은 "가장 동적인 것은 가장 정적인 것 속에 있다"는 생각으로, 정지된 화면 속 상상의 여백을 통해 관객과의 교감을 시도하고, 집단 속에서 야기되는 폭력과 인간의 본래적 추악함 등에 몰두한다. "내가 만든 영화를 실제로 봄으로써 반성할 기회를 주었"기에 데뷔작을 자신의 영화 인생 가운데 중요한 작품으로 꼽는 그는, "아집이 아니면 내 기준대로 노력하자"는 모토대로 자신의 영화 스타일을 지속적으로 추구하고 있다.

동물과 아이

우화寓話에는 흔히 동물들이 등장하는데, 그것은 우선 그 이야기의 취지를 간명하게 강조하고 배치해서 독자들의 이해를 돕기 위해서일 것이다. 이에 비하면, 비단 밀란 쿤데라 등의 주장이 아니더라도 인간들의 소설은 응당 삶의 '복잡성'을 그 밑절미로 삼는 법이니, 우화처럼 노골적인 계몽이나 훈계를 겨냥한 이치를 담기에 알맞은 그릇이 아니다. 하지만 본능 속으로 몰밀어서 그 말과 짓을 분명하게 유형화할 수 있어 보이는 동물들의 세계는 알레고리 기법을 통해 또렷한 메시지를 알기 쉽게 전달할 수 있는 이점을 지닌다.

동물이 아니라면, 물론 아이가 등장하게 된다. 흔히 아이들은 어른들의 거울이라거나 축도縮圖라고 표현하지만, 이런 점에서는 축도라기보다 차라리 '극도極圖'라는 편이 낫다. 다종다양한 성인식의 절차를 통해 만들어지는 '어른'은 무엇보다도 사회화라는 중도中道에 편입되는 방식이기 때문이다. 예를 들어 아이를 '착하다'고 여기는 통념은 일종의 혼동인데, 이 경우의 착함은 그가 아직 사회적 규범의 잣대에 온전히/냉정히 얹힐 수 없이 약한, 그래서 아직은 예외적인 존재이기 때문에 생긴 착각이다. 가령 윌리엄 골딩W. Golding의 『파리대왕』(1963)에서 극명하게 드러나듯이 이 예외적인 존재들이 주류의 규제나 보호를 받아야 하는 예외적 위치를 벗어나서 제 나름의 세계를 깜냥껏 주관하게 되면 그들은 그 극極단성을 온전히 과시하면서 본능적 파괴성에 탐닉하게 될 수도 있다. 그래서 악이든 선이든, 그 순전한 모습을 그리는 데에는 동물 같은 짓이나 아이 같은 말이 제격인 셈이다. 인격의 다종다양한 분열상들을 본격적으로 보이면서 세속의 복잡성에 일조하기 전까지, 아이들은 온전히 하나의 가능성을 재현하거나 연기하고 있는 가면과 같은 존재이기 때문이다.

'선(량)한 개인'의 딜레마

그러므로 〈우리들의 일그러진 영웅〉이 아이들의 세상을 그린 것이나, 어른들의 해후 속에서 과거를 회고하는 장면으로 이야기를 끝내는 것은 일견 당연해 보인다. 영화 속의 '우리들의 일그러진 영웅'은 어느 시골 국민(초등)학교 5학년의 학급반장으로 재학 중인 엄석대(홍경인)의 인물과 행태 속에서 구체적으로 예시된다. 학급의 담임인 최 선생(신구)의 인정과 질둔한 두호 아래 석대는 갖은 행악과 추태를 저지르며 어둠 속의 지도자 Führer로 군림한다. 훗날 '엄석대의 반'에 치의致疑의 시선을 던지는 김 선생(최민식)에게 최 선생은 이렇게 단언한다. "지내보시면 아시게 될 겁니다 그 반이 얼마나 좋은 반인지!" 흔히 시골의 토호를 징치하는 자가 한양에서 내려온 어사또이듯이, 시골 학교의 '강하고 대체로 악한 자'에 맞서게 되는 이는 서울의 명문학교에서 전학을 온 한병태(고정일)라는 '약하지만 대체로 선한 자'다. 병태는 낯선 곳에 도착한 가욋사람의 시선으로 엄석대라는 '파리대왕'의 왕국을 간파하고 그 부조리함에 저항하지만 대가 없는 고군분투 속에서 번번이 좌절한다. 엄석대는 단지 한 사람의 급장이 아니라 담임선생의 눈먼 위임을 받은 위에 완력과 모략을 부려 전권을 행사하는 독재자인 것이다. 병태가 지녔던 날선 외부자의 시선은 속절없이 꺾이고 어느덧 그마저도 매사 첨속으로 엄석대를 대하는 처지가 된다. 영화는 새 담임선생의 부임과 이어지는 반전에 이르기까지, 각성했지만 잔약한 개인이 강고하고 완악한 체계 속에서 분투하는 과정을 통해 그가 어떤 식으로 삐치고 실그러지고 마침내 순치되는가 하는 '선(량)한 자의 딜레마'를 간결하고 분명하게 보여준다. 선량한 개인이 충분히 선량하지 못했다는 사실('나는 지난 10년 사이에 성매매를 단 한 번밖에 하지 않았다'는 그 수동적·비교적 선량함!)만이 문제가 아니다. 개인의 선량함은 필시 충량忠良으로 귀결되며, 그는 사태의 구조를 반전시킬 수 있는 조직적인 연대에 이르지 못한다는 데에 더 큰 문제가 있다.

체계의 건강은 가욋사람들의 비판적 연대에 기댄다

한병태는 외부자의 시선을 잃어버리고 단독자의 입장을 포기한 채로 엄석대의 체계에 급속히 물들어간다. 반체제에서 친체제로 돌아선 병태는 그 자신의 변절과 그 죄책을 잊어버리려는 듯 잉여의 노동을 개의치 않으며 자신의 보스에게 각근히 충성한다. 그러는 사이 그는 엄석대의 일그러진 왕국에서 2인자의 자리에까지 오른다. 부자는 단지 부富의 '현실'을 향유하는 데에 만족하는 게 아니라 그 부의 '권리'를 발명하고 싶어한다는 베버의 설명처럼, 엄석대의 체계 속에 투항한 한병태 역시 그 투항과 복종의 달콤한 열매를 누리는 것으로 만족할 수는 없는 법이니, 그는 응당 자신의 두동진 행위를 정당화하고 싶어하는 것이다. 사태를 이런 식으로 재해석하자면, 변심과 복종의 열매가 달콤한 이유는 흔히 사실의 문제라기보다 오히려 권리의 문제로 번져간다. 만일 그 열매가 달콤해야 하는 이유가 그 자신의 변절을 합리화·정당화해야 하는 이유만큼이나 절실하다면, 그 열매는 그야말로 별수 없이 달콤해야만 하는 것이기 때문이다. 그러니까, (칸트의 어법을 빌리자면) 그 열매는 어찌할 수 없이 달콤해야 하므로 돌이킬 수 없이 달콤할 수 있는 것이다.

다 아는 대로 세속의 쾌락과 진실이 어긋나는 일은 통속적일 만큼 잦다. 또 진실이 치명적이라거나 가장 근원적인 쾌락은 진실을 외면하는 짓에 수반된다거나 하는 따위의 주장은 세속의 욕망이 언젠가/어느 곳에선가 지불해야만 하는 비용의 실체를 일러주기도 한다. 단지 그간 감추어졌다는 사실만으로 얻는 개방과 발화의 효과가 적지 않듯이, 쾌락의 열매는 개인의 진실을 희생하거나 억압했으므로 가능해진 것이기에 더욱 달콤해야만 하는 것이다.

엄석대가 영웅이자 독재자로 군림하고 그의 체계가 쉽사리 무너지지 않는 것에는 그의 지위와 행세가 이른바 '절차적 합법성'을 갖추었다는 사실도 중요한 한몫을 한다. 투표라는 제도와 최 선생의 인정은 그의 광범위하고 집요한 행악과 수탈을 가리거나 정당화하는 데 악용된다. 그리고 그렇게 오용되는 형식적 적법성은 반원들의 의사소통을 실질적으로 차단하고 체계가 체계만을 돌보는 그 기계적 메커니즘을 강화시키게 된다. 히틀러주의나 일본 천황제, 혹은 박정희체제 등이 뼈저리게 시사하듯이, 좌도左道나 반체제 세력이 거세된 채 사회경제적 위기 상황에 내몰린 제도적 선택은 파시즘적으로 흐를 위험에 노출되게 마련이다. 엄석대 체제의 제도적·절차적 적법성이 외려 그의 조직적인 행악을 가려주었듯이, 보나파르티즘이나 파시즘은 그 제도적 합법성에 의해 그 체제를 더욱 공고히 굳힌다.

합법적인 틀에 의해 보호받는 체계는 내부자에 의해 내파內破되기 어렵고, 체계 내부에서 이루어지는 개인들의 각성과 투쟁은 머지않아 진화되거나 내재화되기 쉽다. 역사가 숱하게 증명해주었듯이 제 나름대로 합법적인 형식을 이룬 왕국은 그 행악이 수미산을 이루어도 결코 스스로 변신하거나 몰락하지 못한다. 마찬가지로 엄석대의 체계도 개인 한병태의 결심과 투쟁이 아니라 그 체계 자체를 괴악하게 여겼던 외부자(김 선생)의 막강한 폭력에 의해서 한순간에 무너지고 만다. 모든 제도의 궁극적 건강성은 그 제도를 근원적으로 낯설게 대하거나 그 체계를 발본적으로 의문시하는 가욋사람들의 비판적 연대에 기댄다. 파리대왕이 생겨나는 것은 세속의 운명이지만, 그 파리대왕이 독수리대왕으로 자라게 두는 것은 우리의 타락이다.

"너희들이 앞으로 만들 세상은 생각만 해도 끔찍해!"라고 절규하면서 엄석대 체제를 혁명하는 데에 주도적이었던 김 선생은 영화의 말미에서 지역 국회의원으로 잠시 등장하는데, 노회한 정치인의 말과 짓 속에서 자유와 진리를 외치던 그 젊은 선생은 온데간데없습니다. 외부자의 시선으로 억압적 체제를 깨트리는 데 주역이 되었던 김 선생이 다시 기성 체제에 빌붙어 셋줄을 부리는 내부자로 변신하는 것으로 슬픈 세속의 단면은 자신을 증거합니다. 체제가 그 체제를 바꾼 메시아를 재체제화하는 그 경겁스러운 순발력! 세속이 꼭 그런 것입니다.

스무번째 이야기 - 하얀 전쟁

이야기냐
자.살.이.냐.?

무엇이든 가능하다는 일상의 원리는 '전쟁 조차 낭만적으로 채색할 수 있게 한다. '삶의 너머에는 아무것도 없다' 고 한다면, 그 삶의 일상 속에는 신들이나 괴물들조차 살아가야 하기 때문이다. 거꾸로, 일상으로 박진할수록 낭만주의의 환상은 쉽게 부서지기 마련이다.

정지영

1946년 충북 청주 출생. 고려대 불문과 졸업. 김수용 감독의 영화 10여 편에서 조감독을 맡으면서 영화계에 입문, 미스터리물〈안개는 여자처럼 속삭인다〉(1982)로 데뷔했다. 한수산 원작의〈거리의 악사〉(1987) 외에〈위기의 여자〉(1987),〈여자가 숨는 숲〉(1988),〈산배암〉(1989) 등 1980년대 한국 영화의 경향성에 기운 멜로와 스릴러 영화들을 선보였다. 이후 문화계에 확산된 해금의 분위기 속에서 선보인〈남부군〉(1989)은 빨치산 이태의 수기를 토대로 한 사회성 짙은 작품이다.〈남부군〉은 빨치산의 생활을 객관적으로 묘사하여 반공영화와 다른 길을 뚫어냈다는 평가를 받았다. 뒤이어 고은의 소설『산산이 부서진 이름』을 영화화한〈산산이 부서진 이름이여〉(1991)를 선보였다.〈하얀전쟁〉(1992)은 미국에서 출판하여 이목을 끌었던 안정효의 원작『화이트 배지』를 영화화한 작품이다. 월남전에서 얻어온 외상증후군으로 일상적 삶이 불가능할 정도로 처참히 파괴된 한기주와 변진수의 비극적 결말을 통해 월남전의 후유증을 전쟁 비판적 시각으로 담아냈다. 이 작품은 죽이는 자의 정신까지도 파괴하는 전쟁의 실상에 대한 폭로로서, 전쟁에 대한 공식적 입장과 기억을 밀어내고 이루어진 베트남 전쟁에 대한 한국 영화의 첫 반성이었다. 대한해외참전전우회가 일부 장면의 삭제를 공연윤리위원회에 건의하는 소동이 일어나기도 했다. 대규모 전투 장면 촬영 등으로 20억 원 이상의 제작비와 최첨단장비가 동원된 것으로도 화제를 불러일으켰다. 고故 유영길 촬영감독의 역동적 카메라 워크가 만들어내는 전쟁영화의 한국적 스펙터클이 인상적이다. 춘사영화예술상 감독상, 도쿄 영화제 작품상, 감독상 등을 수상하면서 해외 영화제에서 호평을 받았다.

후속작 〈할리우드 키드의 생애〉(1994) 역시 안정효의 소설을 원작으로 미국 영화의 부정적인 영향과 할리우드 식민주의로 굴절된 한국사회에 대한 반성을 담고 있다. 미스터리 스릴러 〈블랙잭〉(1997) 이후 〈까〉(1999), 〈은지화〉(2002) 등을 선보였다.

정지영은 한국영화인회의 이사장을 맡으면서 한국 영화의 세대교체와 영화 정책 방향 설정에서 주도적 역할을 맡고 있다. 스크린쿼터 문화연대 공동위원장을 맡으면서 스크린쿼터제 보호를 위한 여론 조성에 적극적으로 나섰고, 1인 시위를 펼치기도 했다. "수출을 하더라도 그 나라의 영화를 존속시키는 가운데 수출해야 한다"는 원칙은 미국이나 우리나라나 모두 비켜갈 수 없다고 밝히기도 했다. 함께 공동체 생활을 하면서 보여주려 했던 감독의 정신을 귀하게 여긴다는 말을 보태면서 김동원의 〈상계동 올림픽〉을 주목할 영화로 추천하는 그에게, 영화 안팎 모두에서 중요한 화두는 '정치성, 투쟁'이 아닌 상생의 정신인 듯하다.

이야기(글쓰기)란 무엇인가

"가시는 곳 월 나-아-암 따-앙 하늘은 멀더라도~!" 그 어느 먼 옛날, 불과 열 살 초등학생이었던 내가 부산항 제3부두에 이끌려 나와 승선하는 파월장병을 향해 학우들과 더불어 목청껏 외쳤던 이 노랫말은 아직도 혀끝을 생생하게 감돈다. 비록 국가 이데올로기의 최하위 단말기 노릇일 뿐이었지만, 개선의 무운을 염원하는 어린 우리의 심정은 자못 진지하고 차마 비장하였다. 지난여름, 낡은 에어컨을 손봐주러 찾아온 마을 전파사의 주인 최씨는 수리하는 틈틈이 묻지도 않은 월남전 파병시의 얘기를 늘어놓았다. 빗맞은 것들과는 달리 자신을 향해 다가드는 포탄이나 총탄은 아예 그 소리부터 다르다는 얘기를 끝으로, 최 노인은 월남에서 한몫 단단히 챙겨 귀국했다는 얘기를 마치 옛날 영화의 속편처럼 언죽번죽 꺼내놓는데, 회상이라는 특권적 기억에 기댄 노인의 음성과 표정은 사뭇 낭만적이었다.

그 무엇이든 가능하다는 일상의 원리는 '전쟁' 조차 낭만적으로 채색할 수 있게 한다. '삶의 너머에는 아무것도 없다'고 한다면, 그 삶의 일상 속에는 신들이나 괴물들조차 살아가야 하기 때문이다. 거꾸로, 일상으로 박진할수록 낭만주의의 환상은 쉽게 부서지기 마련이다. 그래서 비교적 합리적인 데다 지식인의 본치까지 띤 한기주 병장(안성기)은 단번에 그 체험의 요체를 꿴다. "전쟁, 허영이었어… 한번 체험해보고 싶다는…." 이론가들이 만구일담으로 주워섬기듯이 사적 낭만주의의 알속은 헛된 독창성과 독특성을 향한 자기애적 허영이기 때문이다.

전쟁의 끔찍한 실제와 그 지질한 일상을 거친 한기주에게 더 이상 전쟁 낭만주의나 전쟁이 데올로기 따위가 발붙일 구석은 없다. 귀국한 후 이혼한 채로 낡은 아파트에서 홀로 쓸쓸히 살아가고 있는 그에게는 "10년이 지나도록 머릿속에서 혼돈과 절망으로만 뒤엉켜 있는 월남전"의 잔상들이 남아 있을 뿐이다. 그런데 그가 다름 아닌 소설을 쓰면서 생계를 유지하고, 특별히 외상성 기억으로 내장된 참전기를 회고담 형식으로 재서술하는 이유는 현실적으로 자명해 보인다. 요컨대 한기주는 이야기(소설쓰기)를 통해 자신을 치유하거나 부지불식간에 구원의 제스처를 반복하고 있는 셈이다. 그 흔한 실용서의 광고 문안처럼 글쓰기는 다만 치유의 도구가 아니다. 글쓰기가 스스로 조형해가는 그 몸체는 그 자체로 삶의 형식과 조응하는 것이다.

대개 외상성 기억은 파편화된 채 그 피해자의 의사와 무관하게 폭력적으로 기동한다. 그것은 주체화를 위한 자아의 서사(삶의 일관성) 속에 의미 있게 통합되지 못하고 강박적 잔상으로 소외된 채 밖으로만 배돌게 된다. 외상기억의 피해자는 과거를 숨기거나 스스로 그 기억으로부터 도피하는 법이지만, '침투intrusion'라는 징후적 현상에서 보이듯이 과거의 파편은 예기치 못한 정황 속에서 피해자의 삶 속으로 솟아올라 그 현재적 권리를 치명적으로 요구하곤 한다. 물론 이 같은 현상은 한기주보다 심약한 성정의 변진수(이경영)의 경우에 보다 극적으로 도드라진다. (남편과의 사별 후 자신을 '과부'라는 명칭과 동일시하는 데에만도 적지 않은 노력이 필요했다고 말하는 이들도 있듯) 가령 스스로를 '강간 피해자'라고 인정하고 그 명칭을 수용하는 일이 이미 그 자체로 문제의 해결과 치유를 위한 중요한 첫걸음이 될 수 있는 것처럼, 자신의 억압된 문제를 낱낱이 대면하는 것은 자신의 삶을 '의미 있고 일관된 전체성meaningful coherent whole'으로 재생시키는 출발점이 된다. 한기주에게 소설쓰기는 자신의 억압된 외상적 기억을 상징적으로 배치, 통합시키는 일견 나름대로 자연스러운 행위다. 자네Pierre Janet의 지적처럼, "외상적 상황이 만족스럽게 청산되려면 행동의 외적 반응뿐 아니라 내적 반응에 이르기까지 스스로 결정한 어휘로써 그 사건을 상세히 설명할 수 있고 이 설명이 개인사의 한 장으로 자리매김되어야" 하기 때문이다.

실재의 귀환

그러나 전쟁의 실제를 소설쓰기라는 상징 형식으로써 미봉하고 통합하여 자아를 건지려는 한기주에게 변진수의 등장은 악몽의 재연에 다름 아니다. 그는 이른바 '실재의 귀환'이나 '억압된 그림자Schatten der verdrängte/unbewusste Teil der Persönlichkeit의 돌출'(융)과 마찬가지인 것이다. 한기주의 전쟁신경증combat neurosis은 바로 그 전쟁의 실재를 밀어내고 막아내는 보호기제가 이루어낸 타협인 셈인데, 변진수라는 살아 있는 상처의 흔적은 실재의 근원으로, 신경증의 진실이자 그 원천적 광기의 장소로 단박에 되몰아가는 것이다. 한기주는 '전우'라는 낭만적 환상은 고사하고 변진수가 자신의 생활공간 속에 틈입하는 것조차 꺼린다. 그는 변진수라는 전쟁의 상흔을 통해 '기억을 잃는 신경증'을 견디며 애면글면 건사하고 있는 자신의 현재가 일거에 붕괴될 수도 있을 위험한 신호를 직감적으로 읽고 있기 때문이다.

정신병적 자아로서의 변진수는 신경증적 주체로서의 한기주가 얼기설기 봉합한 상징적·소설적 세계에 중대한 위협으로 다가든다. 그렇기에 그가 변진수의 등장과 더불어 당시 연재 중이던 신문 소설을 그만두겠다고 찜부럭을 내며 동창인 신문사 편집국장에게 투정을 부리는 것은 당연해 보인다. 한기주의 소설쓰기라는 상징적 봉합물은 변진수라는 치명적 벼리의 침탈과 그로 인한 요동으로 말미암아 그만 찢어 헤쳐지는 위기에 봉착하게 된 것이다. 변진수라는 전쟁의 실재와 다시 만나는 과정에서 다소 두동진 태도를 보이는 한기주의 선택은 둘로 갈린다. 변진수라는 과거와 더불어 미쳐버리고 소설쓰기를 그만두든지, 아니면 변진수를 제거하고 다시 미래의 소설쓰기를 계속할 수 있는지, 하는 기로에 내몰린다. 물론 그는 우여곡절을 겪은 후 다시 소설쓰기를 재개하기로 결심한다. 그러나 그것은, 변진수를 총으로 쏘아 죽인 뒤 그 총을 쥔 채 그의 시신 곁에 나란히 누운 자의 결심으로만 재현될 뿐이다. 전쟁외상성 증후군을 유달리 앓으면서 아직도 정글 속인 듯 도시 속을 개신개신 헤매고 있는 변진수가 존재하는 한 한기주의 상징적·소설적 미봉은 실패할 수밖에 없기 때문이다. 자신이 은폐한 상처의 창구이자 숨은 진실의 입구인 변진수의 존재가 얼씬거리는 한 한기주의 변신은 물거품이 될 게 뻔하기 때문이다.

변진수는 월남에서 가져온 권총을 한기주에게 부치지만 한기주는 당연히 그 용처를 짐작하지 못하고 역정만 부린다. 그러나 변진수가 보낸 권총이란 자신의 외상이 현재 속에 결절된 표지판과 같은 것이고 오직 그 현장에 동참한 자들만이 공감할 수 있는 진실의 매체인 것이다. 한기주 역시 점점 외상의 흔적인 그 권총의 현실을 인정하게 되고, 이윽고 권총(해결)을 수용하게 된다. 변진수가 그 총으로 자살하고 싶어한다는 사실, 그리고 마침내 전쟁의 체험을 공유한 한기주의 손을 빌려 죽음의 평화에 이른다는 사실은 글쓰기를 통한 상징적 봉합을 선택한 한기주와 극명하게 갈라지는 지점이다. 한기주는 변진수가 월남에서 가져온 권총으로 그를 쏘아 죽인 후에 그의 시신 곁에 누워 중얼거린다. "이젠 소설을 써야겠다. 정말 좋은 소설을…." 그는 소설쓰기라는 주체화의 매체를 통해 과거를 미봉한 채 미래로 나아갈 수 있을 것이다. 그러나 끝내 현실 속으로 복귀하지 못한 변진수는 과거를 택한다. 그는 과거를 지시하는 권총-매체를 통해 그 외상의 과거 속으로 영원히 되돌아간 것이다.

인간을 '이야기하는 존재'로 정의하는 학자들이 더러 있답니다. 그러나 단지 '언어적 존재 homo linguisticus'와 같은 애매한 규정이나 인간은 말하기를 좋아한다는 따위의 경험적 사실을 떠올려서는 안 됩니다. 혹자는 이야기를 인문학적 인식의 범주나 단위로 치기도 하지만, 〈하얀전쟁〉을 놓고 보면 이야기는 무엇보다도 피해자들의 상처 속에 응고된 진실이 후대의 역사 속에 전달되도록 돕는 상징적 통합의 매체이지요. '이야기는 역사를 감춘다'는 말은 중요하지만 일면적인 지적일 뿐입니다.

스물한번째 이야기 - 달마가 동쪽으로 간 까닭은?
새.와. 소.

요컨대, 그는 새를 향한 애착 탓에 죽음의 문턱에 이르렀지만, 물에 빠져 막 익사할 지경에야 목숨과 몸의 애착에서 놓여남으로써 오히려 몸과 목숨을 살리게 되는 것이다. '비우면서 살린다'는 말의 탁절한 형상화가 아닐 수 없다. 종교는 다르지만 배유의 잠언도 이같은 이치를 둥뜨게 표현하고 있다. "집착은 환상을 만들어 낸다. 실재를 원한다면 집착을 버려야 한다…집착이란 결국 대상이 실재한다는 느낌이 충분하지 못한 상태다."

배
·
용
·
균

1951년 대구 출생. 서울대 회화과 졸업. 일찌감치 인생에서 성취해야 할 일로 화가가 되는 것과 영화감독이 되는 것 두 가지를 품었다. 프랑스 파리대 대학원에서 이론을 전공하여 조형예술학 박사학위를 받았다. 효성여대 회화과 교수를 지냈다. 학창 시절 윌리엄 와일러의 〈콜렉터〉를 영화의 분위기나 장면을 놓치지 않으려고 60회 이상 반복해서 볼 만큼 소문난 영화광이었다. 정신이 황폐해져가던 프랑스 유학 시절 불현듯 떠오른 달마의 구체적인 형상을 품고 귀국, 교수로 재직하면서 틈틈이 촬영하여 〈달마가 동쪽으로 간 까닭은?〉(1989)을 완성했다. 충무로 시스템의 바깥에서, 우연히 찾아온 이미지 하나에 의지한 채 보낸 독학의 나날이 기획 단계부터는 8년, 제작 자체만도 4년이었다. 각본, 제작, 감독, 촬영, 조명, 미술, 편집 등을 도맡아 완성한 철저한 작가주의적 작품이다. 스위스 로카르노 영화제에서 심사위원들의 만장일치로 최우수상으로 확정, 한국영화 70년사상 국제 경쟁영화제에서 거둔 최초의 수확으로 영화계를 놀라게 했다.

〈달마가 동쪽으로 간 까닭은?〉은 산사에서 수도생활을 하는 세 스님의 이야기다. 입적을 앞두고 있는 노승 혜곡, 사바세계에 두고 온 어머니에 대한 미련과 도를 깨칠 것을 갈망하는 번민 속에 놓인 젊은 스님 기봉, 고아로 태어난 동자승 해진. 혜곡 스님이 세상을 떠난 뒤 기봉과 해진 두 스님은 깨달음을 얻고 각자의 길을 간다. 제목은 선불교의 "달마가 서쪽에서 온 까닭은?" 이라는 화두를 변용시켜 감독이 설정한 화두이다. 절제된 대사와 이에 조응하는 완벽에 가까운 영상언어라는 평을 듣고 그는, "영화는 대사에 의하지 않고 체험을 전달하는 점에서 훌륭한 선의 미디어" 일 수 있으며 "나의 영화 한 쇼트 한 쇼트는 이미 하나의 시"라는 말을 남겼다. 고요와 적막의 아름다움이 배어 있는 화두들의 향연은 기존의 한국 영화의 계보를 무색하게 했다. 한 장면을 위해 예순 번 넘게 찍기도 하고 계절이 바뀌는 바람에 다음 해를 기다려 찍거나, 하루에 고작 두세 컷을 찍기도 할 만큼 완벽한 작품을 창조하기 위해 들인 정성과 수고는 상식의 선을 넘어선다. 그의 완벽주의는 〈달마〉의 프린트를 만들 때 영화진흥공사에서 있었던 끈질긴 색보정 작업에서의 일화로도 유명하다. 배우의 연기는 거리에서 섭외한 아마추어들을 1년 동안 직접 지도한 결과로서, "물감처럼 짓이겨 완전한 꼭두각시로 만들어" 사용한다는 그의 배우관을 반영하고 있다.

후속작 〈검으나 땅에 희나 백성〉(1997)은 선의 세계에서 세속의 어둠으로 하강한다. 이 영화는 알렉스 카우프만이라는 한 남자의 '해천' 방문기다. 자연의 세계는 상실되고 산업화된 문명의 잔해가 늘어선 불모의 땅에 유폐된 인간 존재를 모티브로 삼았다. 영화(극장) 자체가 일종의 "최면술적 공간"임을 전경화하고, "의식의 근저, 의식의 심층, 혹은 무의식의 차원에서 (관객들을) 슬며시 건드"리는 "긴 쇼트들의 몽타주 영화"를 만들었다.

배용균은 '영화란 예술과 대중적 상품 사이 어딘가에 자리 잡고 있는 것'이라는 통념을 완강히 거부하며 영화를 예술의 경지에 올려놓기 위해 망명인을 자처, 오직 작품에만 충실한 감독이다. 지금도 골목 어귀 어디에선가, 자신을 방문한 하나의 이미지를 스크린으로 옮기는 조형 작업에 몰두하고 있을 것이다.

episode

나는 문사의 본치를 띠고 있지만 그 근본이 무골武骨이라, 소싯적에는 갖은 운동과 무술 흉내로 소일하곤 했는데, 그중에서도, (믿지 않으시겠지만) 초등학교 시절에는 돌팔매질로 백발백중 쥐를 잘 잡았고 심지어 그 일로 교장 선생님으로부터 표창장을 받기도 하였다. 그 당시의 어느 날, 우연찮게 제법 근사한 나무 새총 하나를 얻게 된 나는 마을 뒷산으로 직행, 강하게 물을 먹인 뒤 첫눈에 들어오는 참새를 향해 어림잡고 눈결에 시위를 날렸다. 아직은 손에 채 익지도 않은 새총이라 겨우 먼장질이나 할 듯했건만, 작은 구슬만 한 돌멩이는 빨랫줄처럼 날아가 정통으로 그 참새의 몸을 때렸다. 나는 쾌재를 부르며 그 사냥감을 향하여 뛰어갈 참이었지만, 돌멩이에 맞은 참새는 수십 개의 갈색 깃털을 분분紛紛이 흩뿌리며 땅으로 떨어지다 말고 한순간 흐느적거리던 날개를 간신히 휘감아 채면서 빽빽한 관목들 너머로 개신개신 넘어가고 말았다. 나는 나름대로 느낀 게 깊어, 그날로 새총을 발로 밟아 꺾어버리고 다시는 새를 탐하지 않았다.

두 가지 공부길

동자승 해진(황해진)은 큰스님 혜곡(이판용)이 저잣거리에 나섰다가 우연찮게 떠맡아 절로 데리고 온 고아다. 기봉은 애착과 갈등의 응어리를 세속에 묻어놓고 입산한 젊은 중으로 어느 대찰의 주지가 소개해준

대로 혜곡의 문하에 들어가 그의 상좌 노릇을 하면서 견성성불見性成佛을 위해 용맹정진한다. 혜곡과 기봉은 사제의 인연을 맺은 채로 공부길의 영욕과 허실을 나누며 앞서거니 뒤서거니 나름의 목표를 향해 나아가지만, 그저 머리 깎은 꼬마일 뿐인 해진의 세계는 아직 인간이 아니라 자연이다. 혜곡과 기봉은 말(화두)을 매개로 삼아 성불과 득도의 길을 토론하지만, 해진의 장소는 말이 없는, 말을 못하는 것들의 세상이라 일견 제 나이의 호기심과 모험에 걸맞은 놀이터일 뿐이지만, 배용균은 해진의 그 놀이터 속에서 혜곡과 기봉의 공부길과는 판이한 모습의 공부길을 그려놓는다. 그런데, 그것은 흥미롭게도 새와 더불어 시작된다.

해진은 물장난을 치다 말고 물속의 자갈 하나를 집어 허공으로 던진다. 쌍을 이루어 살던 새 한 마리가 그 돌멩이에 맞고 물에 떨어져 퍼덕거린다. 경겁한 나머지 한 짝은 날아가지도 못하고 주변의 나뭇가지에 앉아 그야말로 새된(!) 기성奇聲을 뿜어댄다. 해진은 남녀노소를 불문하는 그 만고의 '애착' 속에서 새를 잡아 절로 가져온다. 그러나 그가 가져온 것은 잡은 새만이 아니다. 짝을 잃고 남은 새 한 마리도 그를 쫓

청년 기봉	스승(혜곡)	사람의 언어	의식	가족 애착
아이 해진	자연	자연의 실재	무의식	새 애착

아와 이후로 줄곧 그의 거처를 맴돈다. 새를 잡아온 해진은 바로 그 애착의 힘으로 잡아온 새를 돌본다. 그러나 치명적인 상처를 입고 벽장 속에 구금된 새는 해진의 애착대로 반응하지 않는다. 그는 축 늘어진 새의 부리를 집어 물을 먹이려고 하지만, 가령 횟집의 수족관에 잡힌 횟감이 자발적으로 싱싱해질 리가 없다. 그사이 짝을 빼앗긴 남은 새는 끊임없이 해진의 주변을 배돌며 이 이중적 애착의 후유증을 살아낸다.

사랑하므로 죽인다

해진은 자신의 애착만으로는 새를 살려내지 못한다. '사랑하므로 죽인다'는 것은 세속의 가장 흔한 이치이지만, 산사에서 살아가며 세상 모르는 동자승 해진도 애착으로써 붙들어온 새를 역시 애착으로써 죽이고 만다. 그러기에 '사랑의 비밀은 내밀한 증오'(몽테뉴)라거나 '사랑과 미움은 다만 그 방향을 달리하는 같은 성격의 에너지'(프로이트)라는 등의 말은 단지 이론가들의 사변이 아니다. 2008년에 영화로도 소개된 매큐언Ian McEwan의 소설 『속죄Atonement』(2001)에는, 로비Robbie가 자신을 무고해서 감옥으로 보낸 브라이오니Briony를 회상하며 묘사하는 대목이 있다. "그래 그는 그저 어린애였지. 하지만 모든 아이가 거짓말로써 사람을 감옥에 보내지는 않아. 모든 애들이 다 그처럼 주도면밀하고 악랄하진 않지. 그처럼 오랫동안 집요하고 결코 흔들리지 않고 확신에 차 있진 않아."("Yes, she was just a child. But not every child sends a man to prison with a lie. Not every child is so purposeful and malign, so consistent over time, never wavering, never doubted.") 물론 어린 브라이오니가 그처럼 영악하게 거짓말을 일삼아 한 사람의 인생을 망칠 수 있었던 것은 바로 사랑(애착)의 힘 때문이었다.

비우면서 살린다

해진은 죽은 새의 시체 위에 기왓장을 엎어둔다. 얼마 후 찾아본 그 시체와 기왓장에는 온통 구더기가 슬어 있다. 해진이 시체를 땅속에 다시 묻고 그 기왓장을 절벽 아래로 던져버리는 순간, 그 주변을 서성이던 짝 잃은 새는 기왓장이 깨지는 그 '소리'(아, 산사에서의 '소리'란!)에 놀라 벽력같이 허공 속으로 솟구쳐 오르고, 이어서 이 모든 소리에 놀란 해진은 발을 헛딛고 절벽 아래 깊은 소沼에 빠지고 만다.

배용균의 등장이나 〈달마가 동쪽으로 간 까닭은?〉이라는 작품은 그 자체로 한국 영화사에서 하나의 사건이었지만, 이 장면의 미학적 완성도와 그것이 자아내는 기이한 감동은 사뭇 기념비적인 것이다. 소에 빠진 해진은 한동안 두 팔을 물 밖으로 내밀고 허우적거리면서 구명을 위해 본능적인 몸부림을 친다. 카메라는 아무런 감정의 동요 없이 이 장면을 원경遠景으로 잡는데, 보는 시선에 따라서는 이 잔인한 풍경이 차마 아름답기조차 하다. 해진의 몸부림이 잦아들면서 관객들이 그가 죽었거니 여기는 순간, 어느새 그의 얼굴이 물 밖을 향해 고요히 떠올라 있고, 그의 몸은 마치 삶을 향한 애착의 끈을 놓아버리기라도 한 듯 가벼워지면서 조금씩 수면으로 솟아오른다. (영화상으로는 분명치 않지만, 그가 한순간 정신을 잃고 자아의 애착을 놓아버렸기에 가능해진 현상처럼 묘사된다.) 그러자 해진의 몸은 물 흐름을 좇아 조용히 움직이기 시작하고 얼마 후 그의 몸은 안전하게 물가에 닿는다.

요컨대, 그는 새를 향한 애착 탓에 죽음의 문턱에 이르렀지만, 물에 빠져 막 익사할 지경에야 목숨과 몸의 애착에서 놓여남으로써 오히려 몸과 목숨을 살리게 된 것이다. '비우면서 살린다'는 말의 탁절한 형상화가 아닐 수 없다. 종교는 다르지만 베유Simone Weil의 잠언도 이 같은 이치를 동뜨게 표현하고 있다. "집착은 환상을 만들어낸다. 실재를 원한다면 집착을 버려야 한다… 집착이란 결국 대상이 실재한다는 느낌이 충분치 못한 상태다." '사랑'이라는 것도 현실적으로 별 신통치 못한 짓이긴 하나, 특히 애착은 사랑도 돌봄도 아무것도 아니다. 타자의 지평 속 깊이 자신의 몸을 끄-을-고 나가보는 체험이 거듭되지 않고선 애착이라는 치명적 착각 속에서 빠져나올 수 없는 법이다. 그리고 사람살이와 그 인문人紋의 공부라면, 타자성을 얻는 게 늘 그 밑절미로 깔린다. (세속적 의도의 고집으로서의 애착과 타자성의 지평이라는 대조!)

새에서 소로

그렇게 목숨을 건진 해진은 산그늘 속의 추위에 떨며 길을 잃고 헤맨다. 그리고 '길 위의 방황'이라는 테마와 더불어 소가 등장하는 것은 너무나 자연스러운 노릇이다. 내가 그 새의 상처를 가슴에 묻은 채 새총을 내팽개친 후 꼭 10년 만의 일이었다. 당시 대학 1학년생이던 나는 같은 교회의 동료들과 어울려 봉사 및 전도활동의 일환으로 남해의 어느 섬을 찾았다. 그러곤 여러 패로 나뉘어 가호 방문을 하면서 내가 이해한 기독교의 진리를 주워섬기고 있었다. 한 농가에서 만난 칠십대의 노인이, 교회에 나오시라고 설득하는 나를 물끄러미 바라보다가 불쑥 말을 건넸다. "학생! 학생은 세상 맨 처음에 무엇이 있었는지 아는가?" 노인은 내가 그것을 알아맞히면 교회에 나가겠다는 다짐을 주며 내게 재차 답을 요구해왔다. 내가 잠시 머뭇거리자, 노인은 버럭 고함을 지르며 오금을 박았다. "소야 소〔牛〕! 그것도 모르면서 전도는 무슨 전도야!"

해진이 어두워져가는 산속에서 길을 잃고 헤맬 때에 등장한 것이 다름 아닌 소다. 선가의 '심우도尋牛圖'에서 잘 드러나지만, 소는 길의 상징인 동시에 길〔道〕로 가는 수행의 방편이자 시금석으로 곧잘 등장한다. 소는 어린 해진이 숲속을 방황할 때에 그 반려가 되어 줄곧 길라잡이 노릇을 한다. 형식적으로 정리해보자면, 새로 인해 잃은 길을 소로 인해 찾아온다고 해야 할 것이다. 이 배회의 과정에서 흥미로운 장면은 그의 어머니로 추정되는 여인의 등장인데, 검은색 치마저고리를 입은 이 여인은 숲속에서 잠에 빠지는 해진을 깨워 죽음에서 구한다. 이 장면 속에서 여인은 소와 일치하는 존재로 그려진다. 아무튼, 해진이 겪는 외상적 체험의 후유증 속에서야 들깨워진 그의 무의식을 통해 본 적 없는 그의 상처(엄마)가 드러나는 것이다. 혜곡과 기봉이 화두를 놓고 일생일대사의 깨침을 겨루는데, 어린 해진은 새와 소와 더불어 커간다.

나는 '독립'과 '고립'을 분별하고 '독립하되 고립되지 않는다'는 것을 지식인의 좌우명처럼 길게 애용해왔습니다. 무릇 체계의 구조적 간지奸 智는 개인의 결심이나 성찰을 넘어서는 힘이므로, 독립은 성찰이나 결심의 문제가 아닙니다. 체제의 제도적 단말기와 불모의 고립 사이에서 제 길을 걸어가며 실력을 쌓으려면 '다르게 살기'가 선사하는 불화의 생산성을 가꾸어가야 합니다. 대체로 불화의 삶은 비생산적이고 소모로 흐르기 쉽지만, 가윗사람으로 입신하려는 이들이라면 불화 속에서 생산해야 하고, '무능/부재' 속에서 급진急進할 수 있어야 합니다. 배용균이 누군진 모르지만, 대단하군요.

스물두번째 이야기 - 기쁜 우리 젊은 날

기다리는 자와
떠.나.가.는. 자.

이 영화는 다시 보아도 지루하고 통속적이다. 젊은 황신혜의 코를 페티시로 염탐艷貪할 노릇이 아니라 작품으로만 가량하자면 주목할 이유가 명개 먼지 한 톨만큼도 없어 보인다. 예를 들어 "전 지난 3년간 단 하루도 혜린씨를 잊은 적이 없습니다"라는 영민(안성기)의 대사는 거짓말이 아니라 오직 완벽한 '무지' 속에서만 발설될 수 있는 연사戀辭다. 한국의 지역 철학자들이 별로 철학적이라고 여기지도 않을 어느 세계적인 프랑스 철학자의 말을 빌면, 그같은 고백은 "기가 막혀서 웃지않고는 분석할 수 없는 말" 이겠기 때문이다.

배창호

1953년 대구 출생. 연세대 경영학과 졸업. 대학 시절 연극반 활동, 3학년 때부터 자작 시나리오를 들고 영화사를 찾아다니기도 했다. 선배 최인호의 소개로 이장호 감독을 만나면서 영화의 꿈을 구체화했다. 1978년 아프리카 케냐에서 근무하다가, 이장호 감독의 복귀 소식을 듣고 귀국하여 우여곡절 끝에 〈바람 불어 좋은 날〉(1980)의 조감독으로 영화계에 입문했다. 〈정오의 미스터 리〉가 영화진흥공사 시나리오 공모에 당선되면서 작품을 준비, 〈꼬방동네 사람들〉(1982)로 감독 데뷔, 대종상 감독상과 한국연극영화예술상 감독상을 수상했다. 이후 〈고래사냥〉(1984)으로 영평상 감독상, 〈적도의 꽃〉(1983)으로 아시아태평양영화제 감독상, 〈깊고 푸른 밤〉(1984)으로 한국연극영화예술상 감독상 및 대종상 감독상을 수상, 1980년대를 대표하는 감독으로 자리 잡았다.

재미와 대중성에 호소하는 그의 영화는 한국 영화에 대한 관객들의 불신을 불식시키는 데 기여했다. 최인호의 신문 연재소설을 영화화한 〈적도의 꽃〉(1983), 방황하는 청춘에 빗대어 억압받는 사회 현실을 애정 어린 시선으로 그린 〈고래사냥〉(1984), 불법이민남의 아메리칸 드림과 계약 결혼한 교포 이혼녀의 사랑을 담은 〈깊고 푸른 밤〉(1984) 등이 대표적이다. 한편 〈황진이〉(1986)는 내용과 형식에서 작가주의적 실험을 시도한 작품으로 〈안녕하세요 하나님〉(1987), 〈꿈〉(1990) 등으로 이어진다.

"〈황진이〉 이후 대중적인 영화를 찍고 싶어서 제작했다"는 〈기쁜 우리 젊은 날〉(1987)은 '첫사랑에 대한 아름다운 보고서'로 주인공 영민의 혜린을 향한 사랑 이야기다. 이 영화로 그는 상업적 흥행 감독으로서의 면모를 재확인시켜 주었다. 1980년대 서울의 풍경과, 빨간 다이얼 공중전화, 초창기 OB맥주, 두꺼비 소주, 영라면, 동그란 안경테, 포니 택시 등 추억의 소품들이 볼거리이며, 고故 유영길 촬영감독의 촬영 테크닉이 영화의 묘미를 더한다. 이 영화로 대종상 녹음상 및 음향효과상, 영평상 각본상 및 특별상 등을 수상하면서 그해 최고의 영화로 선정되었다.

이후 공백기를 거쳐 배창호 프로덕션을 설립했다(1995). 젊은이들의 강렬한 욕망과 그 비극적 결말을 다룬 〈젊은 남자〉(1995)가 성공을 거두고, 자전적인 영화 〈러브스토리〉(1996)를 선보였다. 그는 〈러브스토리〉를 "다시 만든 데뷔작"이라고 평한 바 있듯, 작품에 실제 연애담과 감독으로서의 자의식을 담았다. 실제 아내인 김유미가 출연해 화제를 모았다. 노파가 된 순이가 자신의 기구한 삶을 돌아보는 형식의 〈정〉(1999)은 그가 의욕적으로 도전한 작품으로, 프랑스 베노데 국제영화제 심사위원 대상과 최우수 관객상을 수상했다. 한恨을 넘어선 〈정情〉이야말로 한국의 정서라는 자신의 영화철학을 집대성한 작품이다. 김성종의 소설『최후의 증인』을 각색한 〈흑수선〉(2000)은 부산국제영화제에 개막작으로 상영되었다. 충무로 시스템을 떠난 영화에 의욕을 보이며 저예산 영화 〈길〉(2004)을 연출, 직접 주연으로 출연하기도 했다.

그의 영화 편력은 "내가 아는 것, 내가 하고 싶은 것, 내가 할 수 있는 것 사이의 방황을 조율"한 역사다. 그 와중에도 유년 시절에 각인된 〈시티 라이트〉의 찰리 채플린과도 같은 순진성과 사회성의 공존, 인간에 대한 따뜻한 시선으로 갈무리되는 배창호의 감수성은, 조율의 방황 중에도 여전히 유효할 것이다.

불멸하는 사랑, 그 통속이라는 반무지半無知

이 영화는 다시 보아도 지루하고 통속적이다. 젊은 황신혜의 코를 페티시로 염탐艶貪할 노릇이 아니라 작품으로만 가량하자면 주목할 이유가 명개 먼지 한 톨만큼도 없어 보인다. 예를 들어 "전 지난 3년간 단 하루도 혜린 씨를 잊은 적이 없습니다"라는 영민(안성기)의 대사는 거짓말이 아니라 오직 완벽한 '무지' 속에서만 발설될 수 있는 연사戀辭다. 한국의 지역 철학자들이 별로 철학적이라고 여기지도 않을 어느 세계적인 프랑스 철학자의 말을 빌리면, 그 같은 고백은 "기가 막혀서 웃지 않고는 분석할 수 없는 말"이겠기 때문이다.

그런데 실은 바로 이 지질한 영화가 러브 스토리라는 게 그나마 천만다행한 일인데, 세속의 사랑 이야기야말로 그 무엇보다도 지질한 것이기 때문이다. (물론 사랑을 다룬 문학이나 영화가 굳이 통속적일 필요는 없지만) 사랑은, 그 만고의 사랑은 늘 통속적이다. 그것은 박인환의 시처럼 통속적으로 들리며, 그의 시를 모짝 신문기사보다 못한 것으로 폄하한 김수영의 큰 눈이나 큰 코처럼 통속적으로 보인다. 김치나 라면이나 혹은 어느 지역의 걸쭉한 국밥처럼 사랑은 오직 그 통속성으로 인해 불멸하지만, 그 통속성이 이내 자연화하면서 사랑은 다시 자신의 알짬을 숨기고, 거꾸로 이 은폐된 무지 속에서 사랑은 변함없는 그 통속성을 강화한다. 사랑의 알짬은 꼭 그런 것이다. 그것은 통속이라는 반무지半無知 속에서 내일도 어제처럼 나태하고 화려하게 묵새길 것이다.

기다리는 일, 혹은 사치와 낭비

사랑의 약자란 으레 그러하지만 이 영화에서도 영민은 '기다리는 자'로서 표상된다. 흔한 지적처럼 사랑이 낭비이자 사치의 일종이라면, 그것은 우선 기다림이라는 형식의 낭비이자 사치인 것이다. 그리고 그 기다림은 예외 없는 통속인 짝사랑으로 시작된다. (실은 모든 사랑은 그 본질에서 '짝사랑'일 수밖에 없는데, 사랑의 동력은 매력의 물매, 권력의 물매, 그리고 정서의 물매 등, 한쪽을 향한 기울기의 힘으로만 가능해지기 때문이다. 그러므로 엄밀히 말하자면 '평등한 사랑'은 불가능한 개념이다. 사랑이 볼꼴사나운 채로 평등한 꼴이라도 갖추려면 '섹스사회주의' 이상의 제도적 규제와 개입이 필요할 텐데, 그때에는 이미 사랑이라고 할 수조차 없다. 사랑은 외부에서 임의로 건드리거나 간섭할 수 없는 것이고, 그렇기에 더욱더 불평등한 것이기 때문이다.) 다 아는 대로 사랑은 종교나 자기애(나르시시즘)와 더불어 인류의 대표적인 환상인데, 그중에서도 짝사랑은 환상의 기본을 가장 알뜰하게 보여주는 '무관계의 관계' 형식이다. 이 사실은 영민이 연극 무대 속의 배우로 등장하는 혜린(황신혜)을 짝사랑하게 된다는 설정에 의해 더욱 강화된다. 둘은 우여곡절 끝에 한 가족을 이루고 자식까지 낳게 되지만, 혜린을 대하는 영민의 태도는 배우를 대하는 관객의 태도처럼 내내 환상적이다. 이쯤에서, 무대나 스크린 속 여주인공의 호명呼名은 환상의 메커니즘을 통해 그녀를 욕망하는 그 누구나에게 정확히 배달된다는 이데올로기론을 들먹여도 좋을 것이다. 영민은 그녀의 공연 때마다 꽃, 과일 등을 보내고 심지어 공연 사진을 앨범으로 만들어 부치면서 관객의 익명 속에서 그녀를 기다린다. 영화상으로 이 기다림은 혜린의 불행(사기혼인과 이혼)으로 인해 잠정적이나마 끝나긴 하지만, 영화의 절반은 혜린을 향한 영민의 기다림으로 채워진다. 어쩌면 사랑의 약자로서의 그가 기다리는 반복은 기다림 그 자체일지도 모른다. 통속의 사랑이란 기다림이라는 반복 속에 깃드는 환상이 거의 전부인지도 모르기 때문이다. "사랑은 반복되는 나날과 삶으로부터 우리를 일탈시켜주거나 해방시키는 것이 아니라 반복을 온 마음으로 기다리게 하는 것으로 우리를 구원한다."(장정일, 『보트 하우스』)

떠나가는 일, 혹은 여자의 특권

영민이 '기다리는 자'라면 혜린은 '떠나가는 자'로 표상된다. 영민의 기다림이 한갓 아마추어 짓이기라도 하듯 혜린은 산부인과 '전문' 의(라고 사칭한 자)(전무송)와 혼인한 뒤에 뉴욕으로 떠난다. 미인이 '전문가'를 찾는다는 것은 가정과 직장, 사랑과 권력, 친밀성과 객관성, 살과 돈, 연인과 동료(친구)로 나뉜 근대 자본제적 세속의 코드와 일치한다. 영민이 기다리는 행위를 통해서 사랑의 통속성을 증거하듯이 혜린은 떠나가는 행위를 통해 바로 그 통속성을 완결시킨다. 실은 기다리는 짓을 만족시킬 수 있는 것은 떠나가는 짓밖에 없기 때문이다. 보부아르(『제2의 성』)의 표현법에 따르면, 기다리는 남자를 영영 기다리게 만드는 그 신비의 밑절미는 그녀의 텅 빔vacance이며, 이 텅 빔을 접하는 순간 그는 그녀를 더 이상 기다리지 못하게 된다. 그래서 기다리는 자를 떠나는 일은 여자의 특권이었다. 심지어 만나고 있는 순간에도 여자는 떠나가는 조짐을 흘리고 시늉을 부림으로써 사회적 약자라는 객관적 핸디캡을 극복하고 개인적 매력의 특권을 유지할 수 있는 것이다. 지멜의 말을 빌리면, "구혼자를 퇴짜 놓으면서 동시에 그에게 항복할 수 있는 여성의 능력은 너무나 심오하고 완벽한 그녀의 존재의 표현"인 것이다.

통속의 사랑에서는, 떠나가기를 포기하고 기다리는 자에게 응답하는 행위를 일러 '혼인'이라고 불렀다. 혼인이라는 제도 속에서는 짝사랑의 물매를 그 본질로 하는 통속적 사랑의 행위는 상징적으로 끝이 난다. 기다리는 자와 떠나가는 자 사이의 어긋남의 변증법을 통해서만 점점이 성립하던 사랑의 다이내미즘(아니, 다이내미즘으로서의 사랑)은 공식적으로 끝난다. 이후의 기다림은 종종 우스꽝스레 역전되는데, 직장에 출근했다가 돌아오지 않거나 늦게 귀가하는 남자의 이미지는 시계를 쳐다보는 '집사람'의 이미지와 겹쳐진다.

그러나 배창호는 다시 혜린을 떠나게 만드는데, 그 방식은 이미 안쓰러울 정도로 배창호적이다. (간단히 사족을 달자면, 이런 식으로 배창호는 1990년대를 거치면서 '극복' 되는 것이니, 공부길에 든 자라면 누구든 마땅히 이를 두려워하지 않을 수 없지만, 제아무리 한때를 풍미하던 자도 그 자신이 역사 속에서 극복되는 방식을 미리 알 수는 없다는 것 속에 또한 공부의 명암이 서린다.) 제도 속에서 화해한 두 연인이 다시 기다리는 자와 떠나가는 자로서 갈라지는 지점은 역설적이게도 '자식'이다. 하지만 다 아는 대로 자식은 혼인이라는 제도의 아교(이는 어느 요절한 시인이 말한바, 그 '안전한(!)' 아교)가 아닌가? 혜린을 떠나게 하는 또 한 번의 통속적 설정은 출산의 후유증으로 인한 죽음이다. 임신중독 증세를 보이는 혜린은 의사와 영민의 권면을 뿌리치고 "진정으로 사랑했던 영민의 아이를 낳기를 소망" 한다는 이야기다. 진정으로 사랑했던 영민의 아이를 낳기 위해서 그 영민을 버려야 한다는, 내가 듣기에는, 달밤에 거북이 등짝 긁는 소리 같은 이 발명은 이 영화가 파산하는 지점이면서 동시에 세속의 사랑이 그 고유한 통속성을 얻어 불멸하는 자리이기도 하다. 그래서 둘이 만나서 아이를 낳건 그 무엇을 하건, 이 영화 속의 혜린은 떠나가는 자이면서 배우이고, 영민은 기다리는 자이면서 관객인 것이다.

1. 이 글에서도 사랑의 통속성을 줄곧 지적했지만, 그처럼 통속적인 대상을 인문학, 특히 철학의 논제로 삼아 진지하게 토의할 수 있을까요? 우선 시중에 상품으로 나도는 사랑에 대한 갖은 논의나 수상隨想들이 워낙 통속적이고 변변치 못했던 사정도 사랑을 진지한 철학적 주제로 제고하기 어렵게 만드는 데 한몫을 했던 게 사실입니다. 그러나 잘라 말하면, 현대 인문학의 가장 탁월한 성취 중의 일부는 사랑에 대한 그 통속의 태도를 비판적으로 분석하는 가운데 문화와 욕망의 시대를 선도하는 급진적 주제를 얻게 되었다는 것입니다. 가장 진부한 것을 가장 급진적으로 분석해낼 수 있는 재주는 흔히 오해받는 만큼 드물게 귀한 것으로서, 미래의 인문학도 이 지점에서 그 성패를 가늠하게 될 겁니다.

2. 직관적으로 보자면, 배창호는 나이(세월)와 미학적 거리를 두지 못해 그 속에 얹히고 묻히고 잡혀간 것입니다.

스물세번째 이야기 - 자녀 목

여.인.의. 길.
혹은
겹의
이.중.구.속.

박잡한 경험이 주는 미립 속에서 체제의 울타리를 넘어 깨단하는 지혜는 사회적 약자들이 몸을 끄-을-고 살아가면서 자신들을 옥죄고 있는 이데올로기의 허울을 벗겨가는 방식이기도 한 것이다. 제임스W. James의 유명한 표현처럼, 경험은 제 스스로 끓어넘쳐 기존의 틀 속에서 볼 수 없었던 '너머의 것'에 접속하게 한다. 일상의 경험들은 주어진 틀 속에서 생성되고 그 틀은 경험의 외곽선을 조율하지만, 경험은 약자들의 영원한 텃밭이다.

정·진·우

1938년 김포 출생. 중앙대 법정대 졸업. 대학 시절 연극반에서 이종환(방송인), 오승룡(성우) 등과 활동하다가, 유현목의 〈잃어버린 청춘〉(1957)에 참여하면서 약관의 나이에 영화계에 입문했다. 강범구 감독의 촬영 조감독, 임권택 감독과 함께 정창화 감독의 조감독으로 일하면서 영화 수업을 받고, 데뷔작 〈외아들〉(1963)로 한국 최연소 감독이 되었다.

서비스 직공의 출세 욕망과 좌절을 그린 〈초우〉(1966)로 본격적인 작가로서의 입지를 굳히고, 그 한 해 동안 〈악인시대〉, 〈하숙생〉 등 5편의 작품을 발표하면서 감독으로서의 역량을 십분 발휘했다. 우진 필름을 설립(1969)하면서 제작과 연출의 두 영역에서 일정한 성과를 남겼다. 〈마지막 황태자 영친왕〉(1970)으로 대종상 우수작품상, 아시아영화제 최우수 청년감독상을, 〈동춘〉(1970)으로 부산일보주최 부일영화상 작품상과 감독상을, 〈석화촌〉(1972)으로 청룡상 최우수작품상과 부일영화상 작품상 및 감독상을 수상하고, 〈섬개구리 만세〉(1973)로 청룡상 감독상을 수상, 베를린 영화제 본선 경쟁 부문에 진출했다. 영화 기술의 선진화를 위해 영국과 일본 등지에서 동시녹음과 편집기술을 견학하고 연수하여 〈율곡과 신사임당〉(1978)을 제작, 영화 기술 분야에서도 선구적인 역할을 했다. 1980년대에는 기왕의 동시녹음 기술을 정교화하고 토속성이 짙은 문학작품을 원작으로 한국 영화의 세계화에 골몰하면서, 세속적인 사회를 벗어난 자연세계와 원초적 인간 본능을 탐구했다. 〈심봤다〉(1979)로 대종상 감독상을, 정비석의 〈성황당〉을 영화화한 〈뻐꾸기도 밤에 우는가〉(1980)로 대종상 우수작품상을 수상했고, 〈앵무새 몸으로 울었다〉(1981), 〈바다로 간 목마〉(1980), 〈백구야 날지 마라〉 (1982) 등의 작품을 통해 흥행과 완성도의 적절한 배합을 추구하는 완숙의 경지를 보여주었다.

1984년은 김효천의 〈사약〉, 하명중의 〈땡볕〉, 임권택의 〈흐르는 강물을 어찌 막으랴〉 등 굵직하고 무게 있는 사극영화가 많이 등장하던 때였다. 〈자녀목〉(1984) 역시 이러한 경향 속에서 조선시대 봉건적인 가부장 제도의 희생물이 된 여인의 삶을 그렸다. 대를 잇기 위해 들인 씨받이가 머슴과 달아나고, 주인공 연지는 아이를 갖기 위한 최후의 수단으로 외간 남자에게 몸을 맡기지만 그 행각이 발각되면서 자녀목에 스스로 목을 매달아 비극적인 죽음을 맞는다. 23회 대종상 작품상 및 감독상, 영평상 감독상 등을 수상하고, 도쿄국제영화제 세계영화베스트30에 선정되었고, 베니스국제영화제에 출품되었다.

이후 김진명 원작의 〈무궁화꽃이 피었습니다〉(1994)에서는 기획, 제작, 감독을 모두 맡아 전천후 영화인의 면모를 발휘했다. 시각적 특수효과와 동시녹음을 시도, 영화의 기술적 측면에 대해서도 지속적인 관심을 보여주었다. 춘사영화제 심사위원 특별상을 수상했다.

정진우를 한국영화의 대중화, 세계화를 고민하는 감독이라 일컫지만 그 의욕은 작품에만 한정되지 않았다. 복합상영관 씨네하우스를 건립하여(1989) 한국 영화 공급과 배급 체계의 난점을 극복할 대안을 제시하기도 했다. 100편이 넘는 영화를 제작하고 연출한 원로 감독으로서 44회 대종상영화제에서 불멸의 한국영화인 감독 부문에 선정되었다.

경험, 그 약자들의 영원한 텃밭

열녀 가문으로 쟁쟁한 당골의 춘당 댁에 시집온 연지(김용선)는 수년간 태기가 없어 백방으로 애를 써보지만 아무래도 삼신할미의 기별이 없다. 일찍이 사드Sade는 생산에 있어 남성의 씨에 비해 여성의 태胎가 하는 일이 없다는 투로 폄하라도(!) 했는데, 신분·성차별적 전제 위에서 아예 씨 자체가 주제화될 수 없었던 조선의 부권제 사회에서는 오직 여자의 태만을 문제시한다. '등잔 밑이 어둡다'고 했지만, 눈앞이 어두운 것은 늘 사회적 강자이기 일쑤다. 그러므로 철학적·심리학적으로 말하자면 자신에게는 그 자신의 자아야말로 질둔한 채로 완벽한 강자가 된다. 그래서 남자의 씨를 의심할 수 없는 해석학적 오류, 혹은 무해석의 오류 속에서 늘 여자의 태만을 바꾸려고 하는 것이다. 그런 식으로 노마님(박정자)은 독단적으로 씨받이(원미경)를 들인다.

씨받이인 사월이를 발가벗긴 채 그녀의 몸을 샅샅이 보고 만지면서 '아들을 잘 낳는 여자'의 기준을 중얼거리는 노마님의 태도는 말하자면 이데올로기의 물질화 그 자체다. "눈초리가 갸름해야 하며, 엉덩이가 암소마냥 퍼지고 크며, 배가 크고 살갗에 광택이 나고 살내가 향긋하며 목소리가 고르고 젖꼭지가 검고 단단하며 배꼽이 깊고 뱃가죽이 두툼해야…." 그래서 여자는 정신이 아니라 몸으로 판별되며, 그 몸은 남자 아기를 생산해낼 수 있는 용기容器로 판별되며, 그리고 그 용기로서의 존재는 군자의 도리〔君子不器〕와 정면으로 배치된다.

  사월이 이전에도 씨받이를 들인 적이 있는 터라, 가문의 권력자이자 가장의 친모인 노마님의 상상력이 가부장체제의 관습과 타성에 묶여 있는 반면, 남편을 다른 여자들의 품속에 넘겨주면서도 관인대도寬仁大度의 국량을 강요당해왔던 연지에게는 이미 사태의 실상을 파악할 수 있는 미립이 생겼다. 박잡한 경험이 주는 미립 속에서 체제의 울타리를 넘어 깨단하는 지혜는 사회적 약자들이 몸을 끄-을-고 살아가면서 자신들을 옥죄고 있는 이데올로기의 허울을 벗겨가는 방식이기도 한 것이다. 제임스W. James의 유명한 표현처럼, 경험은 제 스스로 끓어넘쳐boils over 기존의 틀 속에서 볼 수 없었던 '너머의 것'에 접속하게 한다. 일상의 경험들은 주어진 틀 속에서 생성되고 그 틀은 경험의 외곽선을 조율하지만, 경험은 약자들의 영원한 텃밭이다.

  어느덧 '그릇이 아니라 씨앗이 문제!'라는 사실을 깨단한 연지는 이 기막힌 궁지를 뚫어내기 위해서 대담한 기지—가령, 줄리언 제롤드의 〈비커밍 제인〉(2007)에 나오는 그 목사들이 여자에게는 반드시 금해야만 하는 항목의 제1위로 꼽았던 바로 그 기지(!)—를 발휘해서 난국을 돌파하려고 한다. 연지는 심지어 씨받이인 사월이조차 짐작하지 못할 방식으로 집안의 하인인 성삼이(김희라)를 사월이의 방에 들여 합방하도록 하는 것이다. 이로써 마침내 사월이에게 태기가 생기는데, 이 같은 내막에 깜깜한 노마님과 남편은 그녀의 임신을 집안의 경사로 여기고 이 눈먼 기쁨 속에 온 집안이 떠들썩하다.

그러나 그사이, 사월이와 성삼이는 실제로 눈이 맞아 주인 모르게 바람(?)을 피우게 되고, 또 사당패의 모가비인 아버지가 임종시에 딸의 자식을 잠시나마 안아보려는 청을 노마님이 말살스럽게 거절하는 일이 벌어지는 등의 우여곡절 끝에 불화가 깊어진 나머지 사월이는 춘당 댁에서 쫓겨나게 된다. 이 대목에서 다시 연지는 호랑이의 어금니에 걸린 반지를 빼려는 짓을 벌이는데, 가문의 홍복으로 여겨 애지중지하는 사월이의 아들을 쫓겨가는 그녀에게 빼돌려준 다음, 이제는 그녀 자신이 수태하려는 새로운 욕심에서 무춤거리는 성삼이를 다그쳐 그와의 동침을 시도한다. 그러나 이 모든 사실은 그녀를 연모하고 있던 윗마루 의원(전무송)에 의해 발각되고 또 구애를 빌미로 그의 협박까지 당하게 되자, 연지는 엉겁결에 쥔 돌로 그를 상해해서 그 자리를 모면하지만, 결국 의원의 발고로 그녀의 행적은 낱낱이 밝혀져 위기에 처하게 된다.

"이끼 긴 담장 하나 누구 뜻대로 할 수 없는 양반·열녀의 집안"의 며느리였던 연지는 남다른 기지와 용기로써도 자신을 조여오는 운명을 넘어서지 못한 채 자녀목恣女木에 목을 맨다. 그녀가 궁여지책으로 '제 몸을 제 뜻대로 굴리는 여자〔恣女〕'가 될 수밖에 없었던 것은 봉건적 가부장제가 규정했던 '여자의 길' 탓에 피치 못할 사정이었지만, 그 여자의 길은 곧 죽지 않고서는 자신의 주체를 세울 수 없는 길이기도 했던 것이다. 연지를 연모한 나머지 그녀의 약점을 잡아챈 의원은, "대관절, 양반이란 무엇이며 신분이란 무엇이며 체면이란 무엇이오?"라고 다그치면서 모야무지로 함께 도주하자고 꾄다. 그러나 연지의 대답은 한결같다. "전 출가외인입니다. 죽어도 시집에서 죽어야 할 여자의 길을 왜 몰라주신단 말씀입니까?" (이처럼, 연지는 선량하고 꾀 있는 여인이지만 그 꾀는 당대 체계의 외부를 염탐할 정도의 '공부'에 이른 게 아니다.)

겹의 이중구속

내가 특별한 지적 애정을 지니고 있는 베이트슨Gregory Bateson이 정신분열증을 설명하는 가운데 폭넓게 활용한 개념인 이중구속double bind은 쉽게 말하자면 서로 결별할 수 없거나 헤어지기가 어려운 비대칭적 권력관계 속에서 구조화된 진퇴양난의 곡경曲境을 가리킨다. 밖에서 씨받이 들이기를 거부하는 것, 혹은 나아가, 제 자신도 가문의 씨-받이〔용기〕라는 수동적·운명적인 존재이기를 거부하는 주체화의 길은 칠거지악七去之惡이라는 규율적 권력의 희생양으로 내몰리기 십상이다. 그렇다고 해서 씨받이의 운명을 안팎으로 수용하고 겸종의 길을 걷는 게 능사는 아니다. 그것은 인간으로서의 자존심과 인정욕구, 그리고 사랑의 돌봄을 졸연히 잃게 되는 또다른 죽음의 길인 것이다. 흥미로운 것은 이 이중구속이 후자의 경우 속에서도 반복된다는 사실이다. 여인의 의무는 남편을 다른 여자의 방에 넣어주는 데 동의하는 것만으로 끝나는 게 아니다. 그녀는 자신의 남자를 빼앗아가는 제도의 억압 앞에서 의연하게 처신해야 하며 심지어 그 용신과 표정조차 범범泛泛한 척해야 한다. 그는 질투라는, 억압적 관계 속의 약자에게 주어진 최소주의적 항변조차 금제당하는 중층의 구속 속에 있는 것이다. ('네 주체의 자율성과 독립성을 감출 비밀스런 구석을 금한다!')

겹의 이중구속이라는 가혹한 신세에 놓인 연지는 그 체계 밖을 사는 것은 물론 넘볼 수조차 없으며, 그 당대 제도적 체계 속에서나마 나름의 살길을 도모하는 것마저 필경 자녀목을 향한 살신의 길이 될 뿐이다. 씨받이 사월이가 자신의 남편과 합방했을 때마다 연지는 홀로 수繡를 놓는데, 이 수놓기는 그녀가 놓인 처지와 신세에 얹힌 은유로서도 흥미로운 대목이다. 여인들의 수놓기는 여성적 친밀성의 매체이자 상징처럼 표상되곤 하고, 흔히 이야기의 구조를 일러 선형線形이라고도 하듯이 실을 뽑거나 잣거나 수를 놓는 것, 혹은 실타래는 그 자체로 이야기에 비유되곤 하는 것이다. 생물학자인 카터Sue Carter의 실험에 의하면, 위기 상황에 봉착하게 된 초원 들쥐 중 수컷은 제 짝을 찾아나서는 데

반해 암컷은 오히려 동료 암컷을 찾는다는데, 이는 여자들이 사회적 약자로서 이야기식 유대관계를 자기보호의 기제로서 활용해온 이력이나 성격을 살피는 데 꽤 중요한 시사점을 제공한다. 여자의 수다가 흔히 화제에 오르곤 하지만, 여자의 이야기는 연대와 보호, 치유와 구원의 매체로서 오랜 경력을 지니고 있는 것이다. 굳이 이런 식으로 생각을 이어보자면, 연지의 수놓기는 자신의 말할 수 없는 사연(이야기)을 다르게 말하는 방식이며, 언어의 바깥으로 억압했던 응어리진 한恨을 미봉으로나마 풀어내려는 '증상으로서의 예술'이라고 해도 좋을 것이다.

'이중구속'의 현상은 흔히 사랑의 가면을 쓰고 있습니다. 이것은 '사랑하므로 죽인다'는 보다 일반적인 원칙의 변종으로 볼 수 있지요. 사랑이 애착으로 흐르고 구속과 동일화의 욕심을 부린다는 것은 누구나 아는 일입니다. 그래서 애인을 죽여 그 인육을 먹은 어느 희대의 살인마의 발명 역시 한결같지요. "그녀를 죽도록 사랑했어요!" 죽도록 사랑하면 종종 죽이도록 사랑하게 되는 법이지요. 인류에게 끼친 가장 큰 해악이 사랑이라는 사실은 너무나 빤한 일입니다. 사랑? 이해하고 신뢰를 얻고 서로 존경하는 관계를 맺되, 부디 그저 현명하게 좋아하는 버릇으로 만족하시길 권합니다.

스물네번째 이야기 - 난장이가 쏘아올린 작은 공

난쟁이의 꿈.

굴뚝 위에 앉아 없는 곳을 향해 종이편지를 날려 보내야 하는 이 난쟁이의 자리는 대체 어디일까? 그것은 '공적 지위를 얻지 못한 상태로 내내 유랑하는 일종의 난민'(한나 아렌트)과 같은 것일까? 혹은 '공민의 지위를 박탈당한 채로 정치화되는 벌거벗은 생명 blosse Leben'(아감벤)의 일종일까? 아니면, 청송감옥의 수감자들, 숱한 정신병원과 요양소에 갇혀있는 익명의 환자들, 불법 이주민노동자들, 서울역전광장의 구석구석에 스며든 노숙자들처럼 내부의 식민지가 되어 '국가의 정치공간이 구성되기 위해 반드시 필요한, 내부 속의 국가 없는 외부'(J. 버틀러)일까?

이
·
원
·
세
·

1940년 평양 출생. 서라벌예대 연극영화과, 국학대학 국어국문학과 졸업. 이후 시나리오 작가로 활동 중 김수용 감독의 촬영부로 있으면서 영화계에 입문했다. 김수용 감독의 〈수전지대〉의 시나리오를 쓴 작가로 이름을 얻었다. 감독 데뷔작은 자작 시나리오를 영화화한 〈잃어버린 계절〉(1971)이다. 여성의 성욕과 불륜을 다룬 이 데뷔작의 제목이 '꿀맛' 이었다가 문공부의 검열로 바뀌어야 했던 비운은 그에게 쓰라린 상처를 남겼다. 〈나와 나〉(1972)로 청룡영화제 신인감독상을 수상하고, 뒤이어 시리즈물 성격의 영화를 다수 연출했다. 〈특별수사본부 배태옥 사건〉(1973), 〈특별수사본부 외팔이 김종원〉(1975) 등 반공적 성격의 특별수사본부, 신파영화로 큰 흥행을 불러일으킨 〈엄마 없는 하늘 아래〉(1977~78) 시리즈가 있다. 1970년대 후반에는 에로틱한 멜로드라마를 주로 연출했으며, 전쟁영화 〈전우가 남긴 한마디〉(1979)로 백상예술대상 감독상을 수상했다. 하길종, 이장호 등과 함께 1970년대 '영상시대' 동인으로서 영화계에 새로운 바람을 불러일으킨 주역이다.

〈난장이가 쏘아올린 작은 공〉(1981, 이하 '난쏘공')은 그의 대표작으로 조세희의 원작을 영화화했다. 철거 바람이 행복동의 난쟁이 김불이네에 안겨준 비극적인 운명을 통해 부동산 투기가 횡행하던 유신 독재시절 경제개발의 허실을 고발한 사회성 짙은 작품이다. 이 영화는 대종상 영화제 11개 부문에 노미네이트되었다가 문공부의 관여로 영화제 시작 두 시간 전에 다른 작품들에 자리를 내주어야 했다. 비운은 거기서 멈추지 않았다. 이 작품은 애초에 원작가 조세희가 직접 각색한 시나리오에 김민기가 음악을 맡아 공장지대의 삶을 그릴 예정이었다. 그러나 혹독한 검열을 거치면서, 금지조치를 당했던 김민기의 음악이 사용불가 판정을 받고, 각본도 원래의 것과 완전히 달라지고 말았다. 공장지대는 개작이 거듭되면서 염전지대로 바뀌고, 대사 역시 후시녹음과정에서 수정되면서 결국 감독의 의도와 원작에서 멀어졌다.

후속작 〈그 여름의 마지막 날〉(1984)은 대학생 영철이 공산주의 이념에 희망을 걸고 우여곡절 끝에 북으로 갔지만 결국 실망을 안고 탈북을 감행하다 죽음에 이른다는 반공영화로, 대종상 영화제 최우수 작품상을 수상했다. 그리고 뒤이어 발표한 〈여왕벌〉(1985)은 반미사상이 깔려 있다는 혐의를 받고 여러 번 정보부 호출을 당했다. 집안의 우환과 정부 탄압에 시달리다가 그는 결국 미국 이민행을 택했다.

마지막 작품인 〈여왕벌〉까지 한 해도 거르지 않고 영화를 연출한 감독으로서의 성실성, 사회적 침묵과 검열의 탄압 가운데서도 사회적 환부를 천착하는 의욕과 열정은 대표작 〈난쏘공〉과 더불어 재평가되어야 할 것이다. 연극 〈난쏘공〉(2006)이 26년 만에 원작자 조세희의 희곡으로 무대에 상연된 바 있다.

난쟁이라는 존재의 표지

아버지(김불이)가 난쟁이라는 사실은 그 자체로 존재의 표지가 된다. 돌이킬 수 없는 상처는 은폐됨으로써 증상이라는 미봉 속에 근근이 살아가게도 하건만, 이 난쟁이라는 표지는 어디서든 생급스레 드러나고 언제라도 민주스럽다. 그 존재가 스캔들로 취급되고 그 생애가 유배인 탓에, 난쟁이는 그 무엇도 아닌 난쟁이다. 그는 아버지보다 먼저 난쟁이였고, 남편보다 먼저 난쟁이가 될 수밖에 없고, 친구보다 직원보다 이미/벌써 난쟁이인 것이며, 죽은 시체가 되어서도 (검시관으로 찾아온 의사의 말처럼) 여전히 "난쟁이(잖아!)"로 대접받는다. 의식은 근본에서 요동搖動이긴 하지만, 난쟁이와 난쟁이 가족의 의식은 오직 그 사실을 중심으로 요동친다.

그래서 아버지가 난쟁이라는 사실은 집안 전체를 감싸는, 눌러도 눌러도 솟아오르는 자의식의 벼리가 된다. 막내딸인 영희(금보라)는 바야흐로 자신의 키가 아버지의 키를 넘어설 무렵의 나이에 이르자 아이다운 맹랑함으로 이 자의식을 선명히 드러낸다. "난 몰라, 아무도 아빠보다 작지 않으면 어떡하지? 아빤 더 부끄러워하실 텐데…." 하지만 동정同情은 주체화의 길이 아니며, 소녀는 자신을 품어줄 수 있는 사이즈의 아비가 필요하다. '다정하면 도道가 성글다'고 했지만, 실은 동정을 넘어서는 태도 속에서 다기진 주체화의 모습을 엿본다.

이와 관련해서 극히 흥미로운 대목은 영희가 큰 오빠인 영수(안성기)를 대하는 태도인데, 그에게 불쑥불쑥 안기거나 팔짱을 끼거나 심지어 한방에 곁붙어 자면서 마치 소녀가 아빠를 대하듯 부닌다. 큰오빠 영수는 영희에게 아빠의 대체물인 게 명백하다. 하지만 비록 영희는 내내 아빠의 처지를 '심정적'으로 동정하고, 심지어 영화의 말미에 이르면 "오빠, 아빠를 난쟁이라고 부르는 악당은 꼭 죽여버려야 해!"라고 부르짖지만, 아빠보다 빠르게 커버린 그녀에게 아빠가 안기거나 부닐 수 없을 만치 작은 난쟁이라는 '물리적'인 사실로 다가오는 것은 어쩔 수 없다.

난쟁이의 자리는 대체 어디인가

올해는, 저 큰물 건너 어느 나라에서 1776년에 건국한 이후 200여 년이 지나서야 비로소 한때 노예의 신분이었던 흑인(혼혈)이 대통령에 뽑히는 장관을 연출하기도 했지만, 짐작건대 이후의 인류사에서 난쟁이가 사회의 실권자가 되거나 주류 세력 속에 편입되는 사건을 기대하기는 어려울 것이다. 자식들의 만류를 뿌리치고 마지막으로 가족을 위해 봉사하려는 일념에서 아버지는 술집의 호객꾼으로 취업하는데, 술 취한 뒤에 본심에 더 충실해지는 게 인간이라던가, 자신을 대하는 동료와 취객들의 태도에 '미니보이'라는 애칭(?)으로 불리는 그의 슬픔과 환멸은 깊어만 간다.

이 영화의 가장 인상적인 장면 중의 하나에서 아버지는 큰아들 영수와 함께 손바닥만 한 거룻배에 올라앉아 가족의 장래를 부탁하는 중에 자신의 속내를 털어놓는다. "나는 매일 밤 꿈을 꾸고 있다… 아주 황홀한 달나라 꿈인데, 그곳은 난쟁이들만 사는 곳이라 오히려 큰 사람들이 구경거리더라." "아버진 달나라로 가실 수 없어요." "넌 이 땅에서 이 아비가 할 일이 남았다고 생각하냐? 이제 내가 할 수 있는 일은 너희의 짐을 덜어주는 것뿐이야. 그래서 말인데 내겐 꿈이 있단다. 난 네 어미를 위해 달나라에 먼저 가서 릴리프트 마을(『걸리버 여행기』에 나오는 소인국)을 건설할 참이야. 달에다 난쟁이 마을을 만드는 거야. 그곳에선 난쟁이 남편을 두었다고 네 어미를 업신여길 사람은 아무도 없겠지. 그런 난쟁이 마을로 니 어머니를 모셔다가 여왕으로 삼을 작정이다."

아버지가 달 속에 상정한 난쟁이 마을이라는 유토피아는 말 그대로 '없는 곳'이다. 이 영화의 관객이라면 영영 잊지 못할 장면인 굴뚝 신에서 아버지는 그 굴뚝의 꼭대기에 걸터앉아 그 없는 나라를 향해서 종이비행기 편지를 날려 보낸다. 유토피아(달나라의 소인국)와 세속 사이에 자리를 잡은 채로 없는 그곳을 그리워하는 이 우화 같은 장면은 이 난쟁이-아버지가 내몰리게 될 자리의 비극성을 처연하도록 '앓음' 답게(아름답게) 예시한다. 굴뚝 위에 앉아 없는 곳을 향해 종이편지를 날려 보내야 하는 이 난쟁이의 자리는 대체 어디일까? 그것은 '공적 지위를 얻지 못한 상태로 내내 유랑하는 일종의 난민'(한나 아렌트)과 같은 것일까? 혹은 '공민의 지위를 박탈당한 채로 정치화되는 벌거벗은 생명 blosse Leben'(아감벤)의 일종일까? 아니면, 청송감옥의 수감자들, 숱한 정신병원과 요양소에 갇혀 있는 익명의 환자들, 불법 이주민노동자들, 서울역전 광장의 구석구석에 스며든 노숙자들처럼 내부의 식민지가 되어 '국가의 정치 공간이 구성되기 위해 반드시 필요한, 내부 속의 국가 없는 외부'(J. 버틀러)일까?

소싯적에 큰아들 영수는 염부鹽夫가 되지 않고 공부를 하겠다는 조건으로 이웃집 명희의 사랑을 얻지만, 그는 결국 그 약속을 지키지 못한다. 명희가 술집의 접대부로 취업해서 나가기 전날 밤에 영수를 만나서 늘어놓은 하소연이다. "나 내일부터 술집에 나가. 어쩔 수 없잖아. 영수가 약속을 어기고 공장에 나가는 것처럼. 난 내일이면 끝장이야. 난 모든 것을 영수에게 먼저 주고 싶어. 부탁이야 나를 가져." 얼마 후 임신한 채로 버려진 명희는 남은 돈 전부를 영수네에게 빌려주고 음독자살을 하는데, 응급처치를 하는 의사의 타성적인 거들먹거림이 유달리 눈에 띈다. 도시근대화의 변죽으로 내몰린 하층민을 대하는 엘리트 전문가의 태도는 난쟁이-아버지의 주검 앞에서도 고스란히 반복된다. "난~쟁이 아냐?"

난쟁이가 쏘아올린 작은 '꿈'

가족은 철거민의 신세에 내몰리면서 주택분양권까지 헐값으로 팔게 된다. 주물공장에서 일하던 영수는 아무런 보상 없는 산재(화상)를 입고, 둘째 영호는 첫 권투시합에 출전해 케이오패를 당하고, 자신의 존재를 가족의 짐으로 여겼던 아버지는 예의 그 굴뚝에서 몸을 날려 달나라로 가버린다. 그 사이에 부동산 투기업자인 박우철(김추련)의 눈에 든 영희는 그의 부하 직원이자 애인 노릇까지 하면서 간신히 주택분양권을 되찾아 본 곳으로 돌아오지만 이미 난쟁이-아버지는 이 세상 사람이 아니다. "그곳에서는 사랑으로 바람을 불며 사랑으로 비를 내리게 하고 사랑으로 일하며 사랑으로 이웃을 대하게 하련다"라는 난쟁이의 꿈은 그의 죽음과 더불어 세속 속에서는 자취를 감춘다. 난쟁이가 쏘아올린 급진적(!)인 꿈이 세속의 체계 속에서 흔적 없이 방전되었다면, 분노와 야심 속에서 세속을 겪어가고 있는 영호의 노래는 보다 현실적으로 들린다. "선뜻~선뜻 잊읍시다. 간밤 꾸었던 슬픈 꿈일랑… 아침 햇살에 어둠 가시듯… 잊어~버립시다. 가끔~가끔 찾읍시다. 오랜 세월이 흐른 뒤에… 조심~조심 아주 조~심 다시 찾읍시다."

내가 긴히 신뢰하는 학생들을 훈련시킬 때에 공부의 방편 삼아 몸을 얹어보도록 권유하는 금제가 더러 있는데, 그중에서도 대표적인 게 '네 마음을 말하지 말고 남의 외모를 말하지 말라'는 것입니다. 이것은 여러 이론을 밑에 깔고 생긴 탓에 그 의미를 이해하기조차 쉽지 않지만, 그 취지를 제대로 파악해서 수년간 버릇처럼 차분히 지켜나가다 보면 예상 밖의 놀라운 성과를 얻을 수가 있답니다. 이 금제는 한편 선가禪家나 노장老莊류의 격언을 연상케 하는 게 사실입니다. 그러나 실은 자본제적 삶의 체계를 그 바탕에서부터 흔들어 새로운 욕망과 관계, 그리고 새로운 삶의 양식과 희망을 일구어내는 밑절미로 삼을 계기를 선사한다는 데에 그 요점이 있습니다. 가령, '양성평등!'이라거나 'TV를 보지 말라'거나 '난쟁이를 차별하지 말라'는 슬로건은 오직 그런 식으로만 돌이킬 수 없는 성과를 낼 수 있는 것입니다.

스물다섯번째 이야기 - 이어도

천.남.석.의. 자손들

"천남석의 자손은 길이 이어질 거예요"라는 민자의 말은, 이 영화가 천남석의 존재로써 상징하는 가치를 처리하는 지향을 선명히 드러내면서, 영화 전체의 주제의식을 엿보게 한다. 이 대목에서 흥미로운 것은, 천남석이라는 존재의 삶과 죽음은 '신화적인 기억 속에서 제의적으로 재연되는 가운데 마침내 신神으로 승천하는 희생양' (르네 지라르)과 놀랍도록 닮았다는 점이다. '십자가에서 인류의 죄를 위해 희생양의 죽음을 자청한 뒤에 부활해서 승천한 예수 그리스도'라는 기독교의 도그마에서 명시적으로 표상되듯이, 당대의 시속과 시류가 용인하고 추구하는 욕망 일반을 거부하고 다른 삶의 양식과 희망을 일군 아방가르드는 에피고넨들의 집단적 폭력에 의해 제의적 희생의 신세를 면치 못하게 된다.

김기영

1919년 서울 출생. 해방 후 경성치과의전 졸업. 대학 시절 호국대 문화부장으로 서울대 통합 연극반을 창립하여 연극운동에 주력했다. '고려예술좌'를 창설(1946), 그의 작품 세계에 영향을 끼친 헨리크 입센의 〈유령〉에서 뛰어난 연출로 호평을 받고, 〈베니스의 상인〉, 〈암로〉 등을 연출했다. 한국전쟁의 와중에 피난지 부산에서 선배 오영진의 소개로 미국공보원 영화제작소 수석 시나리오 작가 겸 연출자로 〈리버티 뉴스〉를 5호까지 만들었고 이를 계기로 동시녹음 반공영화 〈주검의 상자〉(1955)를 연출, 감독으로 데뷔했다. 일련의 치정극 〈양산도〉(1955), 〈봉선화〉(1956), 〈여성전선〉(1956), 〈황혼열차〉(1957)를 선보이고, 이후 도시빈민굴과 부랑아 문제 등 사회 밑바닥의 어두운 모습을 리얼하게 보여준 〈초설〉(1958)과 〈십대의 반항〉(1959)을 내놓으면서 주목받기 시작했다.

〈하녀〉(1960)는 〈화녀火女〉(1971), 〈충녀蟲女〉(1972), 〈육식동물〉(1984)로 이어지는 악녀 연작의 효시이다. 이 작품을 기점으로 그의 영화는 표현주의적 스타일로 전환하고, 신상옥, 유현목 감독과 당대 한국 영화를 주도하는 트리오가 되었다. 파격적인 상황 설정, 비일상적 대사, 뒤틀린 욕망, 성적 억압에 시달리는 중산층, 특히 여성의 성격 파탄에 주목하는 면들은 이후 작품에서 나타나는 일관된 특징이다. 〈현해탄은 알고 있다〉(1961), 〈고려장〉(1963)은 인간의 숨겨진 악과 공격 본능이 개인의 차원을 넘어 사회 제도의 인습에 희생된 양상으로 확대되어 나타났다. 또한 〈육체의 약속〉(1975), 〈느미〉(1980)에서는 악녀 시리즈와는 상반된 긍정적인 여인상을 보여주기도 했다. 김기영 프로덕션과 신한문예 영화사를 운영하면서 제작을 겸했고, 김삼화, 김지미, 안성기, 이은

심, 임운하, 윤여정 등 유수한 배우들을 양성했다.

이청준의 신화적 원작을 영화화한 〈이어도〉(1977)는 김기영의 1970년대 대표작이다. 관광회사 기획부장 선우현이 제주도 관광호텔 개발을 목적으로 실존 여부가 모호한 이어도를 탐색하기 위한 관광선을 출항시킨다. 탐사 도중 취재 기자 천남석이 실종되고, 선우현은 탐문자의 역할을 맡아 천남석의 죽음의 원인을 밝혀간다. 그러나 파랑도 술집 작부인 민자에 의해 선우현은 '돌아온 천남석'으로 전락, 사건에 휘말리고 견고해 보이던 미스터리 구조는 붕괴된다. 이 작품은 탐문 주체와 대상, 샤머니즘적 요소로 표상되는 전근대와 과학적 지식과 생태계 파괴로 갈무리되는 근대와의 경계가 모호하게 뒤엉켜 있다. 이는 감독이 파랑도 섬을 "전통과 신비가 살아 있는 유토피아가 아니라 급격한 개발 속에서 진행된 공업화, 근대화에 떠밀린 환경오염이라는 괴질로부터 자유롭지 못한 곳"으로 설정하여, "자연계가 파괴되면서 전통사회가 붕괴되고 사람들의 삶과 죽음에 대한 신앙도 혼미"해질 수밖에 없었던 1970년대 한국 사회의 모습에 대한 비판적 시각을 보여준 것이다.

주문 제작 시절이었음에도 후배 하길종 감독이 언급했듯이 '실험적·편집광적 태도로 인간 의식구조에 골몰'한 그는, 일찌감치 사회에 대한 주관적 시선과 스타일의 일관성으로 자신의 작가주의적 개성을 확고히 한 '영화작가'라는 이름에 걸맞은 감독이다. 부산국제영화제에서 '김기영 회고전'(1997)이 열렸고 외국 영화인들로부터 큰 주목을 받고 있다. 1998년 타계했다.

환상, 혹은 인간 존재의 밑절미

"이어도란 제주도민의 전설에서 나온 환상의 섬을 말합니다. 어부들이 고기잡이 갔다가 죽으면 그 넋은 이어도가 회수해서 영생토록 삶을 누려줄뿐더러 어부들의 생사관을 확립시켜 죽음과 대결하는 이들의 용기를 북돋워주고 있는 것입니다." 관광회사의 기획부장으로 '이어도'라는 호텔 사업에 개입한 선우현(김정철)이 그 기획 취지를 설명하는 중에 나온 말이다.

환상fantasy은 말 그대로 실재하지 않는 것이다. 그러나 그렇다고 해서 그 부재不在를 증명해서도 안 되며, 아니 그 부재를 증명할 수도 없다. 내가 인류의 대표적인 3대 환상으로서 종교와 사랑과 자기애(나르시시즘)를 흔히 거론하곤 했지만, 이처럼 환상은 인간이라는 존재에 이미 구성적으로 연루되고 있기 때문에 그 환상의 부재(혹은 '비어 있는 중심')를 증명하는 것은 대체로 위험하며 실은 더러 치명적이기도 하다. 이 영화의 모태가 된 이청준의 원작 『이어도』(1974)를 보면, 해군은 첨단의 장비를 동원해서 이어도라는 섬이 환상일 뿐 실재하지 않는다는 사실을 '증명'하려고 한다. 그러나 환상이란 단지 거짓말도 아니며 병리현상일 뿐인 망상delusion도 아니다. 환상은 그 가부可否나 진위만으로 가치가 판별되는 단순한 논리적 대상이 아니기 때문이다.

그 누구도 신의 존재/부재를 증명할 수 없듯이, 사랑의 본질을 눈앞에 버르집어낼 수 없다. (옛 시인은 이를 두고 "사랑이 엇더터냐 둥글더냐 모지더냐 기더냐 자르더냐…"라고 읊지 않았던가?) 마찬가지로 인간이 벌이는 활동이라면 그 무엇이든 그 수행성performativity의 효과 속에 또아리를 튼 나르시시즘을 완전히 제거할 수가 없는 법이다. 문학이나 예술, 종교와 사랑, 그리고 효심이나 애국심에서 나르시시즘이 차지하는 위상이 단단하고도 오히려 풍성하다는 사실을 그 누가 모르겠는가? 다만 각자의 나르시시즘을 응연히, 가만히 바라볼 수 있는 메타적 시선을 기르면서 그 수행적 효과장 속에서 새로운 생산성을 모색할 노릇이다.

환상과 나르시시즘은 전근대의 유산이 아니라 차라리 인간 존재의 밑절미인 것이다. 이청준의 『이어도』가 과학적 증명의 논리와 대결하면서 토속적 신화의 세계를 지켜내려는 천남석을 그렸다면, 김기영의 〈이어도〉는 "제주도의 상징인 이어도를 외국인을 상대로 하는 핑크호텔의 대명사로 쓰이는 것에 격분해서 항의하는" 천남석(최윤석)을 그린다. 이청준의 천남석은 현대 과학문명이 그 부재를 증명하려고 했던 이어도의 환상을 죽음(자살)으로써 (환상적으로) 되살려내려는 데 반해, 김기영의 천남석은 도시화와 산업화의 후유증에 휘말려들어 불모와 불임의 증상을 앓게 되는 섬의 현실에 보다 적극적으로 개입하는 인물로 그려진다.

천남석의 기원은 제주 섬으로, 어부와 해녀의 삶을 살아온 조상들의 영욕과 애환이 그의 몸에 기입되어 있다시피 한 존재다. 〈이어도〉는 이어도라는 상징으로 표상되는 특이한 삶의 공간을 천남석이라는 인물로 대변시키는데, 그의 사랑과 사업, 항의와 죽음, 심지어 익사한 그의 주검을 무당이 불러내 그의 여인과 시간屍姦케 하는 말미의 그로테스크한 장면에 이르기까지 그의 삶과 죽음(주검)은, 도시문명의 미명 아래 찾아든 죽임과 불임不姙에 대한 항의와 대결로 일관한다. 임신에 실패하는 선우현의 아내, 늘어가는 환경오염의 폐해, 천남석이 공들여 기획하지만 실패하는 전복양식, 관광유람선 선상船上에서의 항의와 죽음은 불모의 체제와 불화하는 인간의 모습을 통해 섬의 주민들과 자연이 오랫동안 생산적으로 공존해왔던 그 순리의 왜곡을 극명하게 내보인다. 그런가 하면, 번식과 생산의 원색적 이미지로 넘나드는 토속적인 섬의 풍속은 시류에 침탈당하면서 이울거나 실그러질 수밖에 없는 전통의 운명을 처연하게 증거한다.

희생양

앞선 평자들의 지적처럼 이 영화의 클라이맥스이자 압권은 마지막에 등장하는 시간屍姦 장면이다. 호텔의 유람선 선상에서 이어도의 상업화에 항의하던 끝에 난바다에서 실종된 천남석의 시체를 마을의 무당이 주술(굿)의 힘으로 끌어올린다는 설정이다. 그러고는 천남석의 어릴 적 배필로 짝지어졌던 술집 작부 민자로 하여금 뭍으로 끌려온 천남석의 시신과 시간케 해서 불모不毛를 방지하고 그 자손을 잇게 한다. "천남석의 자손은 길이 이어질 거예요"라는 민자의 말은, 이 영화가 천남석의 존재로써 상징하는 가치를 처리하는 지향을 선명히 드러내면서, 영화 전체의 주제의식을 엿보게 한다.

이 대목에서 흥미로운 것은, 천남석이라는 존재의 삶과 죽음은 '신화적인 기억 속에서 제의적으로 재연되는 가운데 마침내 신神으로 승격하는 희생양'(르네 지라르)과 놀랍도록 닮았다는 점이다. '십자가에서 인류의 죄를 위해 희생양의 죽음을 자청한 뒤에 부활해서 승천한 예수 그리스도'라는 기독교의 도그마에서 명시적으로 표상되듯이, 당대의 시속과 시류가 용인하고 추구하는 욕망 일반을 거부하고 다른 삶의 양식과 희망을 일군 아방가르드는 에피고넨들의 집단적 폭력에 의해 제의적 희생의 신세를 면치 못하게 된다. 그러나 이 에피고넨들이 결코 앞질러 알 수 없는 것은 자신들이 죽인 그 희생양이 후대의 기억과 제의적 반복을 통해서 신적 지위를 얻게 된다는 사실이다. 이와 더불어 그들이 미리 알았더라면 통탄해 마지않았을 것은 그들의 자손들인 또다른 에피고넨들이 그들이 죽인 바로 그 희생양을 모방의 모델로 따르고 섬기게 될 것이라는 사실이다. 이처럼, 의식적인 활동이든 무의식이든 혹은 역사상의 것이든, 반복의 중요한 한 갈래는 개인의 의도를 넘어서는 '복수'다. 천남석의 극적인 희생은 그가 겹으로(두 차례) 제물이 된다는 사실, 즉 살아서도 제물이었고 죽어서도 제물이 되었다는 사실에 의해 배가된다. 그는 근대적 도시화와 상업화에 의해 오염되는 이어도의 신화적 결백을 지키다가 선상에서 희생양의 죽음을 맞고, 그렇게 익사한 그의 시신은 섬의 무당에 의해 되불려와서 마을 여인네들의 생산(수태)을 위해 씨를 제공하는 기괴한 의식의 희생제물이자 주인공이 된다.

제주도 출신으로 내 오랜 지기인 이모 교수를 통해 '이어도'에 대한 그곳 주민들의 감회를 엿듣는 중에 묘한 갈등에 휩쓸려들게 되었습니다. 그에 따르면, 제주도에서 살던 고등학교 시절까지 그는 단 한 차례도 이어도에 대한 이야기를 들어본 적이 없다는 것이었고, 오히려 대학에 진학하면서 육지로 나온 뒤에야 난데 사람들의 입을 통해 이어도에 대한 담론을 접하게 되었다는 것이었습니다. 물론 그가 자리 잡았던 계층계급상의 처지와 여건이 중요한 변수였으리라고 짐작할 수도 있겠습니다. 말할 것도 없이 내가 지닌 '이어도' 관觀 역시 다분히 문학적·신화적 상상력에 의해 부풀려진 것으로서 주로 이청준의 소설적 각색을 나름대로 곱씹어오면서 얻어낸 것들에 불과했겠지요. 그렇지만, 바로 이 같은 난감한 일이야말로 이른바 지식사회의 '담론談論'이 형성되는 메커니즘이나 그 결절점을 역설적으로 드러낸다는 점에 주목할 필요가 있습니다. 그러니까, '역사는 이야기를 숨긴다'는 명제 그다음에 곧바로 와야만 하는 명제는 '담론은 이야기를 숨긴다'는 것이기 때문입니다.

스물여섯번째 이야기 - 영자의 전성시대

창.녀.의 사랑, 때.밀.이.의 사랑

정작 문제는 둘 사이에 실질적으로 개입하는 상처의 기억일 것이다. 영화 속에서 이 상처의 문제를 유일하게 넘겨짚는 사람은 창수와 함께 보일러실에서 생활하고 있는 김씨아저씨(최불암)뿐이다. 그가 '상처'를 들먹이는 것은 아니지만, 그가 둘의 관계에 적극적으로 간섭하려는 것은 상처의 조짐에 대한 불길한 예감 탓이다. 김씨는 창수의 실질적인 부친 노릇을 하면서 창수의 삶에 이모저모로 개입하는데, 영자로부터는 "창수하고 나하고의 문제에 왜 아저씨가 감 놔라 배 놔라 하세요?"라고 퇴박을 당하면서도 "창수는 내가 잘 알아!"라면서 겁박을 주거나 엉너리를 친다.

김·호·선

1941년 함경북도 북청 출생. 성균관대 국문과 졸업. 유현목 감독 밑에서 조연출을 거친 후 〈환녀〉(1974)로 데뷔했다. 하길종, 이장호, 이원세 감독 등과 함께 '영상시대' 동인으로 활동, 1970년대 영화계에 신진의 힘을 불어넣은 주역이다.

조선작의 원작을 영화화한 〈영자의 전성시대〉(1975)는 두번째 작품이자 그의 대표작이다. 시골 여성 영자가 상경하면서 사창가까지 흘러들어가고 마는 비운 속에 목욕탕 때밀이 창수의 사랑으로 얻은 삶에의 의지를 다지면서 '전성시대'를 누리는 영자의 이야기로, 원작소설과는 달리 행복하게 결말을 맺었다. 도시화로 인한 이농 현상의 그늘과 더불어 월남 파병 문제 등을 개입시켜 소박하게나마 사회 문제를 다루었다. 당시 외화 흥행 순위 1위였던 〈스팅〉을 능가하는 관객을 동원한 흥행작으로 〈서편제〉(1993)가 나올 때까지 그 기록은 깨지지 않았고, 흥행 성공으로 〈창수의 전성시대〉〈미스염의 순정시절〉 등의 아류작이 속출하는 현상이 나타났다. 영자 역을 맡은 염복순의 개성 있는 연기도 주목을 받았다. 그는 흥행과 연출력에서 충무로 최고의 감독으로 급부상했고, 이 작품은 1970년대에 유행했던 호스티스 멜로드라마의 전형이 되었다. 영자가 버스안내원으로 일하면서 끔찍한 사고를 당할 때 팔이 떨어져나가 공중으로 솟구쳐 날아오르는 장면과 그것을 보는 영자의 표정, 외팔이로 자학하며 사는 영자를 창수가 눈물을 흘리며 때를 밀어주는 장면, 창수의 희생적인 사랑에도 불구하고 아무런 보탬이 되지 못하기에 떠나고 마는 영자의 모습 등 당대 에로티즘 영화와 결별하고 새로운 영상 감각으로 젊은 세대의 삶을 묘사하는 새로운 감수성이 묻어 있다.

이후 조해일의 베스트셀러를 영화화한 〈겨울여자〉(1977)도 연달아 흥행에 성공하면서 왕성한 작품활동과 연출력을 과시했다. '각박한 현대를 힘겹게 살아가는 젊은 여성상' 묘사에 주력하는 그의 특징은 1970년대 이후의 작품에서도 계속 이어졌다. 〈세 번은 짧게 세 번은 길게〉(1981)는 이어령 원작의 동명 희곡을 영화화한 것이고, 〈서울무지개〉(1989)는 권력층의 섹스 스캔들을 통해 금기시된 정치권의 실상을, 〈사의 찬미〉(1991)에서는 최초의 소프라노 가수 윤심덕의 생애를 담았다. 1990년대에 들어서도 〈아담이 눈뜰 때〉(1993), 〈사랑하고 싶은 여자 결혼하고 싶은 여자〉(1993), 〈애니깽〉(1996) 등 지속적으로 작품 활동을 이어갔다.

낭만적 사랑, 그 환상의 계보

낭만적 사랑이라는 상호작용의 형식조차 어느 시대에 정착한 역사적 구성물이라는 사실은 이미 잘 알려져 있다. 자본주의의 실질적인 기원을 16세기 구라파의 어느 지역으로 소급시키는가 하면 그 종말을 가까운 장래에 배치하는 학자들이 있듯이, '사랑'이라는 그 환상의 중심을 강박적으로 배돌면서 만들어진 치열한 관심이 근대의 개인주의적인 틀거리 속으로 제도화한 일도 투미하게나마 그 기원의 시공간을 잡아낼 수가 있는 것이다. 그렇게, 사랑은 영원한 게 아니라 역사적 계기와 이력을 좇아 그 나름의 곡절을 지닌 채 형성된 것이고, 이것은 '사랑의 역사'라는 미시사의 경우에만 해당되는 게 아니라 갑돌이와 갑순이, 그리고 영자와 창수의 사랑에도 통히 적용된다. 그러나 비록 개인들의 사랑이 갖은 시공간의 제약에 의해 규제당했고, 결코 평등할 수 없는 비대칭적 권력관계에 의해 이미 오염되어 있으며, 사랑의 욕망 그 자체가 연인들의 자율성을 밑바탕에서부터 희롱하는 모방의 덩어리일지라도, 아아, 우리네 인생이 단 한 푼어치의 감동과 아름다움을 지닐 수 있을진대 그것은 속히 사랑의 몫으로 돌아가야 하는 것!

그렇게, 그런 식으로 우리의 '영자'(염복순)와 창수(송재호)도 신산스럽고 굴곡진 사랑의 이력을 가꾼다. 약관의 나이인 시골내기 창수는 철공소의 직원으로 활달하고 성실한 청년이다. 어느 날 사장집으로 심

부름을 가는 걸음에 그곳에서 가정부로 일하고 있는 또다른 시골내기 영자를 만나 첫눈에 반하고 만다. 그러나 창수의 구애가 결실을 맺기도 전에 그는 입대하게 되고, 그가 없는 3년은 젊은 영자에게는 길고 긴 나날이다. 그사이 주인집의 망나니 아들에게 강간을 당한 뒤에 가정부직에서 쫓겨난 영자는, 배움도 기술도 없이 상경한 젊은 여자에게 배당된 1970년대의 이력들(봉제공장 여직공, 바걸, 버스 차장 등)을 고스란히 겪으면서 도시 빈민의 상처 입은 자아를 학습한다. 그러다가 차장 노릇을 하는 중에 사고를 당해 왼팔을 잃게 되고, 실의에 빠진 영자는 보상금 전액을 시골집으로 송금한 뒤에 자살을 시도하지만 번번이 미수에 그치고 만다. 월남에서 돌아온 창수가 영자와 재회하게 된 것은, 끝내 창녀로 살아가게 된 영자가 경찰의 집중 단속에 걸려들어 잠시 유치장에 수감되었을 때였다. 창수는 영자의 의수義手를 손수 만들어주는 등, 그녀를 위해 물심양면으로 도움을 주며 재기를 돕고 더불어 입대로 인해 이울었던 사랑의 불꽃을 다시 지피려고 애쓴다.

상처는 어리석음이다

그러나 이 사랑은 이루어지지 않는다. 이루어지지 못한 사랑이 멋진 때문이 아니다. 그 모든 사랑은 물매의 효과이며 그 모든 이별은 이 물매의 수행성 탓에 생기는 피치 못할 인과이기 때문만도 아니다. 영화 속에서는 그리 명백하게 주제화되어 있지 않지만, 정작 문제는 둘 사이에 실질적으로 개입하는 상처의 기억일 것이다. 영화 속에서 이 상처의 문제를 유일하게 넘겨짚는 사람은 창수와 함께 보일러실에서 생활하고 있는 김씨 아저씨(최불암)뿐이다. 그가 '상처'를 들먹이는 것은 아니지만, 그가 둘의 관계에 적극적으로 간섭하려는 것은 상처의 조짐에 대한 불길한 예감 탓이다. 김씨는 창수의 실질적인 부친 노릇을 하면서 창수의 삶에 이모저모로 개입하는데, 영자로부터는 "창수하고 나하고의 문제에 왜 아저씨가 감 놔라 배 놔라 하세요?"라고 퇴박을 당하면서도 "창수는 내가 잘 알아!"라면서 겁박을 주거나 엉너리를 친다. 김씨가 둘 사이를 갈라놓으려고 하는 것은, 인간 만사의 골과 마루를 섭렵해본 이들에게서 미립처럼 생겨난, 이를테면 두 존재가 지닌 물적 성분상의 근본적인 차이에 대한 직감 때문이다. 김씨는 그것을 소박하게나마 (영자를 향해) 이렇게 표현한다. "세상엔 두 종류의 사람이 있어요. 보태서 둘을 만들어주는 사람과, 빼서 아무것도 없게 만들어버리는 사람, 두 가지가 있단 말이야."

그러고는 성병에 걸린 창수가 되레 영자를 나우 걱정하자 "남 생각 말고 니 장래나 생각해"라고 일침을 준다. 상처 일반이나 특히 외상 trauma에 대한 갖은 이론이 번성하고 또 TV 교양처럼 유포되고 있지만, 나는 '상처는 어리석음이다'(아도르노)라는 짧은 단상에 맺힌 이치만큼 강렬하고 실용적인 지침(!)을 알지 못한다. 김씨의 개입과 간섭은 일견 아들과 같은 젊은이의 장래를 염려하는 아버지 같은 이들의 지 릅이자 직관이겠지만, 그것은 개인들의 상처로 건너갈 수 없는 그 죽음과도 같은 어리석음의 심연에 대한 자각이기도 한 것이다. 가령 창수는 영자를 사랑했고 또 혼인생활을 하면서도 그럭저럭 사랑할 수 있으리라는 추정은 그리 과한 짐작이 아니다. 그러나 사랑이라는 낭만주의가 흔히 범하는 최악의 실수는 (이미 니체나 그의 동시대인 J. S. 밀이 예리하게 정식화하고 있듯이) 이 사랑이라는 신성神聖이야말로 갖은 간난과 신고와 상처를 초극해서 마침내 그 열정의 진실을 완성하게 된다는 준準역사철학적 신념이다. 이 달밤에 거북이 등짝 긁는 소리 같은 신념을 일거에 쳐부술 수 있는 자는 물론 김씨 같은 (신념이 아니라) 몸으로 삶을 때운 중늙은이들이다. 강간당하고, 배신당하고, 한쪽 팔이 잘리고, 창녀가 되어 갖은 수모와 모욕을 당하고, 그리운 가족을 등져야만 하는 처지를 반복해야 하는 어느 여자. 그리고 철공소 직공이나 때밀이와 같은 자본주의적 계서제의 최하층 노동을 담당해 살아가면서도 그 임금의 거의 전부와 젊은 열정의 거의 전부를 한 여자에게 투여하는 과도한 비용의 주인공인 어느 남자. 이 여자와 남자의 사랑은 반드시 이루어져서 세속의 지질하고 졸루한 잡탕 속을 단숨에 넘어서는 빛나는 풍경을 선사해야 한다는 당위는 사랑의 환상에서 영영 벗어나지 못할 인간종의 상상을 빼곡히 채운다. 그러나 현실은 김씨의 편이다. '희망이 없이 사랑하는 자만이 현실을 제대로 볼 수 있다'는 어느 (보기보다 꽤 뚱뚱한) 독일 문필가의 말처럼, '내 뜻 속에서 늘 복원 가능하다'는 환상의 논리에 취한 이들은 돌이킬 수 없는 관념론자인데, 이들이 가장 어두운 부분은 상처의 긴 그림자에 대한 오래된 지혜다.

    슬픈 노릇이고 어쩌면 사뭇 비인간적인 지적이기조차 하지만, 상처는 그 근본에서 어리석음이며, 부처나 공자가 아니라면 그 어리석음의 진창에서 벗어나지 못한다. 상처받은 자들의 사랑은 그 상처를 보듬고 어루만져가면서 더불어 이루는 호혜의 합작合作이 아니라 그 상처를 덧나게 하고 강박적으로 반복하고 그에 대한 턱없는 비용과 대가를 요구하는 어리석음의 고독인 것이다. 그렇다면 세속이라는 갖은 상처의 착종錯綜이 연인들의 여건일진대, 그 모든 영자들과 창수들의 이별은 영영 고지된 것이나 다름없어, 이제 우리 시대 이후로는 한 남자가 한 여자를 좋아할 수 있는 시절은 끝났고, 한 여자가 한 남자를 기다리는 시대는 종쳤다.

이른바 '세계체제 분석'의 이론가인 월러스틴은 자본주의의 생성과정을 귀족계급의 몰락으로 보지 않고 오히려 귀족들의 성공적인 변신과 이전移轉이라고 분석합니다. 부잣집 아이들이 머리도 좋고 공부도 잘한다는 보도가 연일 신문 지상을 치지 않던가요? 여러분도 목사 집안에서 목사가 나고, 판사나 의사 집안에서 판사나 의사가 나고, 또 교수 집안에서 교수가 나는 것을 보시고는, 아직도 사회적 계급이나 신분이 통하는 시절일지 모른다는 의문을 지닌 적이 있겠지요? 나같이 평지돌출한 자가 뒤늦게 깨달은 것도, 이른바 유명한 교수 지식인들이 대체로 예사의 행내기 집안 출신이 아니라는 사실이었답니다. 그렇다면, 영자와 창수의 운명을 결정한 것은 대체 무엇이었을까요? 영자가 창수를 만난 것은 왜 사람을 구원하는 '사건'이 되지 못할까요? 일부 이론가들이 주워섬기곤 하는 그 '사건'마저도 계급 계층적으로 인간들을 차별하는 것일까요? 혹은 브로델의 말을 원용하자면 사건은 그저 '먼지'와 같은 것일까요? 창녀인 영자의 신세를 결정지은 것은 창수의 호의일까요, 영자의 버릇과 인간성일까요, 그 인맥일까요, 그녀의 집안 배경과 세속적 셋줄일까요, 아니면 신의 섭리일까요?

스물일곱번째 이야기 - 바보들의 행진

하.아.얀
고.래.
하.아.얀
의.욕.

다시, 풍경은 그 기원을 은폐하는 것이다. 영화 속에서 자주 언급되는 '고래'는 바로 이 풍경의 사이비성을 고발하는 실재의 은유에 다름아니다. 철학과 출신에 대한 대중적 표상("철학과 다녔다니까 책을 많이 보셨을 거 아니에요?"/ "철학과 다니시잖아요… 철학과를 나와서 어떻게 돈을 버시죠?")도 이들이 바보가 되어 행진을 해야하는 원인으로는 충분치 않다.

하길종

1941년 부산 출생. 영화배우이자 감독인 하명중은 그의 친동생. 6·25 전쟁 중에 고아가 되어 친척집에 기숙하다 상경, 중동고등학교 시절 시인 김지하와 인연을 맺었다. 서울대 불문과 졸업. 대학 시절 김승옥, 김현, 김치수, 이청준, 염무웅, 김주연 등과 교류했다. 4·19와 5·16으로 짙어진 실의는 『태를 위한 과거분사』라는 초현실주의풍 시집을 펴내게 했다. 곧 미국으로 건너가 사진예술과 미술을 공부하고 UCLA 영화과에서 영화 이론과 실기를 전문적으로 공부했다. 졸업작품 〈병사의 제전〉이 '메이어그랜드 상'을 수상, 미국에서의 전도유망할 길을 예비해두었지만 포기하고 1970년 귀국한다.

김지하의 『태인전쟁』을 연출하려고 했지만 여의치 못해 이효석의 원작 〈화분〉(1972)으로 데뷔했다. 원작과 달리 주인공 단주에게 가해지는 집단적이고 위선적인 폭력을 고발하는 내용을 충격적인 영상에 담은 실험작이지만, 이로부터 영화계와 검열의 주체인 당국으로부터 숱한 거부의 대상이 되기 시작했다. 한사군시대에 전쟁터에 나간 남편을 기다리던 모녀가 윤간을 당한다는 장르혼합영화 〈수절〉(1973)은 사회 비판적 주제라는 이유로 당국의 검열이 들어와 20분 정도의 장면이 삭제됐다.

〈바보들의 행진〉(1975)은 최인호 원작에 기초한 청춘물로, 병태와 영자, 영철이라는 세 인물을 통해 '유신체제 아래 무기력한 대학생들의 자학적인 풍자와 코믹한 모습들'을 비판적으로 묘사했다. 술집에서 병태가 일본인과 싸우는 장면, 경찰서에 들어간 두 주인공이 여자의 옷을 벗기는 장면, 데모 장면 등 "30분가량의 장면이 사전 검열에서 잘려나가고, 유례없이 검열을 다섯 번이나 받는" 수모를 겪으면서 작품 연결이 잘 안된 채로 공개되었다. 불운한 시대 불운한 작품으로 성공적인 흥행을 했지만, 영화 속의 몇 노래가 금지곡이 되면서 영화계 안팎에서의 그를 향한 이중 검열 압력은 커져갔다. 장발단속, 음주문화, 미팅, 무기한 휴강, 대학 캠퍼스와 군입대 풍경 등 1970년대 청년 문화가 고스란히 담겨 있으며, 특히 영철이 '고래사냥' 노래와 함께 동해 바다 절벽 위에서 떨어지는 장면과 입영열차에서 헤어지는 장면에서 병태와 영자가 키스하는 장면은 명장면으로 회자되고 있다.

이후 청춘 영화의 흐름을 좇아 〈여자를 찾습니다〉(1975)와, 우수영화 선정을 염두에 두고 오영진의 원작을 바탕으로 무속신앙을 다룬 실험작 〈한네의 승천〉(1977)을 선보였지만 평단과 관객 모두 냉담했다. 〈속 별들의 고향〉(1978)과 〈바보들의 행진〉의 속편 격인 〈병태와 영자〉(1979)는 큰 성공을 거두었지만 그해 그는 뇌졸중으로 38세의 나이로 생을 마감했다. 유고 수필집 『백마 타고 온 또또』와 평론집 『사회적 영상과 반사회적 영상』이 있다.

하길종은 유학 시절 프란시스 코폴라와 어깨를 견줄 만큼 촉망받는 작가였고, 그가 만들고 싶은 영화 목록은 "김지하의 『새야새야 파랑새야』, 김승옥의 『서울 1964년 겨울』, 이청준의 『매잡이』, 윤흥길의 『장마』"로 채워져 있었지만, 1970년대 한국이라는 검열의 무대에서 그에게 남겨진 몫은 대인공포증과, 예술의 순수성과 상업성 사이에서 충무로 영화계의 이방인을 자처하며 불화하는 삶이었다. 그럼에도 그는 여전히 영화작가, 영화운동가, 평론가이자 교육가였고, 청년 문화를 선도하는 정신적 지주였다. "온전한 기왓장이 되기보단 와전옥쇄瓦全玉碎"가 되길 원했던 '피고被告' 하길종의 짧은 영화 인생은 바보(들)의 고독한 보행이었다.

풍경은 기원을 은폐한다

1970년대를 살아가는 대도시의 어느 대학생이 별안간 '난 고래를 잡으러 갈 거야!'라고 외친다면 그는 대체 누구를 향해 무엇을 말하고 있는 것일까? "난 고래 잡으러 갈 거야. 난 용기를 보여줄 거야. 그러지 않고선 오늘의 나를 지탱할 수가 없어"라는 영철(하재영)의 절망이 가로지르고 있는 당대 현실의 속내는 대체 무엇일까? 대도시의 명문대에 속한 젊은 대학생의 용기가 졸연히 고래로 투영되어야 할 때에 생략될 수밖에 없었던 그 시대의 고민은 무엇일까? 그가 장생포의 어느 포경회사를 찾아간다는 것도 아니고, 그렇다고 그 선언이 미쳐〔狂〕 미칠〔達〕 수 있는 조숙한 도인의 화두話頭도 아니라고 한다면, 그의 '고래'는 대체 어디에 있는 것일까? 시대의 허무를 낭만과 삿된 열정으로 뚫고 지나갈 수밖에 없었던 1970년대의 '대학생'으로서 그는 세속적 체계의 욕망만으로 만족할 수 없는 억압된 마음속의 '희망'을 부지불식간에 지피고 있었던 것일까? 그래서 영철은 "고래는 동해바다에 있지만 내 마음에 있기도 해"라고 굳이 덧붙이는 것일까?

우스꽝스럽게도 고래는 흔히 새우에게 물먹(히)는 존재로 희화화되곤 한다. 고래가 얕은 물에서 놀면 새우들에게 집단으로 따돌림이나 골림을 당한다는 것이다. 새장 속의 독수리가 날갯짓을 과시할 수 없고 노자老子에게 경주용 말을 타게 할 수 없듯이, 웅덩이에서 고래가 제 힘을 발휘할 수는 없는 법이다. 새우들에게 축출당한 고래는 현실 속으로 외출하지 못한 채 '마음' 속으로 되먹히고 억압된다. 그리고 그 마음속에서 화석화化石化의 위기에 처한 고래는 미치거나〔狂〕혹은 미친〔達〕영혼의 물길을 타고 바다로 나아간다. 바다에 이르러, 그 영혼의 주인공은 제의祭儀와 같은 죽음을 맞고 고래는 그의 육신을 뚫고 대양 속으로 유영을 시작한다. 이것이, "이 세상 모든 것은 가짜 아닌 것은 없다"라는 병태(윤문섭)의 말에 "그래도 난 믿는다… 사람을 믿는다"라고 대답한 영철(들)의 행진기行進記다.

〈바보들의 행진〉이 드러낼 수 없었던 시대의 장막을 한 꺼풀만 벗겨본다면, '철학' 과 출신의 대학생들이 '바보' 들이 되어 '고래' 를 잡으러 '동해' 로 가거나 체계의 여줄가리로 동화될 수밖에 없었던 당대적 현실과 그 배경이 눈에 선하게 잡힌다. 그렇기에 낭만적으로 튀면서도 근본에서 허무할 수밖에 없는 젊음의 분위기를 잡아낸 단면들은 그저 역사를 잃어버린 '풍경' 에 지나지 않아 보인다. 다시, 풍경은 그 기원을 은폐하는 것이다. 영화 속에서 자주 언급되는 '고래' 는 바로 이 풍경의 사이비성을 고발하는 실재의 은유에 다름 아니다. 철학과 출신에 대한 대중적 표상("철학과 다녔다니까 책을 많이 보셨을 거 아니에요?"/ "철학과 다니시잖아요… 철학과를 나와서 어떻게 돈을 버시죠?")도 이들이 바보가 되어 행진을 해야 하는 원인으로는 충분치 않다. 실내가 자본주의적 현실로부터 퇴각할 수 있는 '장소'가 아니며 자연이 체제의 상처를 치유할 수 있는 '저편'이 아닌 것처럼, 이 표상마저도 시대의 비애를 번롱하는 풍경의 일종인 것!

'바보'와 '고래'의 탄생, 그 풍경의 기원

당대 최고의 엘리트 수업을 마치고 1968년 세계혁명의 여진을 현장에서 겪은 하길종에게 1970년대의 엄혹한 군사독재의 현실은 한마디로 사이비의 그것이었으며, 이 퇴로 없는 현실을 뚫어내기 위한 영화적 노력과 절충 속에서 '바보'와 '고래'가 탄생한다. 어느 평자의 지적처럼, 그는 "일종의 무뇌아적인 대사들로 현실의 암담함을 간접적으로 공격"한다. 그러므로 앞서 시사한 것처럼, 철학과 대학생들의 낭만과 사랑, 그리고 허무라는 표면의 이야기는, 풍경이 기원을 숨기고 이야기가 역사를 감추는 시대에 그가 선택한 우회로에 불과한 것이다.

알다시피, 1848년의 세계혁명은 실패하고 말았지만 구좌파들의 제도화에 일정한 성과를 얻는 계기가 되어 이후 좌파 세력들이 도처에서 정권을 잡는 발판을 마련하게 된다. 1945년 해방 이후에야 한반도에서는 민족해방운동의 다양한 갈래가 계급적으로 분화하면서 정권을 향한 이데올로기적 투쟁이 극심해지고 분단된 남북한에서는 화해할 수 없는 정권들이 오랫동안 완악하게 대립하게 된다. 1968년의 세계혁명은 미국의 우파적 헤게모니는 물론이거니와 구좌파들이 몇 가지 형식으로 벌여온 전통적인 반체제운동들에 대한 불신에 기반을 둔 것이었다. 이후 신좌파의 제도화와 그 시민사회적 분화로 결실을 맺은 이 운동은 당시 구라파와 북아메리카 전역을 들썩인 세계적 규모의 요개搖改였지만, 그 여파는 일본에서 그쳤고 김일성과 박정희가 적대적 공생체제를 유지하고 있던 한반도에는 강 건너의 소문이나 일부 운동권의 비합법적 학습의 대상으로 머무를 수밖에 없었다. 말하자면, 병태와 영철과 영자를 엮는 사랑과 낭만과 허무의 '이야기'는 이 같은 '역사'를 숨겨야만 드러낼 수 있었던 탈역사정치적 풍경인 셈이었고, 하길종의 불안한 카메라워크는 이 세계사적 현실의 허실虛實과 영욕에 동시에 노출되었던 작가의 두동진 자의식을 여실히 보여준다. 물론 한반도의 정치적 지체는 1968년의 세계혁명의 여파에서 20여 년 지난 1987년 이후의 지평 속에서 압축 재현하는 형식으로 계속된다.

하아얀 의욕, 그 묵묵한 수행적 근기

병태가 찾아서 떠난 동해바다 속의 '하아얀 고래'는 현실을 바꾸는 힘으로서의 상상력이 집결하는 지점이기도 하다. 그것은 이 영화 속의 일차적 맥락을 떠나서 보더라도, 생활세계의 가시적 지평을 통해 지배하고 있는 체계를 벗어나려고 애쓰는 그 모든 가욋사람들을 견인하는 눈부신 푯대와도 같은 것이다. '하아얀'이란 형용어는 가령 사르트르가

카뮈의 탈정치적 글쓰기를 지목해서 말한 그 '백색(글쓰기)'이 아니다. 차라리 그것은 뉴턴의 흰색과 안정효 식의 '하얀(전쟁)'과도 다른, 인간의 근원적 열정/수난passion의 층위에서 이념의 저편으로 묵묵히 걸어나가는 그 보행의 빛과 같은 것이다. 나는 오래전부터 당대적 체계와 생산적으로 불화하는 인문적 삶의 양식, 그리고 이념의 색깔들을 가로질러 나아가는 산책과 연대의 태도를 일러 '하아얀 의욕'이라고 불러왔다. 그리고 이 하아얀 의욕의 행로가 하아얀 고래를 찾아나서는 철학적 바보들의 길, 현명한 동무들의 길이라는 점도 공들여 서술한 바 있다. 물론, 이 '동무들의 산책'은 '바보들의 행진'이 있었기에 가능한 기획이었다.

1. 27회로 이 책을 마칩니다. 인맥도 학맥도 아무런 셋줄도 없는 제게 파격적인 지면을 제공해줬던 〈한겨레신문〉과 최재봉 기자에게 감사의 뜻을 표합니다. 제 글이 어렵다고 불평하신 몇몇 독자들에게도 감사드리며, 이후에도 가급적 어려운 글들을 골라서 보시기 바랍니다. 죽을 즐기는 것은 병자이지만, 밥을 잘 씹어 죽으로 만들어 먹는 것은 건강법이기도 하답니다.

2. 김기덕 감독의 작품을 다루지 못한 것, 그리고 배창호 감독의 작품을 혹평한 것에 일말의 회한이 있습니다. 혹시 그들을 좋아하시는 분들은 제가 아무런 영화비평가가 아니며 그저 실직한 철학자이자 인문학자일 뿐이라는 사실에 위안을 받으시기 바랍니다.

3. 자료와 비평으로 이 연재를 응원해준 김현수 감독 등, 많은 후학들에게 감사의 정의를 전합니다.

— 개념어집 —

🐝 고백과 소문

너무 가깝기만 한 고백과 너무 멀기만 한 소문은, 모든 듣기와 읽기에 필수적인 비판적 거리감을 놓쳐 발생한 원근법의 실패로서, 상처의 기원이라 할 수 있다. 약자의 언설 양식을 취하는 듯하는 고백은, 그 양식에 있어 이른바 음성중심주의적 특권에 기반하여 소통 행위의 순수성, 진정성, 충일성을 전유하려는 피학대-가학적 권력의지의 도착倒錯을 숨기고 있는 상태이며, 이러한 고백을 (정신이라기보다는 오히려) 제도로 보는 시각을 통해 고백이라는 행위 속에 깃든 허위의식이나 심정적 형이상학을 해체해갈 수 있다. 어떤 종류의 '비상한 고백'도 '범상한 대화'보다 그 관계를 유익하거나 건실하게 만들지 못할 뿐 아니라, 대화를 가로막고 틈입하는 고백은 흔히 무능, 자기분열, 미숙한 감상주의이며, 봉건적 형이상학, 인식론적 특권주의, 언어 위계주의의 겉포장이고, 무엇보다 삶에 대한 불성실이며 반칙이다. 고백과 암묵적인 내연內緣의 관계를 맺고 있는 소문은, 고백의 여염餘炎인 동시에 고백의 불씨로서, 역시 반칙이자 전염병이며 사이비-인식론일 따름이다. 고백과 소문 사이의 좁은 틈을 열어 다른 삶의 지평을 불러내고, 고백과 소문을 넘어서는 성숙한 의사소통의 문화를 일구기 위해서는, 내 생활의 육체를 구성하는 버릇이 고백과 소문보다 빠르고 튼튼하며 신뢰할 만하도록 훈련하고 연대하는 수밖에 없으며, "네 마음을 말하지 말고, 남의 외모를 말하지 말라"는 간명한 권면은 이러한 훈련과 연대를 위해 요구되는 몹시 작지만 극히 중요한 지침이다. 고백보다 깊고 소문보다 빠른 생활의 조직을 재구성하려는 극진한 버릇의 실천 속에서만 인문人紋의 미래는 재가동할 수 있다.

❧ 동무

교우交友관계는 지행병진知行並進의 생활변증법을 구하는 이들과 생활양식의 인문정치 속에서 공동체의 미래와 그 방향에 책임을 느끼는 모든 이들의 철학이 되어야 함을 먼저 짚고 넘어갈 필요가 있다. 앎과 삶이 일치하는 사귐 속에서 새로운 공동체라는 오래된 미래의 도래를 꿈꾸는 이들에게 '동무'가 갖는 의미는 상인/소비자, 적/동지, 남/친구, 타인/애인의 유형화된 이분법으로 완고한 현 세속의 격자구조를 벗어나 접선의 긴장으로 오히려 자유로운 관계의 지평을 열어내고자 하는 미래적 교우의 현재적 실천이라 할 수 있다. (세속을 점유하고 있는 친구 그리고 뒤집힌 세속을 점유하려는 동지가 아닌) 동무는 친구 및 동지와 다음과 같은 맥락에서 그 결을 달리한다.

❧ 친구

전일하게 다양해진 자본주의, 매고르게 신체화한 상업주의 속에서 부패하고 속물화한 인정투쟁의 양식으로서의 친구들은 그 가차 없고 삭막한 부가가치의 계단을 좇아 스스로를 파편화, 분열화, 원자화시키면서 인정투쟁과 신분 상승의 꿈을 잠시도 멈추지 않는다. 우리(!)의 친구들은, 오늘도 정실과 연고, 인맥과 학맥, 그리고 지역과 출신의 그늘을 쫓아다니면서 친구로서의 연대와 실천을 공고히 하고, 그 오래된 의리를 충량忠良하게 지키면서 스스로 물화物化의 과정 속에 투신하여 '기계-남자' 나 '도구-여자' 로 변신하며, 스스로의 존재를 자본의 스케일 위에 환원/환산한다. '우리가 남이가!' 라는 구호 속에 모여드는 친구에게는 동지들이 추구하는 대의나 이데올로기마저 없으며, 관념적 이론이 이토록 부재한 자리에는 오직 정서적 일체감이라는 사적私的 우연성만이 자리하고 있다. 시간의 명암과 굴곡을 거치며 얻은 탁하고 묵은 관계인 친구는 시간이 보존해온 향수이며, 그 향수를 공유하는 몸의 기억이 만든 관계다. 친구는 무엇보다 듣지 않는 관계이기도 한데, 그들은 끊임없이 잡담과 수다와 고백을 일삼으면서 과거의 공유된 기억을 회집하고 추억을 채색하지만, 응당 괄목상대해야 할 그 친구들의 외부성과 타자성에 귀 기울이지 않는다. 온갖 연줄로 얽혀든 사회 속에서 영원한 친구로 남게 된 우리는 한 번도 제대로 '남' 이 되어보지 못하여 한 번도 제대로 '나' 가 되어보지도 못한 채, 공동의 침체를 도덕이라, 공동의 나태를 평화라, 공동의 타락을 질서라 부르는 것이다. 척마尺魔의 위용이 아니라 촌선寸善의 졸루拙陋 속에 그 본질이 놓인 세속이기에, 문제는 적이 아니라 오히려 친구라 할 수 있으며, 인문학적 삶과 실천의 기본 양식, 그 세세한 버릇의 양태를 '친구' 라는 명사로부터 '동무' 라는 부사 혹은 동사로 바꾸는 노력을 경주하지 않고서는, 우리 시대의 모든 진보는 헛손질이며 헛힘이며 헛구역질로 남을 따름이다.

❧ 동지

신념이나 대의를 특정 공동체가 지닌 모종의 '희망'으로 거칠게 번역할 수 있다면, 희망으로서의 신념/대의는 단편적인 학습이나 간헐적인 운동을 통해서가 아니라, 응당 글-말(응대)-생활(버릇)이라는 누적된 구조 속에서 시숙의 과정을 거치며 제 모습을 드러내는 사람무늬의 총화蔥花와 다를 바 없어야 한다. 허나, 깃발 아래 모이는 동지들은 무늬로서의 신념을 지니게 된 '사람'에 대해 관심을 갖기보다는 오히려 구호로서의 '신념' 그 자체에 관심을 집중시키는 양상을 보이는 까닭에, 같은 깃발 아래 모인 사람들에 대한 동정적 혜안이나 존재론적 비평(사람의 무늬를 통한 비평)을 기대하기란 사실 불가능하다. 대의나 신념이 들러붙어 있는 거대담론마저도 결국 사람무늬의 총체라면, 혁명이라 할지라도 생활양식의 맹목적 생산성을 통해 체제와 창의적으로 불화하려는 시도가 선행되어야 함에도 불구하고, 인간에 대한 동정적 혜안이 결여되거나 불충분한 상태에서 모두 한곳을 바라보며 행진하는 동지는 결국 (수직적 초월을 추구하는 종교와는 다른 듯 닮아버린) 수평적 '초월'을 추구하기 위해 사람무늬를 저버리거나 놓쳐버린 셈이다.

❧ 동무

신神과 같은 형이상학이 사라진 진공의 공간에 틈입한 고독은 (근)현대사회의 대기를 온통 장악하였고, 실재의 바닥과 그 허무가 드러내는 심연이 차마 끔찍할 지경인 고독에 둘러싸인 (근)현대인들 사이에는 허무주의적 냉소와 나르시시즘이 전염병처럼 퍼져갔다. 이제 오로지 자신의 내면에만 골몰하게 된 '똑똑한' 인간들의 자의식은 피폐의 공전 속에서 발광發光하다 결국 발광發狂의 징후를 보이기에 이른 것이다. 이 골몰과 피폐의 연쇄구도를 뚫어내지 못하면 실천의 연대로 나아가지 못한 채 '일인칭 관념의 감가상각'만이 끝없이 계속될 것이며, '늘 동일한 것만을 선택할 수밖에 없는 자본주의적 선택'의 조합에 다름 아닌 '생각' 속에서 내부 침식만을 겪게 된다. 무릇 근대 이후의 똑똑함을 잃지 않으면서도 명랑하고 이드거니 연대하면서 살고자 하는 이들은, 다종다양한 이론들에 포위당하는 것이 아니라 오히려 몸을 끄-을-고 이론을 뚫어내어 일상의 낮은 자리로 내려앉힘을 통해 슬기-근기-온기가 수렴되는 지속 가능한 삶의 양식을 모색해나가야 하는데, 서로간의 차이가 만드는 서늘함의 긴장으로 이드거니 함께 '길 없는 길'을 걸으며 사변의 피폐로부터 구원받을 수 있는 새로운 길을 조형해나가는 관계가 바로 동무이다. 기분과 감정이입의 차원에서 머물며 '듣지 않고도 아는(말이 필요 없는!)' 관계로서 얽혀 있는 친구가 아닌, 동무란, 섬세하고도 서늘한 '버텨듣기'로써 비판적 감수성을 끊임없이 주고받는 이들이며, 동지들의 중심주의적 결집 대신 오직 동무 사이의 약속과 신뢰를 그 기반으로 삼는 까닭에, 호감과 신뢰 사이에 가로놓인 비약의 심연을 그대로 인식하고 공대하는 관계라 할 수 있다. 동무의 한 축은 말 그대로 "같은 것[同]"이 "없는[無]' 것이기에 동무를 사귀는 일은 그 위험한, 없는, 미래적인 존재 양식에 나를 견주며 겹치는 일이며, (체계로부터의 초월이 아닌) 체계와의 창의적 불화를 통해 '위험한 삶'을 일상화하고, 그 위험이 호출하는 전염의 자장 속, 그 열린 지평 앞으로 나를 호출해서 내 삶의 양식을 그 근간에서 뒤흔들어보는 재조합, 재구성의 실험이자, 해체와 갱생의 경험이다. 따라서 동무로서의 나는 끝없이 '넘어가는 존재', '전염시키는 존재', 그리고 무엇보다 모든 표준화한 위성衛星들을, 그들이 백귀야행百鬼夜行하는 인정투쟁과 냉소와 가족주의를 '섭동攝動시키는 존재'로 부름받는다. 동무는 연인은 물론이거니와 동지나 친구에 비해서 매우 어렵고 '위험한' 관계인데, 오직 스스로의 동무됨을 통해서만 그 메시아적 기미를 체감해볼 수 있는 동무의 소소한 특징 몇 가지를 짚어 본다면 다음과 같다.

생각 대신 공부하는 이
호올로 좋아하기보다는 서로 돕는 이
구경하는 대신 몸을 끄-을-고 개입하는 이
영리하게 매매하기보다 현명하게 주고받는 이
타자성이라는 심연을 동정적 혜안으로 굽어볼 줄 아는 이
초월하지 않기 위해, 진리를 말하지 않기 위해, 조심하는 이
글-말-생활-희망을 축으로 함께 사귀고 배우며 비평하는 이
아무리 거듭 만나도 온기가 끈끈함으로 변질될 줄 모르는 이

고백과 소문을 피하는 대신, 극진히 듣고 찰지게 대화하는 이
겉으로 드러내지 않은 현명함이 속으로 고여 흐르는 슬금한 이
체계와 창의적으로 불화하고자 걸으며 체계 외부적 생산성을 얻는 이
체계가 기입시킨 상처의 우울로 체계 너머의 명랑을 빚어내는 성숙한 이
마음/기분/심리를 알면서 모른 체하기 위해 근기 있게 약속하며 지키는 이
독창성이라는 허영의 '얼룩' 대신, 겸허한 모방이라는 인정의 '무늬'를 지닌 이
노릇 아닌, 생활의 무늬/삶의 태도/버릇만으로 서로를 인정하며 모방하는 이

⁂ 듣기

듣기란 단순히 타인의 말을 귀 기울여 잘 듣는 긴밀한 수동성만을 의미하는 것이 아니라, 말을 죽인 침묵의 성성醒醒함 속에서 섬모처럼 마음을 움직이면서 상대의 말에 긴절히 응대하는 극히 능동적이며 생산적이고 창조적인 태도를 가리킨다. 이러한 듣기는 화자의 몸을 깨우고, 그 정신을 섭동케 하며, 그 무의식을 해방시켜 자기 '아닌' 자기, 자기보다 '큰' 자기의 이야기로 돌아가게 하는 것이기에, 공부하는 자의 태도는 모름지기 귀이천목貴耳賤目이어야 하는 것임에도 공부한다는 이들은 내내 귀목천이貴目賤耳로 기울어 있는 현실이다. 말이 일상적으로 과잉한 환경 속에서도 대화 결핍의 증후군이 더욱 넓게 퍼져가고 있는 우리에게 필요한 것은 '말'에 대한 새로운

감성과 더불어 그 말이 제대로 대접받을 수 있도록 배려하는 듣기의 환경과 태도라는 각성 역시 귀보다는 눈을, 듣기보다는 말하기를 중시하는 오늘의 현실을 톺아보려는 문제의식에 그 뿌리를 내리고 있다. 듣지 않고 말하는 친구들을 앞에 두고 오히려 말하지 않고 듣는 동무가 되는 길 속에 새로운 실천과 연대의 가능성이 생성될 수 있으며, 듣기(가치)보다는 보기(값)를 원하는 세속과 대면하여 섬세하고도 서늘한 듣기를 실천하는 동무관계 속에서야 비로소 말이 듣(기)는 사회, 즉, 인문人紋의 화이부동和而不同한 기운이 살아 움직이며 맥동하는 사회를 희망할 수 있다.

৯ 몸을 끄-을-고

'나'라는 거울 방에서 벗어나 타자를 만나는 일은 나의 생각이나 의도만으로는 이루어지지 않으며, 오직 동정적 혜안을 덧입은 극진함 속에서 심연深淵을 건너가듯 조심스럽고 지속적으로 내 몸을 움직여 타자를 향해 나아가는 일상의 실천을 통해서만이 가능해진다. 허나, 영원히 가닿을 수 없을 것만 같은 타자를 향해 손 내밀려는 시도는, 대면하고 싶지 않던 나의 진실이 타인을 통해서 발견될지도 모른다는 두려움과 망설임으로 인해 다시금 자아 혹은 '생각'이라는 거울 방에 안주하게 되거나, 어긋남으로 다가오는 타자성의 문제에 대해 질둔한 채 매양 '행복'하기만 한 세속을 자연화시키는 일로 되먹임되기 십상이다. 뿐만 아니라, 나보다 더 큰 나를 경험하기 위한 어울림의 마당(공동체)으로 나아가려는 시도를 할라 치면, 기존 체계의 관습과 자아의 관성에 포박되어 '생각' 과 의도보다 느리고 굼뜬 상태로 변해 버린 몸의 문제와 첨예하게 대치하게 되기에, 거북이 등껍질마냥 단단히 굳어진 기존의 온갖 전제/버릇/태도/어휘/생활양식들을 뚫어내는 비용을 치를 수 있는지의 여부가 관건이 된다. 이 모든 비용을 기꺼이 치르면서 타자/동무/공동체를 향해 나아가려는 실천은, 체계의 자장과 나르시시즘/에고이즘으로부터 힘겹지만 의미 있는 어긋냄의 길을 만들어나가려는 작은 몸부림으로부터 시작되며, 그 몸부림이 바로 몸을 끄-을-고 체계 밖으로, 자아 밖으로, '생각' 밖으로 나아가는 일인 것이다. (영원한 타자인) 신을 향해 오체투지五體投地로 나아가는 신심 깊은 이들의 간절함이 오직 그 극진한 나아감이라는 비용을 치르는 경험 속에서만 신을 만나도록 하듯, 체계의 단말기나 다름없던 나의 세계로부터 벗어나 동무에게로 향하려는 반복적인 실천의 비용을 치르는 과정에서만 메시아적인 타자로서의 동무와 나 사이의 아득한 거리를 지그시 좁혀나갈 수 있으며, 나와 너의 동무로서의 현현顯現을 체감할 수 있다. 생각(만)이 많은 사람은 눈과 입 그리고 펜을 가지고서 관념의 사상누각 혹은 이론의 만리장성을 쌓아가는 반면, 몸을 끄-을-고 나온 사람은 온갖 지식과 이론을 담으면서 비우고, 쓰면서 지우며, 알면서 모른 체하는 과정을 통과하여 이내 몸이 좋은 사람들이 변화되어가며, 자신들의 좋은 몸(좋은 버릇과 무늬)을 재료로 삼아 서늘한 달콤함으로써 이루어진 동무공동체라는 벌집을 근기 있게 지어나갈 수 있다.

물듦

실로 이 시대의 실체는 유행이며, 거대한 교환-경제 체계의 자기동일성을 배경으로 차이를 소비한다는 점에 있어서는 공부의 세계도 상품세계와 마찬가지로 오염되었다. 체계가 자아의 내부에서 바로 그 자아의 자기정체성을 통해 활동하는 것은 상품의 체계이든 지식의 체계이든 대차가 없는 것이기에, 오늘날의 공부는 마음-공부와 더불어 반드시 체계-공부를 병행하여, 마음과 체계가 원환적으로 만나는 고리를 탐색해야 한다. 문사文士 개인이 흡수하는 지식도 이미 체계 속의 것이며, 개인의 열정과 냉소는 결국 체계적 모방의 메커니즘에서 벗어날 수 없는 법! 살아 있는 자라면, 특히 공부에 뜻을 둔 자라면, 그 누구나 모방을 피할 수 없기 때문에 오히려 중요한 것은 (모방 여부가 아니라) 모방의 방식, 그리고 모방에 대한 태도 속에서 드러나는 공부의 모습이다. 여기에서 문제가 되는 것이 바로 문사들의 고질인, '나는 달라요!'라며 스스로를 지적·정서적으로 특수하게 배치하는 '허영'인데, 허튼 허영을 부리자면 단번에 목이 달아나는 무사武士의 세계와 달리 문사의 허영은 대개 공짜이기 때문이다. 학인들의 고질인 지적 허영과 냉소에서 벗어나는 길은 무엇보다도 타인들이 얼마나 깊고 넓게 자신의 존재에 구성적으로 관여하는지를 인식하고 인정하는 (모방을 향한) 겸허한 개종으로부터 시작된다. 나 혼자만의 독창성이라는 미망迷妄에서 벗어나는 실존적 체험이 있은 연후에, 자기-생각의 거울방에서 벗어나 몸을 끄-을-며 밖으로 나가는 겸허한 체감이 거쳐간 뒤에, 나 역시 체계를 윤동시키는 강박적 닮음의 메커니즘 속에서 하나의 단말기 구실밖에 할 수 없었다는 외상적 깨침 속에서, 나의 존재는 너와의 관계 속에서만 가능할 수 있었음에 대한 솔직한 인정의 순간에, 짧게 말해, 우리 모두는 공부를 매개로 서로에게 물들면서 성숙한다는 사실을 서슴없이 밝히고 환대하는 존재론적 겸허함으로부터, (허영과 냉소가 영영 닿을 수 없는) 물듦과 어울림을 통한 공부의 진경이 드디어 열리는 것이다.

✌ 부사적 태도

부사副詞는 기존의 문장과 메타적 긴장을 잃지 않는 유일한 품사로서, 이는 학인으로서 갖추어야 할 '독립하되 고립하지 않는다'는 사이이치와 꼭 닮아 있다. 주사에 곁따르기는 하지만, 부사는 근본적으로 잉여이며 따라서 부재의 가능성이며, 문장 체계에 내적으로 종속되지 않는 반反 구조의 섭동적攝動的 요소인 것이다. 자본의 외부가 없듯이, 부사도 문장의 외부는 아니지만 그 강도와 물매는 문장 전체의 성격을 근본적으로 변화시킬 수 있는 그 '가능성의 중심'이기에, 형용사가 이데올로기적 움직임이라면 부사는 그야말로 유토피아적인 셈이다. 사람무늬人紋의 섬세함과 그 무늬들의 이치인 일리一理의 복잡성, 더 나아가 수많은 일리들이 생태이치적 상호영향을 주고받는 섭동攝動의 미묘함을 글, 말, 생활 그리고 희망 속에서 부지런히 톺아보며 부사 같은 대화, 부사 같은 글쓰기, 부사 같은 걷기를 실천하는 '부사적 지식인'은 부사라는 메타적 틈새를 응용하여 사람무늬가 지닌 총체적 가능성을 조형해나갈 수 있다.

비평

비평은 나와 너 사이, 공동체와 공동체 사이, 규칙과 규칙 사이, 현재와 미래 사이를 이론을 통해 스쳐 지나가려는 시도이며, 그 과정에서 생기는 창발적인 외상의 효과를 일상의 낮은 자리에서 창의적으로 견디는 과정에서 생기는 효과의 생산성에 체계적으로 기대는 일이다. 달리 말해, 이론의 열정을 묵혀 그 관념적 날카로움이 숙진 뒤에야 생기는 비평가의 통찰과 혜안으로 일상의 정치성에 주목한 뒤, 제 나름의 세계관을 지닌 채 세속의 길을 거슬러 걷는 일관된 태도를 취하는 일이 바로 비평인 것이다. 일반 논문처럼 이론의 나열과 배치로써 명시적으로 자신을 증명하는 것이 아니라, 일상의 비루하고 사소한 것들을 갖은 이론으로써 누비되 그 누빔 자국은 암장暗葬 되어야 하는 비평이란, 무엇보다 이론을 알면서 모른 체하려는 실천이며 인식과 함께 인식을 넘어가려는 '개입'의 양식으로서, 정보화하는 지식이 체계 친화적인 데 비해 비평적 개입으로 낮아지는 지혜는 공동체 친화적일 수밖에 없다. 관찰하거나 구경하거나 구입하거나 교환하거나 인식하거나 혹은 시비를 가릴 뿐인 이들이 용납하지도 이해하지도 못할 비평적 개입은, 이론 이후의 실천인 것이지 이론을 등에 업은 채로 갖은 해석학적 차이점을 늘어놓기 위해 책상머리를 진득이 '사수하며' 쓰는 '일'이 결코 아니며, 오히려 '걷는' 일인 셈이다. '걷기'로서의 비평은 세속과 창의적으로 불화하며 건고 있는 동무의 발걸음이 닿는 자리에서 끊임없이 빚어지는 '다른' 글, '다른' 말, '다른' 생활, '다른' 희망으로 나타난다. 산책-비평/걷기-비평/동무-비평을 실현해나가기 위해서는, 먼저 체계 속의 다양성을 외부성과 혼동하지 않기 위해 체계 너머의 세상을 치열하고 진득하게 사유하는 과정(생각이 아닌 공부!)이 선행되어야 하며, 내 기질과 버릇을 털어내면서 내 몸을 끄-을-고 너를 향해 끈질기게 나아가는 이론적 해석 이후의 실천이 공부에 수반되어야만 한다. 인간관계가 쉼 없이 환원되는 독아론적獨我論的 감치感致의 환상으로부터 벗어나 인간의 무늬와 그 관계에 긴절하게 응대할 수 있는 비평적 장소를 뚫어내려는 타자성의 실천으로서의 비평은 이처럼 해석과 함께 해석을 넘어서는 실천 속에 그 본령을 두고 있으며, 비평적 개입의 진실 역시 지성과 생활의 지혜의 사잇길을 타는 노릇을 깨치며 그것을 부단히 실천하는 버릇을 조형해가기 위해 몸을 끄-을-고 타자에게로 향하는 움직임을 통해 피어나는 사귐과 배움의 실천에 있는 것이다. 특히 '글-말(대면관계)-생활양식-희망'의 꿰미라는 매개를 통해 인간의 총체적 가능성을 동무공동체라는 기획 속에서 되살피려는 의욕을 지닌 동무비평은, '글-말(대면관계)-생활양식-희망'의 계선을 옮아가며 중층적/복합적으로 수행되는 것으로, 결국 동무가 살았으므로 세속이 곱게 물드는, 존재론적 비평에까지 이르게 된다.

사랑

사랑은 말과 피부, 그리고 없을 것만 같은 '마음'을 재료로 엮는 건축술이며, 균열되거나 훼파되기 쉬운 연하디연한 놀이다. 언어로써 언어의 바깥으로 나가지 못한다고 하듯이, '마음'이라는 말로써 '마음'의 바깥으로 나가지 못하는 것이니 '마음'을 둘러쌓고 '마음'으로써 싸우는 짓은 결코 현명한 생활이 아님에도, 연인들은 무엇보다 마음을 얻지 못해 안달하고 안타까워하는데, 참으로 안타까운 노릇이지만 사랑은 마음속에서 시작되지 않는다. 자신의 마음으로부터 연역한 사랑, 혹은 마음에 의해 정당화된 사랑은 그저 나르시시즘일 뿐인데, 특히나 초입에 들뜨고 헛된 약속이 남발된다는 사실에서 사랑은 공부길과 비슷한 증세를 보이지만, 공부길과는 달리 '치유/해결'이라는 것이 없고 결국 그 '질병' 자체가 없었다는 사실을 깨닫기까지 오직 그 초기증상만 반복될 뿐이다. 그러므로 사랑의 놀이에서 '마음'을 삭제하는 일이 비록 현실적이진 않지만, 현명한 연인들이라면 반드시 사랑에 관한 한 마음을 주려고도 받으려고도 하지 않음을 통해, '사랑밭을 폐기한 채'가 아니라 '사랑밭을 폐기한 채' 마음을 오히려 모른 체하는 버릇을 체질화시켜갈 필요가 있다. 그나마 사랑이라고 불러줄 만한 움직임이나 흔적이 기동하는 곳은 사람의 마음속이 아니라, 사람과 사람의 '사이'이며, 내계교지심의 레이더를 솔개처럼 벗어나는 타자들과의 '관계'이다. 늘 공포스러운 매혹으로서의 소실점消失點을 찾고 있는 인간에게 있어 사랑이란, 연인들을 바로 그 소실점 앞에까지 인도하는 장치이자 매체에 불과한 것이기에, 다가서지 않는 타자를 향한 반복적인 지향의 실천 속에서만 시나브로, 이드거니 사랑의 (본질 대신) 실제를 구해야 한다. 사랑에서 출발하는 자는 성聖이나 자연自然과는 무관한 제도적 자의성과 계약의 영역인 혼인 또한 영원히 이해할 수 없는데, 혼인의 제도가 현실의 위기를 과장하는 한편 그 자연성에 퇴행적으로 기대는 것도 바로 그 제도가 종교와 도덕 등 기성체계의 코드들로 중무장하고 있기 때문이다. 전래의 실체와 아우라를 잃은 채, 임의로 처분할 수 있는 이름만 남게 된 고장 난 명품名品이 되어버린 오늘날의 혼인에 대한 적절한 처방은, 때늦은 도덕과 종교로의 소급 대신 혼인의 제도들이 탈역사화, 중성화, 그리고 자연화하는 그 메커니즘에 대한 발본적인 인식과 반성으로부터 출발해야 한다. 동무로서의, 혹은 타자로서의 연인이란, 타자성의 지평을 일상의 관계 속으로 끌어들이는 구체적인 상호작용을 고민하면서 나르시시즘과 동일시의 대자적 관계에서 벗어나 '신뢰'의 새로운 버릇 속으로 성큼 들어가는 이들로서, '진리를 말하지 않도록 조심하는(니체)' 관계의 양식을 취하며, 쉼 없는 재서술의 (진리가 아닌) 일리—理들로써 생활의 무늬를 조금씩 겹치며 변화해가는 방식에 몸을 맡긴다. 동감同感과 동지同志의 정서를 유일하고 특권적으로 교환, 이입移入함으로써 가능해진다고 믿는 관계의 환상이 어제의 연정이었다면, 심리적 합일과 그 관습적 의례에서 벼락처럼 뛰쳐나와 상호 재서술과 재구성의 무늬를 나누면서 각자의 세상을 더불어 바꾸어 나가는 서늘한 보조步調가 내일의 연정이 되어야 하는 것이다. 말과 살에 대한 측은지심이 겹치면서 만드는 무늬의 섬세한 여파餘波로서 꾸려나가는 동무로서의 연인 혹은 연인으로서의 동무라면, 중심의 빈 곳 때문에 쉼 없는 매력의 환상을 내뿜는 사랑의 미로/거울방 속에 서로를 가두는 것이 아니라, 글-말-생활-희망이라는 중층구조 속의 비평적 연정을 통해 서로를 구원할 수 있어야 한다.

⚜ 산책

산책은 자본제적 셈평과 교환 속에서 세계가 세속이라는 미로로 바뀐, '상처받은 사람'을 그 '걷는 주체'로 삼는다. 자본제적 세속에서 상처받은 사람들의 유형은 크게 1) 자본주의적 체계와의 마찰로 인해 일상에 기입된 상처 자체를 인지하지 못하거나, 2) 상처의 문제에서 그 책임을 회피하려는 이데올로기와 체계의 작동방식에 깊이 포섭된 나머지, 상처를 주체만의 문제로 소급시킨 뒤 강박적으로 세속 안의 건강함well-being을 좇으면서 체계의 심연으로 더욱 깊이 투신하거나, 3) 체계와 연동되어 있는 상처에 대한 감수성의 예각이 날카롭게 드러나 있음에도 불구하고 개인의 힘으로는 어찌 해볼 수 없는 체계의 절대적인 영향력 앞에서 냉소와 허영을 상처 위로 얹힌 뒤 자아라는 거울방 속으로 칩거해버리는 경우로 나뉘는 것이 일반적이다. 이에 반해, 세속 안의 없는 길을 찾아 산책에 나선 동무들은, 먼저 상처의 기원인 이데올로기와 체계의 어떠함을 알기 위한 길고 긴 공부길에 들어서며, 그 공부를 통해 상처의 기원이 지닌 역사와 지형에 대한 발본적인 각성을 해나가는 동시에 체계와의 창의적인 불화라는 삶의 지평을 향해 자신의 몸을 끄-을-고 나아간다. 산책은 단지 부재不在와 무욕의 소실점을 지향하는 탈세간의 근본주의를 지향하는 것이 아니라, 자본제라는 현장을 근기 있게 지켜(應/on) 그 현장을 슬기롭게 거스르는(逹/against) 실천을 통해 자본제와 창의적으로 불화하는 생산성을 향해 나아가는 시도인 것이다. 이런 까닭에, 산책이란 고독한 혼자걸음이기 이전에 자본제적 세속을 함께 지키고 있는 동무들과 더불어 다른 결의 삶을 연대하는 삶의 방식이며, 에고적 관성인 자기 의도나 자기-생각으로부터 벗어나 타자들의 세계로 근접해가는 과정을 의미한다.

❧ 상처

모든 길은 걸음의 흔적이며, 흔적痕迹은 말 그대로 발뒤꿈치의 상처, 헌데를 가리킨다. 결국, 걷기의 지난한 흔적으로 남게 되는 상처가 바로 길임에도 불구하고, '걷기'를 잊은 채 오로지 상속받거나 수입된 '길'(들)의 이치에 순치되어 왔던 이 땅의 학인들은 동서양을 무론하고 철학적 은유로 남용된 그 '길'을 탐색하려는 시도에서조차 '길'의 기원인 상처의 이력에 대해 매양 무감하고 무기력하기만 하다. 다시 말해, 수입일변도로 급조된 한국 인문학의 건축술적 골격과 그 속성은 걷기의 상처를 체계적으로 은폐함으로써 가능해진 근엄하고 우스운 풍경에 다름 아닌 것이며, 풍토風土를 차단시킴으로써 가능해진 공간이라면 이미 터(장소)가 아니듯이, 상처라는 시리고 여린 무늬를 침묵 속에서 제거한 뒤에 아무 흔적 없는 아스팔트길로 말끔히 드러낸 인문학이라면 그것은 이미 인문학人紋學이 아니다. 상처의 문제가 상실된 이 땅 위에서 사람무늬를 살펴나가려는 이들에게 절실히 필요한 일은, 무엇보다 먼저 상처를 견결히 따지고 섬세하게 헤아리는 '상처의 재역사화'이며, 체계적으로 생성되고 은폐되는 현대사회의 상처가 지닌 그 체계적 뿌리를 응시하는 동시에 상처를 적절히 애도하기 위해 체계의 외부성을 발굴해가는 실천에 있다고 할 수 있다. 특히, 구조화된 관계의 자가발전적 메커니즘을 지닌 상처는 반복을 그 본질로 삼기에, 이 상처가 반복될 수 없도록 하는 새로운 관계와 새로운 구조를 일궈내기 위한 (강박적 반복이 아닌) 연극적 실천의 주체로서의 동무들은 상처의 속도를 무력화시키는 현명함 속에서 상처와 함께 상처를 넘어가며, 애도와 함께 애도를 넘어갈 수 있어야 한다.

❧ 생각

'생각'은 공부가 아니다! '생각'은 그 자체로 아직 앎이 아니며, '생각'의 깊이와 부피를 늘려가는 짓은 도무지 공부가 아니다. 대부분의 '생각'은 자기동일성을 심리적으로 강화하려는 '자서전적 태도'가 발현되는 자기-생각이라는 늪이기에, '생각'을 통해 공부에 열심을 부려보는 시도는 늪에서의 허우적거림이 오히려 치명적인 결과를 불러일으키는 것과 마찬가지로 더욱 철저하게 자기-생각 속으로 침잠케 할 따름이다. 극진하게 자기 자신만을 돌보는 '생각'이라는 유리방 속에 갇히게 된 자아는 무섭도록 자신만을 돌아보며, 단 한 순간도 타자라는 아득한 지평 혹은 심연에 발을 내딛지 않는 채로 자기-생각의 독창성만을 고집하는 허영과 자기-생각의 덩어리인 냉소에 사로잡히게 된다. 이성과 인식의 독아론적 구조 속에서 호올로 여물어만 가는 '생각'은 존재자의 고독을 완성할 뿐 타자를 만나는 실천적 매개가 결코 되지 못하는 것이다. 자기-생각 자체를 완벽하게 '자연화自然化' 시키는 '생각'은 말 그대로 공부의 원수인데, 무릇 인문학의 공부란, 자기 자신의 '생각'들이 자연스럽지 않다는 사실을 아프게 깨치는 일련의 사건으로부터 시작되기 때문이다. 달리 말해, 인문학 공부는, 내 기질과 버릇을 털어내면서 나라는 '생각'의 막을 찢고 나온 그 몸을 무한이라는 부재로서 실재하는 타자성인 너를 향해 끄-을-고 나아가는 실천적 근기의 표출방식인 (자서전적 태도와는 정반대인) 연극적인 태도 혹은 알면서 모른 체하기로부터 시작되는 것이다. 특히, '글-말(응대)-생활-희망'이라는 동무 비평의 4단계에서, 지식인/학인들이 쉽게 자기생각의 늪으로서 안착하기 쉬운 '글'이라는 덫을 넘어서기 위해 요청되는 수행의 단계가 다름 아닌 '말(대면관계)'이라는 점에 주목할 필요가 있는데, 자기-생각의 총체로 변질되어버린 글의 바깥은 우선 '대화/응대'이기 때문이다. '생각'의 밖으로 걸어 나오려는 시도는 반드시 몸을 끄-을-고 자아와 그 완고한 생각의 성채로부터 벗어나 타자들을 향한 개입의 형식을 취하는 일종의 비용을 요구하기 마련이지만, 진지한 비용 치르기에 몸을 사리거나 쉽게 체증을 보이는 '구경꾼'들은 '생각'의 보좌에 앉아 영원히 끝나지 않을 구경을 일삼을 뿐, 자신의 생활이나 버릇을 다른 이들에게 선보이며 뒤섞으며 개입하고 개입되는 위험을 감수하려 하지 않는다. 오늘날의 구경이란 결국 자본제적 삶의 형식인 '소비자'와 연동하는 행위이니, 오늘날의 지식인들이 몸을 움직여 경험할 수 있는 개입의 방식 대신 줄곧 놓질 못하는 '생각'이란, 공부의 소비자가 되어 지식을 매매하는 일을 당연지사로 여기게 된 자본제 속 개인들의 슬픈 증상이자 치명적인 상흔에 다름 아니다. '생각' 속에 머물기 위해 '생각' 하는 것이 아니라 오로지 '생각'의 외부로 나가기 위해서만 생각하며, 손쉽게 구경한 뒤 손쉽게 비난하는 것이 아니라 진지하게 개입함으로써 진지하게 비평하는 이가 바로 동무이니, '생각'(만)하는 그대라면, 구경(만)하는 그대라면, 아직 동무가 아닌 것.

❧ 세속

세속世俗이란, 체계 속에 얽히고 마모되어 돌이킬 수 없이 어리석게 퇴락해가는 관계들의 총체이다. 어리석음이라는 태생적 한계를 매개로 하여 한없이 뻗어나가는 인간들의 관계망인 세속에서는, 어리석게 되지 않으려는 몸부림이 시도 그 자체를 동력으로 삼아 하릴없이 어리석음만을 생성해간다. 자신의 의도 밖으로는 한 발자국도 외출하지 못하는 온갖 호의와 선의는 거울 방이 되어버린 갑남을녀의 삶 속에서 온통 난반사하며 영영 타자성의 출구를 얻지 못한 채 외로이 방황하거나, '신뢰'라는 좁고도 미끈거리는 세속의 출구 앞에서 슬프게 자빠질 따름이다. 실천이 매번 의도를 배신함을 알면서도 의도로써 실천을 감싸보려는 애처로운 몸짓들이 명멸하는 곳, 의도의 어긋남이 빚어내는 숱한 상처를 몸과 마음에 기입한 채로 일상을 영위할 수밖에 없는 곳, 내 속에 있기 때문에 결코 만날 수 없는 너와의 아득한 거리가 체감되는 곳, '나는 내 진실을 알 수 없다'는 사실과 결국 아프게 직면하게 되는 곳, 이곳이 바로 세속이라는 공간이다. 악의와 이기利己가 사통하고 선의와 상처가 밀통하는 상황이 반복되는 악순환 속에 그 실체를 보이는 세속의 본질은, 그 본질의 거부 속에 혹은 그 본질 없음 속에 놓여 있는 까닭에, 세속에 덩그러니 놓인 인간들은 입구도 출구도 발견할 수 없는 자폐적 미로迷路 안에 갇혀 있는 셈이나 마찬가지이다. 세속으로부터 벗어나기 위해서는 세속 밖으로 향하는 출구를 찾으려는 노력 대신, 세속 안에서 없는 길을 새로이 만들어내기 위한 창의적인 불화를 실천해야 하는 까닭도 바로 여기에 있다. 특히, 그 어느 때보다 더 분업화된 자본제적 세속을 살고 있는 이들은, 체계로부터 얻은 상처의 문제를 직시하기 위해 먼저 '(생각이 아닌) 공부'를 해야 하며, 공부와 함께 세속에 다시금 몸을 던져 체계와 자아의 견고함을 부러 어긋내는, 실존적 의지의 반복이라 할 수 있는 연극적 실천의 윤리를 실행해야 한다. 다시 말해, 숯처럼 정화된 이데올로기를 선택하여 세속을 마지막까지 밀어붙여 뚫어가려는 이들은, 세속의 '입구 없음(눈 떠보니 이미 세속인 것을!)'이라는 본질을 알면서도 세속의 '출구 없음(세속 밖에는 아무것도 없다!)'이라는 또다른 본질을 모르는 체하며, 없는 길을 그저 걷고 또 걸으며 세속이라는 미로 속에서 상처보다 **빠르게** 운신할 수 있는

'걷는 주체'로서의 자리매김의 방식으로 공부의 결과를 얻어가야 한다. 산책을 하며 자본제적 도시의 템포와 온도 그리고 그 관계를 비껴 질러가는 동시에, 자본제 안에서 어느덧 거인이 되어버린 유아적 자아의 '생각' 밖으로 나아가려는 '지는 싸움'을 시작하였다면, 미로가 되어버린 세속의 없는 입구이자 출구가 다름 아닌 바로 자신임을 점차 발견하면서, 먼저 '나'라는 세속이 변화됨을 통해서만이 도래할 세속 너머의 세상을 희망하기에 이른다. 새로운 무늬를 지닌 인간들이 '글-말-생활-희망'의 중층구조를 지닌 총체적/전인적 비평 속에서 좋은 몸(버릇)을 통해 만들어 가게 될 불화-공동체, 산책-공동체, 동무-공동체, 버릇-공동체, 그리고 비평-공동체는, 욕망으로 점철되었던 자아와 체계를 밑절미 삼아 이루어진 세속이라는 늪(만)이 피워낼 수 있는 한 송이 연꽃인 까닭에, 세속은, 언제나 절망이기에 다시금 희망인 것이다.

신뢰

사적私的 정서가 타자성의 아득한 지평에 다가서려는 노력 없이, 사적 규칙 속에서 저 홀로 작동하여 낭만적·심리적으로 타자와의 사이비 일치를 전제하도록 만드는 (현명하지 못한) 호감과 호의는 필연적으로 오해와 상처를 낳는 동시에 신뢰라는 사회성의 건축에 치명적인 결함을 노정한다. 신뢰가 아닌 정서에 따라 움직이는 호의·호감은 '마음'만을 키우거나 움직이게 하는 동력이며 권력의지의 일종일 따름이기에, 호감·호의(만으로)는 결코 관계를 구원하지 못하며, '좋아하는 사람'이 아니라 '돕는 사람'인 동무들의 신뢰로 가는 길의 첫걸음은 사이비 감정이입의 안이한 나르시시즘으로서의 호감·호의로부터 벗어나는 일에 있다고 할 수 있다. 호감과 호의에 관습적으로 얹힌 도덕주의적, 종교적, 관념적, 그리고 나르시스적 선입견을 걷어내고 찬찬히 그 실제의 기동과 작동 방식에 주목하다보면, 호감과 호의는 신뢰의 책임과 사회적 관계에 이르지 못한 비非관계의 관계로서, 그 자체로 아무것도 아님을 발견하게 마련인 것이다. 호감과 호의가 에너지 그 자체로는 아무것도 아니라는 이러한 서늘한 시각을 인간관계에서 체질화('호감과 호의를 알면서 모른 체하기')시키는 동시에 인간들의 사회 속에서 그 에너지의 배치와 활용 방식을 진지하게 고민하게 되는 순간부터, 호감과 호의는 '값이 아닌 가치'를 비로소 얻게 되고, 사회적 신뢰와 책임의 관계의 동력으로서 새로이 자리매김할 수 있다. 자폐적인 에너지로 가득 찬 호감의 풍선을 찢고, 맹점만을 보여주는 호의의 거울을 깨뜨리며, 시행착오와 상처를 딛고서 타자성의 아득한 지평으로 나아오려는 몸부림으로부터 발생하는 신뢰는, 사적 의도로는 환원되지 않는 사회적 객관성의 가치이자, 기분이나 심리주의적 직관과 같은 갖은 기대를 접어둘 수 있는 능력 혹은 실천적인 지혜이며, 마음을 유추/짐작할 수 있음에도 그 마음을 제어하려는 근기와 슬기라 할 수 있다. 다시 말해, 신뢰는, 나의 현재와 너의 미래라는 실존과 실존 사이의 심연 속에서 무한을 체감하며 그 무한을 공대하는 일로서, 새로운 버릇을 통해 그 심연을 근기 있게 가로지르고자 하는 동무관계의 시금석인 것이며, 체계 너머의 세상을 치열하고 진득하게 사유하여 동일시의 거짓이나 자기차이화의 착각을 넘어설 수 있는 비평이 가능해지는 사회성을 뚫어가는 방식이다.

알면서 모른 체하기

급속한 문화화文化化/文禍化의 과정을 겪어온 인간의 '몸'은 신체와 정신, 무의식과 의식, 육감과 오감, 지혜와 지성, 그리고 의욕과 욕심의 분리와 상호소외가 낳은 근대의 생산물이다. '인문적 심층근대화'의 맥락 속에서 근대의 공과에 긴밀하게 응대하고 미래의 인문적 삶과 공부에 견결하려면 그 '몸'을 다시 되살려야 하며, 새로운 몸(삶의 양식과 버릇)을 얻고 길러 인간의 통전적 성숙을 위해 그 몸을 경첩으로 삼아 갖은 이치들을 융통케 해야 한다. 먼저 자신의 사람무늬가 바뀌게 되고, 더 나아가 세속이라는 사람무늬의 총체를 섭동시킬 수 있는 새로운 방식을 모색하고자 없는 길을 뚫어가려는 의욕을 지닌 채 공부길에 들어선 이들에게는, 이론/실천, 관념/몸, 의식/무의식, 나/너, 개인/공동체의 안팎을 가로지르면서 둘 사이를 매개하는 실천적 의식으로서 '알면서 모른 체하기'를 부단히 체질화시키는 훈련이 요구된다. 의식과 무의식은 배타적 이분구도로 깔끔하게 해체/분리되는 것이 아니라 오히려 서로 겹치고 부딪히며 맺히는 역동적 관계 속에서 상호 보완하는 것이기에, 역설적으로 모른 체하기(반半의식)라는 매개가 앎(의식)과 몸(무의식)을 접속하는 지점에서야말로 앎이 지닌 최고의 가치와 가능성이 발생한다는 미립을 온축하고 있는 공부의 지침이 바로 '알면서 모른 체하기'이다. 그러나 여기에서도 문제는 타자성인데, 타자성의 지평을 놓치거나 임의로 무시한 채 내 의식(의지)만을 고집하는 게 허영이듯이, 앎이 모른 체하기(半의식)라는 전래의 매개를 놓치거나 임의로 무시한 탓에 몸(무의식)의 지혜를 봉쇄하고 그 앎의 표면적 자리(의식)만을 고집하는 게 문제라는 뜻이다. 아무리 치열한 인식중심의 활동을 통해 얻게 된 지식이라 할지라도, 모른 체하기라는 반半의식적 과정을 거치지 않은 상태로서는 아직 날것이며 거친 상태이기에, 앎(의식)이 몸(무의식)에 착상되는 여유와 틈을 거친 뒤에야 비로소 지식의 모래밭은 사람무늬가 지닌 총체적 가능성을 꽃피워 낼 수 있는 두텁고 보드라운 지혜의 토양으로 변모해간다. 인식론적 성취에 의해 구성된 자아와 '생각'의 독창성에 대한 허영으로 낙착되기 쉬운 '아는 체하기'의 태도를 고집하는 소위 지식인들은 미래를 향한 신뢰의 구조물을 쌓아 가기 위해 요구되는 성숙한 지혜의 토양 대신 메마른 지식의 모래만을 누적해 갈 뿐이다.

약속

서구의 관념론적 주체 구성의 사상사思想史가 '아는 체하기'로서의 지식 습득 과정을 근간으로 이루어졌다면, 약속은 이러한 내면적/관념론적 주체 생성의 과정마저도 오히려 오랫동안 모른 체하며 가능해지는 사회적/실천적 매개성을 획득하기 위한 형식적인 실험이다. '아는 체하는 존재'라는 평평한 풍경으로 환원되어버린 근대적 주체와 '아는 체하는 병에 시달리는 존재'라는 분열된 자아를 앓고 있는 현대적 주체를 넘어, '알면서 모르는 체'하는 미래적 주체를 창조해 낼 수 있는 힘인 약속은, 이론과 실천, 관념과 몸 사이를 가로지르며 둘 사이를 사뭇 맹목적으로 매개하는 '모른 체하기'가 열어주는 실천의 계기와 근기를 형식적으로 규정한 것이다. 너라는, 체제라는, 세속이라는, 그 미로와 같은 정리/선의/호의 지옥의 본질을 그저 '알기만' 하는 이들이 혹시라도 이 미로에서 벗어나고자 결심한다면, 이제 남아있는 선택지라고는 자살 아니면 혁명일 수밖에 없을 것이며, 자살도 혁명도 결코 세속으로부터의 온전한 탈출이 아니(었으)며 세속을 온전히 변화시킬 수 없(었)다는 사실마저도 깨닫게 된 이들에게라면 이제 남겨진 것은 냉소와 허무주의라는 증상뿐일 테다. 이처럼 '알기에' 얻은 병통인 자살/혁명/냉소/허무를 넘어서기 위해서는, 오히려 아는 주체가 되어버린 자아와 미로가 되어버린 세속을 '모른 체' 하며, 지며리 사람과 세상을 향한 손 내밀기의 시도를 반복해보는 약속에 스스로를 맡김을 통해 사람과 세속의 '어찌 해볼 수 없음'을 근기 있게 거슬러야 하는 것이다. 너의, 체제의, 세속의 본질을 거스를 수 있도록 하는 맹목적인 몸의 움직임인 약속은 바로 이런 의미에서 연극적 실천이며, 자신의 자화상적 재능만을 필요충분조건으로 삼아 자체 완결 짓는 천재의 저편에서 세속을 구원해갈 새로운 존재론이다. 약속의 주체/걷는 주체/연극적인 실천의 주체는 자아가 끊임없이 토해내는 해석의 무한성이라는 내용을 모른 체하면서 약속이라는 형식 속에 스스로를 차분하고 밑 질기게 맡기는 동시에, 그 형식이 형식주의에 빠지지 않도록 내용과 형식 사이의 긴장을 슬금하게 살리며 신뢰로 한걸음 나아갈 수 있기에, 오로지 약속을 통해서만이 동무연대의 동력은 기동하게 되며 세속 너머의 희망인 동무공동체 역시 실낱같은 빛을 얻게 된다. 물론, 변덕과 교태가 사회적 약자의 운신법으로서 나름의 의미를 지니지만, 몇몇의 정치적으로 민감하고 예외적인 상황을 차치하면, 변덕이나 파약은 허영이나 냉소, 질투나 허무주의와 마찬가지로 서늘하고 다부진 비평의 대상일 수밖에 없다. 새로운 희망의 지평을 향해 비평적으로 재구성되지 못한 욕망의 날은 동무를 베고, 연대의 조직texture을 좀먹을 따름이며, 동무/비평공동체 그리고 무엇보다도 버릇공동체를 펼쳐가려는 마당에서 변덕과 교태는 동무들 사이의 신뢰의 연대를 다지는 데 도움이 되지 않는다. 동무들 사이의 슬금하고 찐더운 관계를 조형하는 데에는 무엇보다도 '약속의 존재론'이 전술적으로 주효하며, 약속은 치명적 분열(변덕)을 벗어나려는 형식적 처방이자 실험이기도 하다.

의욕

궁정적 중세의 동력이 허영과 교만의 나르시시즘이었고, 자본주의적 시장의 동기가 탐심의 에고이즘이라면, 전일화된 자본주의적 세계화의 와류 속에서 인문人紋의 사정을 살피고 새롭게 조형하려는 이들은 중세적 금욕이나 사치도, 교환경제적 합리성으로서의 욕심도 아닌, 미래적 인문주의의 새로운 사적私的 동력을 찾아나서야 한다. 욕심을 동력으로 삼는 자본주의와 창의적으로 불화할 수 있도록 하는 그 새로운 동력을 '욕심 없는 의욕, 하이얀 의욕'이라 일컬을 수 있겠는데, 욕심과 금욕 사이를 지르되지만 지며리 나아가는 오래된 삶의 지혜로서의 '의욕'은 욕심의 영도零度에서 다시금 얻어지는 '하아얀 욕심'이다. 자본제적 교환과 물화가 끊어진 자리에서야말로 비움과 나눔이라는 '부재의 사치' 혹은 '무능의 사치'가 그 역설적 생산성을 지닌 채 생활 속에 내려앉을 틈과 여백을 만날 수 있는데, 인문人紋의 울림과 떨림이 그 여백을 통해 오롯이 살아나도록 현명한 충실성을 부려보는 태도가 바로 의욕이다. 금욕이나 절욕이 아니라는 점에서, 의욕은 단순히 자본제적 욕망에 대하여 무기력하고 무감하게 대처하는 수동성만을 의미하는 것이 아니며, 나의 욕심을 죽인 상태에서 타자들이 빚어내는 무늬의 가치와 가능성을 살려내고자 나르시시즘과 에고이즘을 기반으로 조형된 자아와 세속을 거슬러보는 결기이자, 느리고 숙지게 거듭 활동하면서도 내 삶의 양식을 이드거니 조형해나갈 수 있는 수동적인 생산성이기도 하다. 당대적 체계와 생산적으로 불화하는 인문적 삶의 양식, 그리고 이념의 색깔들을 가로질러 나아가는 산책과 연대의 태도로서의 의욕은, 근원적 열정/수난 passion의 층위에서 이념의 저편으로 묵묵히 걸어 나가는 보행의 동력인 희망과 맞닿아 있는 것이라 할 수 있다. 희망의 공동체 혹은 공동체의 희망이라 할지라도 언제나 개인을 기원으로 삼을 수밖에 없기에, 하이얀 의욕을 구심력으로 결집된 희망(의 공동체)이라 하더라도 개인의 욕망이나 이해관심을 전적으로 타매하는 금욕주의나 출세속주의의 성향을 띠어서는 아니 되며, 개인에게 자연스러운 '욕망'과 그 개인에게 결코 자연스럽지 않을 수도 있을 '희망' 사이의 거리를 살피는 일은 '다른 삶'을 꿈꾸는 이들의 일차적인 화두일 수밖에 없는 것이다. 다시 말해, 개인에게 자연스럽지 않은 희망을 묘사해보며 우선 그 희망을 배우려는 의지가 '다른 삶'을 향한 출발점인 것인데, 개인이 희망을 알아가는 일은 자신의 육체와 그 삶이 '체계적 욕망 system-oritented desires'에 얹히고 얽힌 지점들을 마치 환부患部처럼 체감하는 일이며, 그 환부를 은폐하거나 억압함으로써만 가능해지는 사회적 관계들에 대한 발본적인 반성과 비판에 나서는 일이다. 희망을 알아가고 배워가기 위한 공부를 거치지 않고서는 체계 속에 삼투당하고 저당 잡혀 균질화·표준화된 내 삶의 총체적 가능성들을 새롭게 활성화시킬 수 없다. 인간의 마땅한 능력과 소질의 총체로부터 우리의 현실적·사회적 주체가 제도적·체계적으로 소외된 지점을 톺아보려는 사귐과 배움의 실천을 일상에 자리매김시키는 원동력인 하이얀 의욕만이 욕망 너머에 자리한 희망에 닿아있는 입구인 것이다.

인문人紋

인문人文이란 인간들이 장구한 세월 동안 삶을 꾸려오며 남겨 둔 나름의 고유한 무늬[人紋]이며, 기실 인간다운 삶을 보양해왔던 지혜란 바로 이 무늬 속에서 자생하는 것이기도 하다. '사람무늬배움[人紋學]'으로서의 인문학이라면, 책임만이 있는 절대주의로서의 상수常數들에 대한 물음이나, 권리만이 있는 상대주의로서의 변수變數들에 대한 물음에만 고착되지 않으며, 사상사의 뼈대나 일상사의 비늘 중 어느 한 곳에만 제 자리를 펼쳐 보일 수도 없다. 한 시대를 주도하는 사상으로부터 염색체에 이르기까지 사람살이의 여러 요소들은 무상성無常性을 그 이치로 삼고 있기에 세상사가 그려내는 삶의 무늬라고 할라치면 그 역시 무상할 수밖에 없을 것이라는 의구심이 들 법도 하나, 인문학의 탐구대상이 되는 사람살이의 모든 무늬들은 짧지 않은 역사성의 표정으로서, 상수[眞理]보다는 역동적이고 개방적이되, 변수[無理]보다는 무겁고 책임 있는 속성과 위치에 놓인 일리一理인 것이며, 그 일리들은 상수의 행진과 변수의 유희가 만나고 섞이는 곳에서 접선의 모습으로 나타나 시간 속에 제 고유한 무늬[人紋]를 사람의 안과 밖에 아로새겨 나가게 된다. 특히 이 땅 위에서 살아오고 있는 '우리'들에게는, 즉 서구의 근대인들이 수백 년 동안 지속해온 나름의 한살이를 접고 자기 해부와 철거 그리고 새로운 정지整地에 분주함을 바라다보며 그 분주함과 일방적인 궤도에 편승해야 했던 타율적 근대사를 지닌 '우리'들에게는, 이 타율적 속도주의 근대성의 구도를 근본적으로 뒤엎을 수 없는 한, 비록 지는 싸움이더라도 학인 각자가 학문 전통을 섬세하고 결기 있게 세워나가며 내 삶의 무늬 속에서 자생하는 이치[一理]들을 지향하는 '오래 걷기'의 실천으로서의 공부가 절실히 요청된다. '걷기로서의 공부'라는 '없는 길'을 오직 걸어 새로이 만들어 나가려는 시도는 우리 근대사의 책임을 어깨에 느끼는 방식 속에서 자생할 수 있으며, 자신의 음성과 입장을 키워나가는 긴 과정이 수확하는 이치들로써 교직될 것이며, 이 이치들의 화이부동의 무늬들이 엮어내는 경지로 온전히 채워질 것이다. 이 땅에 뿌리내린 사람들이 역사 속에서 빚어낸 무늬의 의미와 가치에 주목하기 위해서는, 먼저 동서고금의 사람무늬가 생겨난 역사와 현실을 폭넓게 톺아볼 수 있는 실력을 갖추는 공부에의 몰입이 마땅하나, 이는 어디까지나 생각의 위계를 정하는 정신의 스포츠인 '인식의 인문학'의 순도를 높여나가기 위함이 아니라, 화이부동의 아름다움을 그려내는 '성숙의 인문학'이 열리는 경지를 의욕하기 위한 준비 작업임을 잊어서는 안 된다. 성숙의 인문학은 과학적 단순성으로 환원되지 않는 우리 삶의 층층 면면과 그 역사의 복잡성에 대해 동정적 혜안을 통해 섬세하게 응대하는 길이기에, 근본적으로 단순성이 아닌 복잡성의 학문이라 할 수 있다. 단순성의 학문이 원리와 방식의 결과들을 책으로 묶어두는 데 조급한 반면 복잡성의 학문인 성숙의 인문학은 정답 없는 긴장을 만남과 대화 속에서 견디며, 책 밖의 책 속에서 스승의 눈길을 견딜 뿐이다. 인문人紋을 어루만지는 인문학이란, 어떤 형식이든 사람무늬들 사이의 마찰을 응시하고 견디는 과정에서만 체험될 수 있는 만남의 묘妙를 통해서 그 성격을 다져가는 학문으로서, 나름의 무늬를 공대하고 계발하려는 온기와 슬기의 정신/섬세한 대화의 정신/복잡성의 정신을 그 요체로 삼는다. 표준화된 익명 속에 숨은 채 일률과 단선의 논리만 고집하면서, 일방적으로 독백이나 명령의 궤 속에서만 움직이며, 복잡성의 겹으로 얽힌 삶을 섬세하게 배려하는 고민과 노력을 품어내지 못하는 이 땅의 메마른 학문적 토양이 변모되지 않는 한, 인문학人紋學으로서의 인문학人文學은 발아發芽조차 힘에 겨울 따름이다.

자서전적 태도

자서전적 태도는 삶을 내다보지 않고 되돌아 볼 때에 가능한 서사의 욕망으로서, '내' 삶만큼은 진지한 경험일 뿐 아니라 반복을 허락하지 않는 유일회적 사건이라는 허영에 기대고 있다. 자서전적 태도의 문제점은, 반복될 수 없는 내 삶의 진실(이 있다는 믿음)이 실은 그 삶이 직접 체험되지 않는 여백과 회고의 순간에만 나타날 수 있는 착시라는 사실에 있다. 만약, 개성적이고자 하는 몸부림이 그 자체로 체계에 복무하는 현실을 인식할 수 있다면, 삶을 되돌아보기보다는 내다보며 꾸려가기 위해 자서전적 태도를 버리고 연극적 자아의 반복적 재구성을 실천하여 우리의 남은 삶을 좀 더 겸허하게 미래화할 수 있다. 삶을 되돌아보지 않고 내다보려는 태도를 가지고 과거에 대한 애착이 아닌 미래를 향한 연극적 실천으로서 이루어지는 공부는, 자서전적인 태도가 지닌 구심력에 끌려 자아에게로 속절없이 이끌려가는 몸과 마음에 타자와 공동체를 향한 약속이라는 마구를 씌워 미래를 향해 나아가도록 하는 겸허한 용기, 즉 욕심 없는 의욕을 부릴 수 있게 만들어 준다. 약속을 통한 연극적 태도야말로, 세속의 자화상이 지닌 심연이라 할 수 있는 천재의 저편에 놓인 동무들의 것으로서, '비상한 자서전적 태도'가 아닌 '범상한 연극적 실천'만이 우리 삶의 정체성과 진정성을 조형해나갈 수 있다.

죽어주기

칼을 쓰는 무사에 비해서 글을 쓰는 문사의 알짬은 '거짓말을 할 수 있는 존재'라는 점에 놓여 있다. 그 기techni 에 성실하지 못하고 그 술術에 진정성이 없으면 곧바로 죽임을 당하는 '삶의 물질성'에 맞닿아 있는 무사와는 달리, 혼탁하고 교활한 언어의 대리전 속에서 죽여도, 죽여도, 죽지 않는 좀비-문사들은 그 글자와 이론의 뒤에 '몸'을 숨기고 있는 셈이다. 무사들이 죽을 때에는 마땅히 죽는 사생지의死生之義로써 자신의 실력과 존재를 증거하는 데 비해, 말과 글을 쓰는 문사들은 거짓말이라는 '죽지 않는 말'로써 자신의 영생을 구걸할 수 있기에, 문사들은 무사들의 절박함이나 그 절박함을 극복하기 위한 과정에서 얻어가는 긴절한 성실성에 닿아 보기 힘들다. 칼을 대하듯 붓을 대하며, 붓이 빚어낸 글이 실전實戰에 이르러 발화되는 행위가 바로 대화임을 기억하며 활인검으로서의 말을 부릴 수 있도록 실력을 키우는, '응해서 말하기'라는 생활양식으로서의 공부가 절실한 것이다. 특히, 문사 특유의 이기적인 해석과 재서술, 그리고 거짓말로 구성되고 유지되다가 결국 위기/죽음의 기로에 놓여 있다는 풍문마저 전해지는 인문학에 이제 필요한 것은, '죽어주어야만 살아난다'는 인문학의 오래된 급진성을 극약처방으로써 인문학 현장에 적용해 보는 일이다. 저마다 '죽지 않기'라는 문사의 고질을 고집하면서 따개비처럼 자신의 편집증적 자아 속으로 잠적하거나 망명하는 태도에 맞설 수 있는 '죽어주기'의 구체적인 실천방법으로는 1) 자신의 말과 마음을 죽인 채로, 상대의 말에 긴절히 응대함을 통해 자기보다 '큰' 자기의 이야기로 돌아갈 수 있게 만드는 '버텨(응하며) 듣기, 섬세한 듣기', 2) 소비주의라는 한계에 붙박인 자유와 무능한 평등주의만을 요구할 수 있는 권리를 적지적소에서 임의로 누르는 가운데, 앞서거니 뒤서거니 섞이며 어울리는 과정에서 현명한 개입으로 앞서는 자들이 역시 현명한 개입으로 돕는 자들과 더불어 화이부동和而不同의 실천력을 통해 생성시키는 연대와 그 연대의 생산성을 톺고 보살피는 노릇인 '현명한 지배와 현명한 복종'의 생활화를 꼽을 수 있다.

— 한글용어집 —

가욋사람: 필요 밖의 사람. 또는 필요 없는 사람.

감쪼으다: 글이나 물건 따위를 윗사람이 살펴볼 수 있게 하다.

개신개신: 게으르거나 기운이 없어 자꾸 나릿나릿 힘없이 행동하는 모양.

겁박: 으르고 협박함.

겨끔내기: 서로 번갈아 하기.

고동: 일을 하는 데 가장 중요한 사항이나 계기.

구두덜거리다: 못마땅하여 혼자서 자꾸 군소리를 하다.

깜냥: 스스로 일을 헤아림. 또는 헤아릴 수 있는 능력.

꿰미: 물건을 꿰는 데 쓰는 끈이나 꼬챙이 따위. 또는 거기에 무엇을 꿴 것.

끌밋하다: 모양이나 차림새 따위가 매우 깨끗하고 헌칠하다.

나우: 조금 많이.

내남없이: 나와 다른 사람이나 모두 마찬가지로.

내리받이: 비탈진 곳의 내려가는 방향. 또는 그런 방향에 있는 부분.

동뜨다: 다른 것들보다 훨씬 뛰어나다.

두동지다: 서로 모순이 되어 앞뒤가 맞지 않다.

말살스럽다: 모질고 쌀쌀하다. 인정이나 붙임성이 없어 쌀쌀하고 무뚝뚝하다.

맨망스럽다: 보기에 요망스럽게 까부는 데가 있다.

먼장질: 먼발치로 총이나 활 따위를 쏘는 일.

명개: 갯가나 흙탕물이 지나간 자리에 앉은 검고 고운 흙.

모가비: 막벌이꾼이나 광대 따위와 같은 패거리의 우두머리.

모짝: 한 번에 있는 대로 다 몰아서.

몰밀다: 모두 한곳으로 밀다.

무춤거리다: 놀라거나 어색한 느낌이 들어 하던 짓을 갑자기 멈추다.

물덤벙술덤벙: 아무 일에나 대중없이 날뛰는 모양.

미립: 경험을 통하여 얻은 묘한 이치나 요령.

밑질기다: 어디를 가서 한번 자리를 잡으면 좀처럼 떠날 줄을 모르다.

밑절미: 사물의 기초가 되는, 본디부터 있던 부분.

반지빠르다: 말이나 행동 따위가 어수룩한 맛이 없이 얄미울 정도로 민첩하고 약삭빠르다.

배돌다: 한데 어울리지 않고 조금 동떨어져 행동하다.

벼리: 일이나 글의 뼈대가 되는 줄거리.

별미쩍다: 말이나 행동이 어울리지 않고 멋이 없다.

복대기치다: 많은 사람이 복잡하게 떠들어대거나 왔다갔다 움직이다.

부닐다: 가까이 따르며 붙임성 있게 굴다.

사북: 접었다 폈다 하는 부채의 아랫머리나 가위다리의 교차된 곳에 박아 돌쩌귀처럼 쓰이는 물건.

산망스럽다: 말이나 행동이 경망하고 좀스러운 데가 있다.

셋줄: 세력이 있는 사람과 닿은 연줄.

슬금하다: 겉으로 보기에는 어리석고 미련해 보이지만 속마음은 슬기롭고 너그럽다.

시먹다: 버릇이 못되게 들어 남의 말을 듣지 않다.

실그러지다: 한쪽으로 비뚤어지거나 기울어지다.

악지: 잘 안 될 일을 무리하게 해내려는 고집.

알속: 겉으로 드러나는 수량, 길이, 무게 따위의 헛것을 털어버리고 남은 실속.

알짬: 여럿 가운데에 가장 중요한 내용.

애면글면: 몹시 힘에 겨운 일을 이루려고 갖은 애를 쓰는 모양.

애살있다: 자신이 맡은 일을 잘하고자 하는 욕심과 애착을 가지고 있는 상태.

어기차다: 한번 마음먹은 뜻을 굽히지 않고, 성질이 매우 굳세다.

어리눅다: 일부러 어리석은 체하다.

어질더분하다: 어질러놓아 지저분하다.

언죽번죽: 조금도 부끄러워하는 기색이 없고 비위가 좋아 뻔뻔한 모양.

엉너리: 남의 환심을 사기 위하여 어벌쩡하게 서두르는 짓.

여줄가리: 중요한 일에 곁달린 그리 대수롭지 않은 일.

열없다(열적다): 좀 겸연쩍고 부끄럽다.

열퉁적다: 말이나 행동이 조심성이 없고 거칠며 미련스럽다.

오금을 박다: 다른 사람에게 함부로 말이나 행동을 하지 못하게 단단히 이르거나 으르다.

오롯하다: 모자람 없이 온전하다.

옴니암니: 자질구레한 일에 대하여까지 좀스럽게 셈하거나 따지는 모양.

왈짜: 말이나 행동이 단정하지 못하고 수선스러운 사람.

우련하다: 형태가 약간 나타나 보일 정도로 희미하다.

은결이 지다: 1) 상처가 내부에 생기다. 2) 원통한 일로 남모르게 속이 상하다.

이울다: 점점 쇠약해지다.

인숭무레기: 어리석어 사리를 분별할 능력이 없는 사람.

잡도리: 아주 요란스럽게 닦달하거나 족치는 일.

장기튀김: 장기짝을 한 줄로 늘어놓고, 그 한쪽 끝을 밀면 차차 밀리어 다 쓰러지게 된다는 뜻으로, 한 군데에서 생긴 일이 차차 다른 데로 옮겨 미침을 이르는 말.

졸연히: 갑작스럽게.

주니: 몹시 지루함을 느끼는 싫증.

지릎: '미립'의 북한어.

직신직신: 짓궂은 말이나 행동으로 자꾸 귀찮게 구는 모양.

진동한동: 바쁘거나 급해서 몹시 서두르는 모양.

질둔하다: 생각 따위가 어리석고 둔하다.

짓치다: 함부로 마구 치다.

찜부럭: 몸이나 마음이 괴로울 때 걸핏하면 짜증을 내는 짓.

첨속으로: 아첨하는 마음으로.

투미하다: 어리석고 둔하다.

틀거리: 듬직하고 위엄이 있는 겉모양.

포달스럽다: 보기에 암상이 나서 악을 쓰고 함부로 욕을 하며 대들 듯하다.

포실하다: 살림이나 물건 따위가 넉넉하고 오붓하다.

회술레: 예전에 목을 벨 죄인을 처형하기 전에 얼굴에 회칠을 한 후 사람들 앞에 내돌리던 일.

영화인문학

ⓒ 김영민 2009

1판 1쇄 2009년 8월 14일
1판 5쇄 2017년 2월 24일

지 은 이 김영민
펴 낸 이 강성민
편 집 장 이은혜
편   집 박세중 박은아 곽우정 한정현 김지수
편집보조 조은애 이수민
마 케 팅 이연실 이숙재 정현민
홍   보 김희숙 김상만 이천희

펴낸곳 (주)글항아리 | 출판등록 2009년 1월 19일 제406-2009-000002호

주소 10881 경기도 파주시 회동길 210
전자우편 bookpot@hanmail.net
전화번호 031-955-8888(관리부) 031-955-8898(편집부)
팩스 031-955-2557

ISBN 978-89-93905-04-5 03100

이 책의 판권은 지은이와 글항아리에 있습니다.
이 책 내용의 전부 또는 일부를 재사용하려면 반드시 양측의 서면 동의를 받아야 합니다.

글항아리는 (주)문학동네의 계열사입니다.

이 도서의 국립중앙도서관 출판시도서목록(CIP)은 e-CIP홈페이지(http://www.nl.go.kr/ecip)에서 이용하실 수 있습니다.
(CIP제어번호 :CIP2009002233)

*이 책에 실린 사진들은 대부분 저작권 협의를 거쳤으나, 일부 협의를 거치지 못한 것도 있습니다. 추후 확인되는 대로 적절한 조치를 취하도록 하겠습니다.